日本の映画産業を殺す クールジャパンマネー

経産官僚の暴走と歪められる公文書管理

ヒロ・マスダ

光文社新書

はじめに

ここ数年、「日本再生のカギ」「成長戦略の柱」などと叫ばれ、国を挙げてクールジャパンが推進されてきました。映画、テレビ、アニメ、ゲームなどのクリエイティブ産業もクールジャパンの具体例とされ、これまで１０００億円以上に上る莫大な額の税金や、国の借金を原資とした財政投融資の公的資金が投じられています。

しかし、これらの「クールジャパンマネー」は1円たりとも、日本のクリエイティブを支える「人」に向けられることはありませんでした。

これはクールジャパンを批判することありきで、大げさに言っているわけではありません。本来ならばクールジャパンを推進する上で重要な役割を担うはずである、日本の制作現場には、巨額予算が文字どおり1円たりとも使われてこなかったのです。

では、クールジャパンの名の下に投入された１０００億円以上のお金は、一体何に使われたのでしょうか？　また、それは誰が、どのように運用してきたのでしょうか？

クールジャパンをめぐる動きを見ると、その数々の事業を所管する経済産業省が主導的な役割をなした法律と制度濫用が横行しています。そして、こうした暴走を許す背景には、クールジャパン政策が始まる前から巧妙に仕組まれた、公的資金を搾取する「カラクリ」が存在しています。

クールジャパンの制度的、および組織的な腐敗の顕著な例として、本書が扱う「官民ファンドを使った事業」と、「間接補助金を使った事業」が挙げられます。

これらの巨額クールジャパン事業は、税金、公的資金で賄われています。それにもかかわらず、官民ファンドは「民間企業」、間接補助金は「民間事業」と位置付けられるため、「民間の正当な利益を損なうおそれが認められる」等の理由で情報開示を免れられる、政府にとって都合のいい制度に設計されています。その結果、事業の中で流れている公金の流れは不透明になっています。

さらに、それらの事業がどれほど合理性に欠け、非効率で、日本のクリエイティブ産業の発展を妨げる「無駄事業」であったとしても、事業が適切であったか否かについて外部検証ができないのが実情です。よって、腐敗した制度の中に投じられた公的資金について、私たちは

「そこで何が行われたか」だけでなく、「なぜ巨額の損失を招いたのか」という失敗の原因すら知ることができません。

もちろん、「官民ファンド」「間接補助金」ともに、公平、公正に運用するための法律やガイドラインが存在します。しかし、そうしたルールすらも初めから、政府が自分たちに都合よく作っているため、国民の財産をチェックしたり安全な運用を担保したりする機能は果たせていません。

それればかりか、妥当性や必要性が疑われる事業においても、重要部分の情報を隠すことにより、政府は何の根拠もなく、それらを全く問題のない「適法」な投資、事業にすることができます。

この状況を例えるなら、監督官庁である経済産業省が、悪質な反則行為を目撃しても決して笛を吹かない「八百長審判」になっているだけでなく、反則チームと事前に打ち合わせているようなものです。

本書では、クールジャパン行政のこうした反則行為によって、合わせて40億円以上の税金と公的資金が消失した事業例として、産業革新機構（現：産業革新投資機構）が作った官製の映画会社「株式会社All Nippon Entertainment Works」（以下、ＡＮＥＷ）と、民間の広告代理店も関わっている「ジャパン・コンテンツ ローカライズ&プロモーション支援助成金（J

－ＬＯＰ）」による搾取の裏側を明かしたいと思います。

これまで私は、アメリカ、カナダ、ドイツ、フランス、オーストラリアなどのプロデューサーと共同で、主に日本と海外が関係する物語を原題とした映画の企画開発に携わってきました。また、経営する会社の自社ＩＰ（知的財産）を構築するために、インディペンデント映画の製作や、アメリカの児童文学の映画化権を取得しての企画開発なども行っています。さらに、映画だけに限らず多様な映像製作の分野で、海外の人材やスタジオを招聘したい日本のクライアントに対する、企画開発およびプリプロダクションのコンサルティングなども事業のひとつです。

こういった活動の中で、日本の「現場」を豊かにするためには真っ当な産業政策が必要であり、現状ではそれがなされていないとわかりました。以来、ライフワークのように日本と海外の政策を調査し、発信を続けています。

最近になり、クールジャパン政策による巨額の税金の無駄遣いや、投資の失敗が報じられるようになってきました。数多くの報道へ取材協力をしてきましたが、必ず聞かれたのが「どういった経緯でこの問題に着目したのか？」という質問です。

私は決して、最初から「クールジャパン政策をターゲットにしよう」と思いたって調査してきたわけではありません。また、多くのクールジャパン事業を所管する経済産業省に私怨を抱き、重箱の隅をつつくように粗探しをしたわけでもありません。

きっかけは10年前、映画監督からのある一言でした。

私は当時、『パリ、テキサス』でカンヌ国際映画祭パルムドール（最高賞）受賞などの経歴を持つ、ドイツの巨匠ヴィム・ヴェンダース監督の新作品に、脚本と共同プロデュースで関わっていました。その映画は日本の小説を原作にしており、日本での撮影を予定していました。

映画を作るにあたって、日本ではどのような支援策があるのかを調べ始めました。するとわかったのが、日本には本当の意味で変化を生むことのできる施策が存在しないという事実でした。効率的で有効な、ビジネス面から見て常識的な施策は全くなかったのです。さらに調べていくうちに、産業支援の観点からあってはならない、不適切な事業に巨額の公金が流れている実態も判明しました。その背景を調査すると、ことごとく姿を現したのが「クールジャパン」であり、「経済産業省 商務情報政策局 文化情報関連産業課」だったわけです。

六本木のホテルでヴィム・ヴェンダース監督に会った時のことです。

「なぜ日本には、こんなに有効な産業施策がないのですか？」

ヴェンダース監督は日本での企画を諦め、次回作を政府支援が潤沢なカナダで撮影すると話していました。そして、その後実際に『誰のせいでもない』（原題：Every Thing Will Be Fine）をカナダで撮影しています。

私はヴェンダース監督に、「今の日本の産業支援制度の状況は変えないといけません。今回の経験から、この問題に取り組んでいきます」と話しました。ヴェンダース監督には「あなたがこの状況を変える一人になれますよ」と言われました。

もし、私の困った経験や直面した問題点を放置し、次の世代に残してしまえば、将来、私と同じように困る人が出るでしょう。

クリエイティブ産業支援は国民財産の分配ですから、「私たちを支援するのが当然だ」と言えるものではなく、国民からの広い理解が必須となります。

とはいえ、多くの人はエンタテインメントに関する政策の適正性や、製作事情はわかりません。偽りのクールジャパンによる無駄遣いを許していては、本当に必要な支援への理解が得られるはずもありません。私が長年この問題を追及、批判し、適正な施策作りを訴え続けてきたのには、このような理由があるのです。調査を始めてから今では10年が経っています。

私はニューヨークに住んでいた頃に、インディペンデント映画の製作などを通して映画を学びました。ニューヨークは世界屈指の、クリエイティブ産業のハブ都市です。なぜニューヨークで多くの映画やテレビドラマが撮影され、その土地のクリエイティブ産業に人やお金が集まるかというと、ニューヨークにはそれらを呼び込むための明確なビジョンを持った、世界トップクラスの行政施策が存在しており、それがお金の意思決定と密接に関係しているからです。

そうした施策は第一に、その土地で働く制作現場の「人」に直接、作用するように設計されています。産業現場の働き手を第一に考えるクリエイティブ産業支援の理念は、決してニューヨークだけが進んでいるのではなく、日本の競争相手となる隣の韓国を含むアジア諸国、欧州、アメリカ、アフリカ、オセアニアなどの世界中で、製作投資の意思決定に働く、実効性を持った支援の枠組みが作られています。今では政府の支援制度の質や使い勝手は国際的に競われ、日々施策の研究、改良が行われている状況です。


例えば20年前にはアニメ産業がそもそも存在していなかった国が、政府施策によって人が育まれ、世界的認知を得るアニメ制作国になったケースもあります。

２０１９年11月１日、Appleが新しいネット定額動画配信サービス「Apple TV+」を開始しました。Appleはテレビ司会者のオプラ・ウィンフリー、映画監督のスティーブン・スピルバーグやアルフォンソ・キュアロンらクリエイティブ界の大物たちとも契約を結び、オリジナルコンテンツ製作への投資を増やしています。

そんなAppleですが、2018年6月にアニメ製作への参入を発表し、未就学児向けアニメに力を入れている背景もあり、最初のアニメ制作国として、アカデミー賞ノミネート作品なども輩出しているアイルランドを選びました。このアイルランドが、先に記したケースになります。政府支援に長きにわたり取り組んでいる国の一つで、ゼロからアニメ産業を構築し、現在に至っています。

一方、日本のアニメ産業はどうでしょうか？　アニメ制作現場の厳しい環境は、報道でも度々伝えられています。こうした問題については、政府が聞き取り調査を行い、結果をまとめている事案でもあります。

国際競争の高まりや疲弊した国内事情を目の当たりにしても、日本のクールジャパン戦略はかたくなに、クールジャパンを支える国内の「人」を見捨て続けています。それだけでなく、毎年予算化される巨額のクールジャパンマネーは、日本のクリエイティブ産業が発展しなくとも決して困ることのない既得権者たちへと、現在進行形で注がれています。

今、世界のクリエイティブ産業は大きな変革の時代に突入しています。エンタテインメントのデジタル化により、消費者行動が変化したのを筆頭に、製作構造、製作金融、市場と様々な状況が劇的に変わっています。

世界の映画、テレビ等の映像コンテンツを作るための製作費の市場は、10兆円とも言われています。2018年度、Netflixがオリジナルコンテンツ製作に投じた額は120億ドル（1兆3200億円）に上るとの報道がありました。他にも、Amazonは50億ドル（5500億円）、Appleは10億ドル（1100億円）をかけているそうです。これらの企業の定額配信サービスだけで、エンタテインメントの製作経済には2兆円を超える「新しいお金」が生まれています。

日本のクリエイティブ産業が豊かになるためには、こうした「新しいお金」との上手な付き合い方が問われており、時代遅れの政策を続けている余裕はありません。フィルムメイカーに届かない映画産業支援、アニメーターに届かないアニメ産業支援に一体何の意味があるのでしょうか？

日本がクリエイティブで食べていくためには、日本の制作現場に投資を呼び込み、そこで質の高い産業雇用を創出することが大前提です。クールジャパンを、次世代の国富を築くための知的財産戦略と呼ぶのであれば、次世代の担い手を育てなければなりません。あるいは、日本のソフトパワーによるインバウンド効果を得たいのであれば、インバウンド効果を生むための優れたソフトが生まれる環境が必要です。

本書では、諸外国の制度の仕組みとその成果をケーススタディとして示すとともに、日本に必要な政策の提言も示したいと思います。

今の日本のクリエイティブ行政は、国際的な実務能力を伴わない人たち、産業の未来にも位置していない人たちによって、無責任に巨額の税金、公的資金が散財されています。この人たちは日本の産業の未来がどうなろうが困らない人たちです。日本のクリエイティブ産業支援を次世代のために機能させるには、旧態依然の「公金搾取制度」との決別が急務であり、それができてようやく未来への第一歩が踏み出せたと言えるでしょう。

本書が、偽られた産業支援であるクールジャパンのいびつな構造を是正し、日本で働く人たちにとって真の意味で効果のあるクリエイティブ産業振興が実現する一助になれたらと思っています。

合同会社 Ichigo Ichie Films LLC Hiro Masuda

※本文中は特に断りのない限り、1ドル＝110円で計算しています
※データや人物の肩書き、年齢、現場の状況などはすべて当時のものです

日本の映画産業を殺すクールジャパンマネー

目次

第1章

株式会社ANEWと消えた22億円

◆22億2000万円を溶かした官製映画会社

２０１１年8月、経済産業省商務情報政策局文化情報関連産業課（以下、メディア・コンテンツ課）課長の伊吹英明氏と、産業革新機構　マネージングディレクターの髙橋真一氏が、株式会社All Nippon Entertainment Works（オールニッポン・エンタテインメントワークス：以下、ＡＮＥＷ）の設立を発表しました。

この会社は、政府の「日本を元気にするコンテンツ総合戦略」という知的財産戦略に基づき、産業革新機構が１００％、60億円の出資決定を行う形で、同年10月に設立されました。ＡＮＥＷの事業目的は「日本の物語のハリウッド映画化を促進することを通じて、日本の映画、放送コンテンツなどＩＰ（知的財産）の海外展開の成功事例を加速させる」というものでした。

産業革新機構とは、旧「産業活力の再生及び産業活動の革新に関する特別措置法」（産活法）に基づき設立された、経済産業省が所管する官民出資の投資ファンドです。「オープンイノベーションを通じて次世代の国富を担う産業を育成・創出する」ことを投資理念としています。ただし、一般的には「官民ファンド」と呼ばれているものの、運営するための資金の95％以上は政府出資の財政投融資から拠出しているため、極めて「官製ファンド」に近い投資ファンドであり、「経済産業省の別の財布」とも言われています。

ＡＮＥＷは設立から４カ月後の２０１２年２月、アメリカから招聘したサンフォード・Ｒ・クライマン氏が最高経営責任者に、黒川裕介氏が最高執行責任者に就任すると発表し、実質的な業務をスタートさせています。産業革新機構の髙橋氏もＡＮＥＷの代表取締役と取締役を歴任し、事業所管となった経済産業省も「政策実現のお手伝い」として、ＡＮＥＷに職員を出向させました。この出向した職員とは、現在は経済産業省の知的財産政策室長という幹部職に就いている、渡邊佳奈子氏になります（２０１９年12月25日付 経済産業省幹部名簿より）。

ＡＮＥＷは、国策である「クールジャパンの推進」に深く関係しており、その中でも特に重要な案件であると位置付けられていました。

国の総合的な知財戦略をまとめた報告書では、ＡＮＥＷ設立を「クールジャパンらしさを追求した新たな発掘・創造の推進」の施策例のひとつとして紹介しています。

また、クールジャパン戦略等を協議していた政府会議の「コンテンツ強化専門調査会」では、「60億円という『すごいお金』がクールジャパン戦略のハイライトになりえ、一般の国民にもクールジャパンで国が何をやろうとしているのかを提示するもの」という旨の意見が出ていました。

この「コンテンツ強化専門調査会」では、経済産業省の職員がＡＮＥＷ設立準備についての説明を行っています。つまり、ＡＮＥＷは設立される前から国が密接に関係する投資事案であったということです。

◆「支援基準に適合」

さて、60億円の投資決定を受けた産業革新機構は、ＡＮＥＷに対して、設立時の２０１１年10月に資本金、資本準備金合わせて6億円の出資を実行しました。続いて、２０１３年12月に5億円、翌２０１４年11月に11億２０００万円と、合計2回の追加投資を行い、最終的な投資額は22億２０００万円に上りました。ちなみに、同機構はこれらの追加投資の時期、金額のいずれも非公表としていました。

産業革新機構に係る法律には「支援基準」が規定されており、ＡＮＥＷの場合は次のように、「支援基準に適合している」と経済産業省から評価されました。

（1）社会的ニーズへの対応

わが国の産業資源のひとつであるコンテンツにおいて、小説・漫画・ＴＶ・映画等のコンテンツを海外に展開し、海外市場における収益化の機会を最大化するためのコンテンツホルダーと海外市場をつなげるものであり、社会的ニーズに対応している。

（2）成長性

①新たな付加価値の創出等が見込まれるか

コンテンツのグローバル展開を支援するものであり、大きな成長が期待される。

②民間事業者等からの支援供給が見込まれるか

コンテンツを有する民間企業及び当新会社へのオペレーション協働が見込まれる民間事業者からの将来的な資金供給を見込んでいる。

③一定期間以内に株式等の譲渡その他の資金回収が可能となる蓋然性が高いと見込まれるか

新会社は、配当により資金回収を図ることを想定しており、投資資金の回収が可能となる蓋然性は高いと考えられる。新会社が役割を終えた後、経営陣、パートナー企業又は第三者への譲渡を想定している。

（3）革新性

国内に埋もれているコンテンツ資産を海外に繋げることで、オープンイノベーションの実現を行い、海外で稼ぐコンテンツ産業の新しいビジネスモデルを確立するものであり、革新性がある。

（平成23年度産業革新機構の業務の実績評価について　経済産業省）

しかし、投資決定時はこのように雄弁と語られていた将来への見通しは、早々から乖離（かいり）します。さらに、日本側の経営最高責任者は次々と交代し、問題が続きました。最終的に、「適合している」とされていた支援基準は何一つ、体現されることはありませんでした。

経産省の幹部は、国会の経済産業委員会などで再三にわたり、「3年」という一定期間内で収益化すると説明していましたが、肝心の映画製作に関しては7本の企画が発表されたのみで、配当を得るどころか1本も実際に作られることはありませんでした。

さらに、集まると見込んでいた民間からの資金提供も、ほぼ皆無でした。

こちらも最終的には「コラボレーションパートナーとして本邦コンテンツ関連企業17社が参画した」などと発表しただけで、実際に集まった民間資金は、2013年11月に新株予約権で調達した500万円（資本金250万円＋資本準備金250万円）と、2014年11月に、博報堂ＤＹグループ、セガなどが出資した、ハリウッドリメイクを手がける同業会社である

STORIES合同会社との資本提携で調達した５００万円の、合わせて１０００万円でした。この金額は出資比率にしてたったの０・４％になります。

ＡＮＥＷはこの資本提携の金額も、非公表としていました。

◆ただ同然の身売り

ところが、このように当初の見通しが完全に破綻した状況でも、ＡＮＥＷの無秩序かつ放漫な経営だけは続けられました。ＡＮＥＷは設立から５年目まで売り上げを全く記録しない一方、実稼働が２カ月だけの１年目こそ１２００万円の赤字だったものの、２０１２年度の第２期は２億５３００万円、２０１３年度の第３期は３億１５００万円、２０１４年度の第４期では４億３３００万円、２０１５年度の第５期は４億３１００万円、２０１６年度の第６期では３億４７００万円と、毎年のように億円単位の赤字をたれ流し続けました。

２０１８年４月１日の読売新聞の報道によると、ＣＥＯのサンフォード・Ｒ・クライマン氏へは、年間数千万円の報酬を支払っていたそうです。ＡＮＥＷは、２０１６年度の第６期にこそ、事業開始以降初めての売り上げ１５００万円を記録していますが、この額は決算公告に計上されていた自分たちへの１回のボーナス支給額である２０００万円を下回る金額になります。

加えて、この１５００万円の売上高というのも、５３００万円の売上原価に対してのものであり、結果的には３７００万円の売上損失を計上しています。

このような経営を続けていた産業革新機構体制のＡＮＥＷは、散々な形で終わりを迎えます。２０１７年5月、産業革新機構は、京都市にある投資会社のフューチャーベンチャーキャピタル株式会社（以下、ＦＶＣ社）に３４００万円で全株式を売却し、投資額のほぼ全額に相当する21億８６００万円を損失させました。

ＦＶＣ社は、ＡＮＥＷの株式を取得する際に、ＡＮＥＷの株式取得の時価資産が取得価格を上回ったとして、負ののれん発生益2億３２００万円を特別利益として計上しています。要するに、３４００万円という金額は実質「ただ同然」であったともいえます。

ちなみに、ＡＮＥＷは２０１７年度の第7期も3億３８００万円の赤字を計上していますので、実質的には破綻寸前で産業革新機構が売却を判断したこともうかがえます。

ＦＶＣ社に売却されたＡＮＥＷはその後、社名を株式会社 All Nippon Entertainment Works からＡＮＥＷ株式会社に変更しています。そして、ＦＶＣ社への売却からわずか5カ月後には、旧ＡＮＥＷの取締役で、ＦＶＣ社体制でも代表取締役に就任していた伊藤航氏が資本金１００万円で設立した ANEW Holdings 株式会社に、マネジメントバイアウトを行っています。

◆即日で出された大臣意見

大失敗に終わったＡＮＥＷへの投資ですが、そもそも誰が、どのようにして、この事業に60億円もの公的資金を投入することを決めたのでしょうか？

調べていくと、そこには経済産業省と産業革新機構による、不都合な実態が姿を現しました。少し複雑なのですが、ここで、産業革新機構の投資決定のプロセスに係る法律について説明したいと思います。

同機構が投資決定を行う際には、前述の旧産活法によって、次の３つの段取りが定められています。

①　第三十条の二十五　２

機構は、特定事業活動支援をするかどうかを決定しようとするときは、あらかじめ、経済産業大臣にその旨を通知し、相当の期間を定め、意見を述べる機会を与えなければならない。

②　第三十条の二十五　３

経済産業大臣は、前項の規定による通知を受けたときは、遅滞なく、その内容を事業所管大臣に通知するものとする。

③　第三十条の二十五　4

事業所管大臣は、前項の規定による通知を受けた場合において、当該事業者の属する事業分野の実態を考慮して必要があると認めるときは、第2項の期間内に、機構に対して意見を述べることができる。

（産業活力の再生及び産業活動の革新に関する特別措置法　第二章の二）

つまり、産業革新機構がＡＮＥＷへの投資を行おうとする場合、まず①の法的手順として、主務大臣である経済産業大臣に対して「ＡＮＥＷへ投資を行うつもりである」旨を通知します。そして、これを受けた経済産業大臣は、産業革新機構に回答を通知することになっています。

続いて、同機構から通知を受けた経済産業大臣は、②の法的手順として、事業を所管する大臣に、意見照会があった旨を通知します。ＡＮＥＷのケースでは、事業の所管大臣は同じ経済産業大臣となるので、主務大臣である経済産業大臣は事業所管大臣である自分宛てに通知を行います。

最後に、③の法的手順ですが、経済産業大臣は産業革新機構に対して、ＡＮＥＷへの投資についての意見を述べることになっています。

これに関して、私が経済産業省に対して情報公開請求を行ったところ、経済産業省から２０１６年２月18日付け開示決定通知を受け、次の文書が開示されました。

文書①平成23年６月27日付け支援決定に当たっての意見照会について
文書②平成23年６月27日付け株式会社産業革新機構の支援決定について（平成23・06・27経第８号）
文書③平成23年６月29日付け株式会社産業革新機構の支援決定について（平成23・06・27経第９号）
文書④日本コンテンツの海外展開推進会社設立について
文書⑤伊吹英明課長（当時）のロサンゼルス出張に係る海外出張命令伺書、外国旅行日記及び海外出張報告書
（20160119公開経第１号）

当該の開示文書によると、産業革新機構の能見公一代表取締役（当時）は、海江田万里経済

産業大臣（当時）に対し、平成23年6月27日付け「支援決定に当たっての意見照会について」という文書をもって、産活法第三十条の二十五第2項に基づく通知を行っています。この文書には、次のような記述があります。

国内の企業及び個人が保有する著作権等を集約し、海外展開に向けて企画開発等を行い、収益を獲得することを目的とする新会社に対して出資を行おうとしていますので、同条第2項に基づき、ご意見をお伺いします。

この時、産業革新機構は「日本コンテンツの海外展開推進会社設立について」という、20ページに及ぶＡＮＥＷの事業の説明資料も添付しています。ちなみに、経済産業省はこの説明資料を、同機構のロゴと表題以外は全て黒塗り開示にしています。

次に、産活法第三十条の二十五第3項に基づく手順として、海江田経済産業大臣は、通知を受けたのと同日の6月27日付けで「株式会社産業革新機構の支援決定について」という文書を発出し、機構への回答を行っています。

驚くべきことに、通知を受けた日と同じ日に発出されたこの文書には、既に次のとおりの大臣意見が記載されていました。

経済産業省

平成２３・０６・２７経第８号
平 成 ２ ３ 年 ６ 月 ２ ７ 日

株式会社産業革新機構
代表取締役社長　能見　公一　殿

経済産業大臣　海江田　万里

株式会社産業革新機構の支援決定について

平成２３年６月２７日付けをもって意見照会のあった上記の件については、産業活力の再生及び産業活動の革新に関する特別措置法（平成１１年法律第１３１号）第３０条の２５第２項の規定に基づき、下記のとおり回答します。

記

本事業は、我が国コンテンツ産業の構造改革、海外展開の抜本強化を推し進めるものであり、社会的意義を有するものとして高く評価できる。

一方で、本会社が事業として成立するためには、特に、国内のコンテンツ事業者からの信頼性を得ることが不可欠であり、その運用に当たっては、特定の企業に過度に偏ることなく中立性を確保すること、また、我が国コンテンツの競争力の源泉である国内コンテンツ企業に、その価値に見合う対価が還元されるよう努められたい。

また、事業の実施に当たっては、経済産業省と緊密に連携し、本会社に蓄積されたノウハウ等を広く産業界に還元し、当産業の構造改革に資する取組とするよう努められたい。

海江田大臣が即日で提出した文書

本事業は、我が国コンテンツ産業の構造改革、海外展開の抜本強化を推し進めるものであり、社会的意義を有するものとして高く評価できる。
一方で、本会社が事業として成立するためには、特に、国内のコンテンツ事業者からの信頼性を得ることが不可欠であり、その運用に当たっては、特定の企業に過度に偏ることなく中立性を確保すること、また、我が国コンテンツの競争力の源泉である国内コンテンツ企業に、その価値に見合う対価が還元されるよう努められたい。
また、事業の実施に当たっては、経済産業省と緊密に連携し、本会社に蓄積されたノウハウ等を広く産業界に還元し、当産業の構造改革に資する取組とするよう努められたい。

つまり、論理上では、海江田経済産業大臣は即日中に、提出された産業革新機構からの20ページものANEW設立の説明資料に目を通し、理解した上で大臣意見を発出したことになります。

常識的に考えれば、そのような大臣意見のプロセスを当日のうちに行っていたと考える方が不自然だといえるでしょう。事実、この大臣意見は、法律に定められた期間の以前から経済産業省内で作成、決裁されていたことが、今回の開示決定の約2年後に発覚します。

◆2年間表に出なかった決裁文書

私は、ＡＮＥＷの設立経緯に係る客観的証拠と照らし合わせ、経済産業省による本開示決定が全ての情報を開示していない不当な処分であると思い、行政不服審査法に基づく異議申し立てを行いました。そして、本件の異議申し立ては情報公開・個人情報保護審査会の諮問にかけられることになりました。

この諮問の中で、経済産業省は21ページにあげた「文書②」と「文書③」に係る内部決裁文書が別に存在すると明かしました。

２年もの間、投資決定の法律手続きに係る重要な決裁文書が開示されなかったこと自体もはなはだ疑問ではありますが、新たに開示された文書により、法律に規定された大臣意見は、経済産業省経済産業政策局産業再生課が事前に複数の「回答案」を作り、決裁していたものの一つだとわかりました。

また、経産省は、情報公開・個人情報保護審査会の中で、大臣意見の発出プロセスについて、次のような説明も行っています。

> 経済産業省は平成23年6月27日付け通知（文書①）を受領する前に、産業革新機構から

株式会社ALL NIPPON ENTERTAINMENT WORKSに対する支援方針及び「文書①」の発出予定について口頭にて説明を受けており、「文書②」による回答の準備をしていた。そのため、「文書①」を受領すると直ちに決裁し、同日付けで「文書②」の回答及び事業所管大臣である経済産業大臣宛ての通知文書を発出した。

平成23年6月27日以前は、産業革新機構から口頭でのみ当該出資について説明を受けており、本件請求対象文書に該当する文書を取得しなかったということは、不自然、不合理とまでは言えない。

(平成29年11月1日 情個審第3353号 答申書 情報公開・個人情報保護審査より抜粋)

一般常識的な映画投資案件、いや、その他あらゆる投資案件において、60億円ものやりとりを口頭のみの説明で行い、記録が存在しないなんてことがあるでしょうか? ましてや、この原資は国民の財産である公的資金です。

したがって、産業革新機構に係る法律に規定された投資決定手続きとは、「大臣意見」という民主的手続きを経ていることを装った茶番劇に過ぎません。実質は、経済産業省と産業革新機構の間での口頭上のやりとりで支配可能な、形骸化したプロセスであることがわかります。この法律は本来、公平公正な官民ファンドの運用を担保するものであるはずなのですが、この国ではクールジャパンの名の下に、体を成さない法律が作られ公金が運用されています。

公的資金が投入されている産業革新機構の役割は、何でもいいから投資し、儲けさえ出せばよしとする投資ファンドではありません。その投資はあくまでも、「社会の課題に対応し付加価値を創造するオープンイノベーションの促進」という政策性の基準を満たすものに限定され、なおかつ、民間で取ることが難しいリスクを取り、民間の投資を活性化することとされています。

もちろん、公的資金が投入されているものの「株式会社」の投資ファンドですので、政策目的に準ずる投資、民間で取ることができない難しいリスクだからといって損を気にしなくて良いわけでもありません。財政投融資特別会計（投資勘定）の出資は、投資先から回収したリターンを再投資する仕組みであることから、産業革新機構には、対象事業者へ拠出した出資金等を確実に回収することに加え、業務運営に要する経費を上回る収益を確保し、出資者である国に納付することが求められています。

政府は「知的財産推進計画２０１２」の中でＡＮＥＷを「海外向けコンテンツファンドの創設」と説明しています。つまり、ＡＮＥＷは産業革新機構が１００％出資するサブファンドという位置付けにありました。そのため、ＡＮＥＷも映画事業を通して自分たちへの高額報酬を含む業務運営経費を上回る利益を確保することが求められていたはずです。しかし、22億円という損失もさることながら、映画製作の採算の常識からも外れる業務が行われていました。

一般的には、ベンチャー投資に失敗はつきものと言われます。しかし、ANEWの事案は単なるベンチャー投資の失敗とは性質が大きく異なります。なぜならこの事案は、国がその立場を濫用した「官製クールジャパン」が国民に嘘をついて公的資金を引き出させ、損失を発生させているからです。

◆「御理解いただきたい」こと

2018年4月6日に行われた衆議院・経済産業委員会で、世耕弘成経済産業大臣は、公明党の富田茂之議員の質問に対して、次のとおりの答弁を行っています。

産革機構というのは、もちろん国のお金が入っているわけですから、基本的にそれをきちっと有効に使っていくということが大変重要でありますが、一方で、投資ファンドという性格を持っているわけなんですね。特にベンチャーとかというところになりますと、これは必ずしも一つ一つが全部プラスになるとは限らない、場合によっては全損ということもあり得るわけであります。

産革機構全体で見れば、ベンチャー以外も含めたやつではプラスになっていますから、決して、国から預かっているお金を何か毀損しているという、全体としてはそういうわけではないということはまず御理解いただきたいというふうに思います。
（第１９６回国会　経済産業委員会　第５号　平成30年４月６日）

要するに、この大臣答弁では、ＡＮＥＷの失敗はベンチャー投資ファンドにおいて一般的なものであると結論づけられています。さらには、産業革新機構の全体としては儲かっているので、ＡＮＥＷで発生した22億円の損失は特段に問題ないと認識しています。

ＡＮＥＷの失敗が「投資ファンドにおける一般論」で語られるのであれば、「一般論」の別の角度からＡＮＥＷの活動を振り返ってみたいと思います。

経産省からＡＮＥＷの本質を伝えられずに答弁してしまったのであろう世耕大臣に「まず御理解いただきたい」ことがあります。もし、ベンチャー投資ファンドが投資判断に係る業績の重要な部分について誤った情報を流して投資家から投資を引き出し、経営者らが高額報酬を受け取る一方で投資金を全損させたのであれば、世間一般では、こうした行為を何と呼ぶでしょう？

果たして、存在しないハリウッド映画による収益化を語り業績を偽っていたのは誰だったのでしょうか？　その答えは、他の誰でもない長として世耕大臣自身が責任を負うべき経産省です。

◆偽りの答弁

２０１８年の6月14日と26日に行われた参議院内閣委員会で、日本維新の会所属の清水貴之議員からＡＮＥＷの経営実態等を追及する質問が行われました。この時に答弁に立った経済産業省吉田博史大臣官房審議官は、次のとおりの答弁を行っています。

この答弁は、国から預かったお金の運用を監督、命令する立場の行政が、出任せだったクールジャパンの「成果」について、偽の情報を流布していたことを証明していると言えます。

吉田：同社は全体で七本の、産業革新機構が出資している間に七本の企画開発を行っておりますが、やはり権利処理の、あるいは整理ということに時間が掛かりまして、そのうち共同開発契約を締結した第一号というのが平成二十八年十月ということで、やっと一本出た状況でございます。そういう形で一つの成果が上がった段階で産業革新機構としてはエグジットをする判断をしたということかと思っております。

（内閣委員会会議録第二十一号　平成三十年六月二十六日）

私がこの吉田大臣官房審議官の答弁について情報開示請求を行ったところ、経済産業省は開示期限の延長を行い、請求から約80日を費やした後にようやく答弁資料文書が開示されました。

ＡＮＥＷ売却時点の各作品の状態が記載されているこの開示文書によると、吉田審議官が説明した「第一号」とは、日本テレビと組んだ『藁(わら)の楯(たて)』であったと記されていて、その契約が締結されたのは２０１６年の10月となっています。

ＡＮＥＷが企画開発を行った7作品

『ガイキング』
企画開発開始時期：２０１２年12月
プレスリリース時期：２０１２月12月
日本パートナー：東映アニメーション（資料には未記載）
米国パートナー：Valhalla Entertainment

『ソウルリヴァイヴァー』
企画開発開始時期：２０１４年6月

プレスリリース時期：２０１４年7月
日本パートナー：フィールズ
米国パートナー：Bedford Falls

『オトシモノ』
企画開発開始時期：２０１４年9月
プレスリリース時期：２０１４年10月
日本パートナー：松竹
米国パートナー：Depth of Field

『臍帯(さいたい)』
企画開発開始時期：２０１４年11月
プレスリリース時期：２０１４年12月
日本パートナー：ウィルコ
米国パートナー：Depth of Field

『６０００―ロクセン―』
企画開発開始時期：２０１５年4月
プレスリリース時期：２０１５年7月
日本パートナー：幻冬舎・幻冬舎コミック（資料には未記載）
米国パートナー：プロデューサー　マイク・メダヴォイ

『藁の楯』
企画開発開始時期：２０１５年4月
プレスリリース時期：２０１５年8月
日本パートナー：日本テレビ
米国パートナー：Depth of Field
追加パートナー：EuropaCorp（フランス）
２０１６年10月に共同開発契約を締結

『TIGER&BUNNY』
企画開発開始時期：２０１５年10月

プレスリリース時期：２０１５年10月
日本パートナー：バンダイナムコピクチャーズ
米国パートナー：Imagine Entertainment

※ ２０１８年５月、ＡＮＥＷは TIGER&BUNNY 企画からエグジットを発表（資料未記載）
（平成30年６月14日 清水議員の問４に対する答弁資料（参考２））

◆真の「第一号案件」

しかし、過去の経産省の国会答弁では、ＡＮＥＷには『藁の楯』ではない別の「第一号案件」が存在しています。しかも、その作品の成果を元に、ＡＮＥＷの経営が順調である旨の説明が行われていました。

その答弁とは、２０１３年５月24日、第１８３回国会経済産業委員会第14号における、経済産業大臣官房審議官（当時）の中山亨氏の答弁になります。

ただいま御指摘のありましたオールニッポン・エンタテインメントワークスでございま

すけれども、御指摘のとおり、一一年八月十五日に、国内の企業、個人が保有するストーリーやキャラクターなどのコンテンツを、ハリウッドを経由して、当初から海外展開を視野に入れた大規模な企画開発を行うということで、その事業の革新性が認められて、産業革新機構からの出資案件として認められてございます。

実際に事業を開始したのは一一年の十二月でございまして、それから一年、現状でございますが、昨年十二月に、第一号案件といたしまして、東映アニメーションが保有しておりますオリジナルアニメーションであります「ガイキング」、これはもともとは一九七六年にフジテレビで放映されたロボットアニメだそうでございますけれども、これをハリウッドの会社と共同して実写版の映画にするということでお話がまとまりまして、現時点で、企画開発また撮影の準備中というところに来ているところでございます。

ここで中山氏は、少なくとも答弁当時の２０１３年にはＡＮＥＷの「第一号案件」が存在し、それが「撮影の準備中」だと明言しています。

中山氏が語っている『ガイキング』は東映アニメーションと、映画『ターミネーター』やドラマ『ウォーキング・デッド』を手がけたゲイル・アン・ハード氏がＣＥＯを務める制作会社 Valhalla Entertainment がパートナーになっていた作品です。

加えて、中山氏の答弁の1カ月前、2013年4月17日に開催された政策会議のコンテンツ強化専門調査会では、前述の経産省メディア・コンテンツ課課長の伊吹英明氏が、次のような説明も行っています。

始まったばかりなので、課題が何かということなのですけれども、恐らく従来の一番の課題は、1500億のマーケットに対して、お金も含めてリスクをとってチャレンジしてこなかったのが一番の課題で、それを乗り越えるためにこういう組織をつくりましょうということで、これをつくったわけです。

その際に、恐らくハリウッドとちゃんと組んでやれるかというのが大きな課題で、そのためにCEOはサンディ・クライマンというハリウッドの人をトップに据えているわけです。私は別に彼らを擁護する立場にはないのですが、そういう人脈があったので、今回もゲイルさんというプロデューサーがちゃんとついたということだと思います。

（中略）

企画開発ですので、映画をよく知っている方に申し上げるのもあれですけれども、実際に興行収入につながるのは、もうちょっと2年とかそれぐらい後の話だと思いますので、それまでこの会社がつぶれないように皆さんでぜひ、いいことがあったときは一緒に宣伝をしていただければと思いますので、よろしくお願いいたします。

（「コンテンツ強化専門調査会（知的財産推進計画２０１３策定に向けた検討　第４回）議事録」２０１３年４月17日　首相官邸ＨＰ）

この答弁で伊吹氏は、『ガイキング』が、ＡＮＥＷの２年を目処とする一定期間内の収益化が可能となる根拠である旨の内容を語っています。

つまり、幹部である中山、伊吹両氏の答弁を総合すると、少なくとも２０１３年の時点では、経産省は一貫してＡＮＥＷ「第一号案件」を『ガイキング』であると答弁しています。また、その進捗状況も、撮影準備中の段階にあり、当然そのまま完成することを見込んでいて、２０１５年頃には収益化の目処が立っている作品だと捉えています。

経産省のこれらの答弁は、公的資金が投入されているＡＮＥＷの経営状況の、極めて重要な情報を国民に対して説明しているものです。

ただ、映画投資や映画法務の常識において、映画企画のステータスを「撮影準備中」であるとか「２年後のリターンを見込む状態である」と説明するには、論理上、それを確約する「契約」が存在していなければなりません。

ANEWは映画の企画を開発する会社であり、自らが映画製作の資金を出資することはないと説明しています。つまり、自己資金で映画を作ることはありません。したがって、ANEWの作品には、必ず第三者との「お金」の契約が存在していなければおかしいはずです。

仮に、2018年になって初めて明らかにしたとおり、当時のANEWにいかなる契約も存在していなかったのであれば、映画『ガイキング』が実際に作られて完成することも、まして や配給され、2年を目処に映画から配当を得ることもありえない状態だったと言えます。

このことからも、ANEWの法律の規定にある支援基準として認められていた「一定期間内での投資回収の高い蓋然性が認められる」との将来見通しは、早々から破綻状態だったことがわかります。

◆グリーンライト

映画製作を成立させるためのファイナンスの構成には、様々な形式、規模の契約が存在します。ここで、その中のいくつかを説明したいと思います。

一つは「スタジオ・プロダクション・ディール」という契約です。これはPFD Agreement (Production-Financing and Distribution Agreement：制作と出資および配給の合意書)とも呼ばれるもので、企画開発を行ったプロデューサーと映画スタジオとの契約になります。一般的には「開発の覚書」（Development Deal Memo）を交わし、映画企画開発の段階ごとにプロデューサーへ支払う報酬、映画完成までのスケジュール、映画におけるクレジット、プロデューサーの収益参加のパーセントなどを取り決めます。そして、映画企画が次の段階へと進むごとにプロデューサーに対して新規の報酬が支払われていきます。

映画スタジオと契約して企画開発を行うプロデューサーは、映画スタジオがその企画に「グリーンライト」といわれる撮影決定の決断に至るか、あるいは撮影を断念するかの決定が下されるまでの、企画開発の初期段階でも少額の報酬を受け取ることができます。

作品が「グリーンライト」された場合、次のプリプロダクション（撮影準備）の段階で20％、撮影時に60％、第一試写を届けた時点で10％、完成作品を届けた時点で10％など、段階的に報酬を受け取る契約に至る場合があります。

一般的には、その作品の製作を継続するか、中断して契約解除を申し出るかを選択する権利は、スタジオ側が持っている場合が多いです。

さらに映画が完成した時、プロデューサーはこれらの報酬に加え、映画の粗利益（Gross Profit）もしくは、純利益（Net Profit）に対して、事前の契約に定めた割合の配当金を受け取る形での利益参加をできる場合があります。

他にも「ネガティブ・ピックアップ・ディール」（Negative Pick Up Deal）という契約形式

もあります。これは、独立系のプロデューサーが映画スタジオなどと交わす契約の一種で、プロデューサーが規定の日時までに映画の完成品を納品できた場合、映画会社がその映画を一定の金額で購入することを確約する契約になります。

この契約の場合、映画スタジオは制作費を前金で払わないことが多いです。しかし、プロデューサーは映画を完成させれば映画スタジオが買ってくれることを確約されているので、その契約を元に、制作中の運転資金のローンを銀行などから受けることが可能になります。

そして映画が「グリーンライト」に至ると、脚本にかかったお金やその間のプロデューサー経費などは「制作コスト」としてカウント可能ですので、その段階で企画開発資金を制作費から回収できます。

また、今では多くの国や都市がロケ誘致やポストプロダクション（撮影後の作業）誘致のための政府支援制度を打ち出しています。そうした撮影地や制作地を選ぶことで、プロデューサーはその土地で消費する制作費、人件費など（Local Production Spending）の20〜30%を還元してもらうことが可能です。

映画やテレビドラマのエンドクレジットを最後まで観ていただくと、ほとんどの作品で政府支援がクレジットされていることがわかります。こうした政府の助成制度を利用することは、プロデューサーが映画製作の資金調達を成立させるために、もはや必須の条件となっています。

その結果、プロデューサーは、映画を完成させて契約金を受け取るまでの運転に必要な支援を受けられる国や都市を選んで、撮影やポストプロダクションを行うことが多くなります。

他にも、映画スタジオではなく、裕福な個人投資家などとの契約（Investor Financing）で資金調達する方法などもあります。

◆いかなる契約も存在していなかった

さて、ＡＮＥＷに話を戻しましょう。

もし、当時の『ガイキング』に「ネガティブ・ピックアップ・ディール」のような契約が存在していれば、経済産業省が答弁を行った２０１３年時点で同作品が「撮影準備中」かつ、一定のスケジュール内に映画が完成する見込みがあることから「２年を目処にした収益化」と説明することができます。

しかし、「◆偽りの答弁」で触れた吉田氏の答弁を見ると、そもそも２０１３年当時、ＡＮＥＷにはいかなる契約も存在していなかったと証明しているわけです。これは、映画製作におけるお金の契約がないままに、製作および配給が決定したかのように語った中山氏、伊吹氏がＡＮＥＷの本当の業績を粉飾した虚偽答弁をしたことを意味しているのではないでしょうか。

ちなみに、情報公開された公文書によると、中山氏の国会答弁の答弁作成責任者は、伊吹英明氏となっています。
実際のところ、２０１３年の答弁当時の『ガイキング』は次のような状態にあったようです。本当のアメリカ側プロデューサーであるゲイル・アン・ハード氏が、２０１３年６月28日に米国のエンタテインメントサイト Collider.com に語ったインタビュー*があります。現在は要点しか残っていないようですが、私が２０１３年８月に閲覧した際には、２０１３年６月26日に開催された映画、テレビ、ホームビデオなどの優秀なＳＦ・ファンタジー・ホラー作品を表彰するサターン賞の式典に出席したアン・ハード氏との次のようなやりとりのインタビュー動画が掲載されていました。

——現在動いている企画はありますか？
ハード：ひとつにアニメ原作のガイキングがあります。現在作業を進めていますので近々発表できると思います
——日本の会社と共同製作ですよね？
ハード：東映です
——これは今までハードさんには見られない新しいビジネスだと思いますが、それは急成長するアジア市場に向けて始めたことですか？　それともクリエイティブな面から共同製

作を行っているのですか？

ハード：この企画はクリエイティブな面からですが、将来は外国との共同製作は増えると思います。中国との共同製作も多くなると思いますし、今回は日本との共同製作になります。

――この企画は日本からアプローチされたものですか？　それともあなたから企画したものですか？

ハード：我々から企画したものです

――撮影はいつになりますか？

ハード：今、脚本家を見つけたところです

――脚本家は誰ですか？

ハード：まだ契約に至っていないので教えられません

＊「2013 Saturn Awards: Gale Anne Hurd Talks THE WALKING DEAD, Plus Interviews with Amy Acker, William Friedkin and BREAKING BAD's Jonthan Banks『Collider.com』
https://collider.com/2013-saturn-awards-gale-anne-hurd-talks-the-walking-dead-plus-interviews-with-amy-acker-william-friedkin-and-breaking-bads-jonthan-banks/

インタビューは、中山氏と伊吹氏の答弁の後に行われたものですが、この時点で『ガイキング』の企画は、脚本家とすら契約していない状態だと語っています。この回答は、具体的な撮影時期を尋ねる質問に対し、それを検討する段階にないことを意味していますので、当事者のアメリカ側プロデューサーが「撮影準備中段階に来ている」との経産省の説明を明確に否定している発言と捉えることができます。

ネガティブ・ピックアップ・ディールなどの、映画製作の資金調達に関する契約を締結する際には、出資者との間に必須条項（Essential Clause）を交わす場合があります。

この条項では例えば、「この映画には必ずこの監督、主演俳優を使います」という、映画の創作における重要なパートを担保する人材の確保などの条件を取り決めておきます。必須条項を定めることによって、お金を出す映画スタジオや投資家は、その映画が完成した場合に購入するに値するものか否かを、より正確に判断することが可能になります。

注意して映画報道などを見ていただくと、世界の映画祭やフィルムマーケットの時期に「新しい企画に監督の誰々がつきました」「主演に有名スターが出演予定」といった報道を見かけると思います。これらは、映画祭やフィルムマーケットでその映画企画の資金を調達するための、売り込みのリリースである場合がほとんどです。

資金調達を完了する前にどうやって主演キャストなどと交渉するのか、疑問に思われるでしょう。実は、プロデューサーはその俳優のエージェントと「Letter of Intent」という合意書を取り付けることができます。この合意書とは、当該の映画企画の資金調達が成立した場合には、俳優のスケジュールに支障がない限りその役で出演する意思を書面で約束するものです。この際、プロデューサー側も「その俳優にスケジュール的支障がない限り、その役を他の俳優にはオファーしません」などと約束するケースもあります。

プロデューサーが俳優との合意書を投資家に提示することで、投資家はその映画に出資した場合にはその俳優がキャスティングされる可能性が極めて高いと知ることができ、投資の判断材料となるわけです。

ですので、プロデューサーが映画の資金を調達する場合、企画や脚本作りだけでなく、その企画に適した人材を持ってくる能力も重要になります。

◆『ガイキング』の始まりは

『ガイキング』は当時、脚本家と契約していなかったようなので、当たり前ですがこの段階で脚本はまだ書かれていません。主演俳優が脚本を読まずに出演の合意書を交わすことは、通常考えられません。脚本がなければそもそも、作品完成までのプロダクション運営に必要な製作費を正確に算出することもできません。したがって、まだ書かれてもいない「未知の脚本」を元にどこかの映画スタジオや投資家に対し、一定スケジュール内に映画の完成と納品を確約しつつ資金調達を完了させることは、実質的に不可能な状態だったと即座に判断できます。

事実、当時の『ガイキング』に監督や主演俳優が決まったという発表はありませんでした。経産省は、資金調達の契約はおろか脚本すら存在せず、映画製作の合理的根拠が著しく乏しい状態であった『ガイキング』を、撮影準備段階に入り順調に行けば撮影が行われ、2年程での収益化の根拠であると説明していたわけです。映画投資の一般論において、このような語り口で投資家を信じ込ませ、投資を引き出していたら「詐欺」と判断されてもおかしくないでしょう。当時の経産省による、彼らにとっての投資家＝国民へ対する複数回に及ぶ『ガイキング』についての説明は、映画製作の常識的な契約法務からしても考えられないほどの「嘘」だったと判断できるように思います。

さらに、アン・ハード氏のインタビューは、伊吹氏の答弁の「もう一つの嘘」を証明しています。

伊吹氏は、「そういう人脈があったので、今回もゲイルさんというプロデューサーがちゃんとついたということだと思います」と発言し、『ガイキング』企画にゲイル・アン・ハード氏を参加させることができたのは、ＡＮＥＷの設立によって生まれた成果、およびＣＥＯであるサンフォード・Ｒ・クライマン氏の人脈によるものという旨の答弁を行っています。

しかし、アン・ハード氏がインタビューで語るとおり、『ガイキング』はハード氏側からアプローチした、アメリカ側が主導する企画でした。つまり、『ガイキング』の企画開発が誕生したのはＡＮＥＷの「成果」ですらないことになります。

『ガイキング』についてはＡＮＥＷ設立以前から東映アニメーションとValhalla Entertainmentの間で企画開発が行われており、ＡＮＥＷはそうした経緯がある作品に「後乗り」する形で参加し、プレスリリースを発表したものでした。そして、ＡＮＥＷが２０１１年10月の会社設立から２０１４年６月までの２年８カ月間に企画開発をしていた作品は、この『ガイキング』１つだけでした。

つまり、ＡＮＥＷというコンテンツファンドは、設立したはいいが、まともな新規企画開発への投資事案すら作ることができず、既にアメリカ側のパートナー主導でスタートしていた『ガイキング』を使い、これまで日本でできなかったハリウッドでの新規企画創出をちらつかせて、あたかもクールジャパン事業が成功しているかのように「成果」をでっちあげていたわけです。

産業革新機構が２０１３年12月の５億円、２０１４年11月の11億２０００万円と合計16億２０００万円の追加投資を完了する、たった３カ月前まで、ＡＮＥＷが発表していた「唯一の成果」は、今となっては経産省の中でその事実が消されている「第一号案件」の『ガイキング』

しかありませんでした。当然、『ガイキング』はＡＮＥＷが追加投資を受ける際の重要な判断材料だったに違いありません。

経産省が２０１３年時点で国会などにて語っていた『ガイキング』が、当時の企画の進捗状況からアメリカ側パートナー参加の経緯まで「嘘」であったならば、同省の説明は投資判断において重要な、業績にかかわる情報の粉飾に該当するのではないでしょうか？

この答弁を経て発生した損失は、一方的に国民に押し付けられます。私は、同省の発言には極めて大きな責任があると考えます。

『ガイキング』のアメリカ側パートナー参加の経緯まで「嘘」であったならば、設立から約３年間、ＡＮＥＷは巨額赤字の裏で一体何をやっていたのでしょうか？

◆官製会社の民業圧迫行為

伊吹氏の他の答弁にも、大きな問題のある文言が含まれています。

　日本のコンテンツをここに預けないとそもそもここは仕事をできないところなので、日本のコンテンツ企業さんとどうやってうまく関係を築いていって、ちゃんと儲かるんだなということを理解していただけるかが非常に大事なことなので、最初の３年の間にちゃんと成功するという事例を、それこそ別所さん*がおっしゃるようにサクセスストーリーをちゃんと示すということが非常に大事だと思いますので、皆さん是非温かい目で見守って、かつ一緒にお仕事をしていただければと思います。

（「コンテンツ強化専門調査会〈知的財産推進計画２０１２策定に向けた検討　第10回〉議事録」２０１２年５月15日　首相官邸ＨＰ）

旧産活法に基づき、産業革新機構が経産大臣に提出した文書「支援に当たっての意見紹介について」によると、産業革新機構はＡＮＥＷのことを「国内企業及び個人が保有する著作権等を集約し、海外展開にむけて企画開発等を行い収益を獲得することを目的とする新会社」と説明しています。これに加え伊吹氏は「暖かい目で見守って、かつ一緒にお仕事をしていただければ」と国の立場からこの会社の利用を推奨しているのがわかります。

注目すべきは「集約」という言葉です。

ＡＮＥＷの決算公告によると、売上高を記録したのは１事業年度しかありませんでした。また、あるＡＮＥＷのパートナー企業の関係者は「実害が発生していないのでＡＮＥＷに預けた

＊　調査会委員を務める俳優の別所哲也氏のこと

企画が製作に至らなかったことについて特別悪く言う感情はない」と語っています。

このことからも、ＡＮＥＷが日本のパートナー企業へ提供した映画化権契約における法務相談等のサービスは、「支援」名目の無償だったことがわかります。これを言い換えれば、ＡＮＥＷの経営の考えは、損失は国のお金で補填できるという甘えからか、持続的経営に必要な売り上げを稼ぐ努力すら放棄していると言えます。

当時のＡＮＥＷのホームページに「当社の経験豊富なバイリンガルチームとリーガルスペシャリスト」による言語と契約法務サポート業務が謳われています。

例えば、日本の漫画『銃夢』のハリウッド映画化企画である『アリータ：バトル・エンジェル』の契約法務には、日本の法律事務所が代理人として交渉しています。民間の法律事務所では当然、こうした映画化権の法務相談には対価が発生していると考えられます。

一般の翻訳や法律会社が対価を求めないＡＮＥＷと競争して勝つ見込みは、極めて低いと言えます。国が日本ＩＰの海外展開をこのような会社に集約化させようと扇動する行為は、独占禁止法が禁止する不当廉売に該当する可能性があると言えるでしょう。

官民ファンドの基本原則は、民業圧迫を生まない支援になります。しかし、ＡＮＥＷにおいては、国が独占禁止法を無視したような官製映画会社を推進していたわけです。

◆知らない方が不自然

　では、なぜ経産省は数々のでたらめを並べ、国民を欺くような答弁を行ったのでしょうか？　そして、なぜ2018年になり、追加投資を含む22億円を全損させた後になっても全く別の「成果」にすり替えてANEW事業の正当性を語っているのでしょうか？

　経産省は自らの故意性を否定するかもしれません。しかしANEWの事業所管である同省は、法律によって毎年、産業革新機構とその投資先企業の財務情報、回収見込み額、出資に係る退出（エグジット）方針、投資決定時等における将来見通しからの乖離を精査し、業績を評価することが義務付けられています。

　つまり経産省は毎年、ANEWに関する報告を受け、評価していたわけですから、『ガイキング』に契約が存在しないことを「知り得なかった」と考える方が不自然です。ましてや、同省はこの時期、ANEWに職員を出向させ、日常的にその業務に触れてチェックしていた立場でもあります。したがって、同省幹部らの「嘘」は意図的なもので、故意性も否定できないと思います。

　旧産活法に基づくANEWへの投資には、法律によって罰則規定も定められています。仮に、経産省が故意ではなく、産業革新機構から『ガイキング』が撮影準備中である、2年を目処にした収益化が可能である、と事実と異なる報告を受けていたのであれば、同機構の経営者らは罰則の対象になりうる不正行為を行ったことになります。ただ、これまで産業革新機構が不正行為で処罰されたという発表もないことから、経産省が産業革新機構に騙され、結果的に国会において詐欺的答弁を行ってしまったという筋書きも考えにくいです。

このようなでたらめが証明されても、経産省はあくまで、ＡＮＥＷへの投資は法に基づく適正な行為であり、投資失敗に関しても、ベンチャー投資としては失敗であるが機構全体としては儲けているので特段に問題はないと結論づけているわけです。

ここで再度、経産省の伊吹氏の答弁を読み返してみてください。伊吹氏は、作為によるクールジャパン映画会社の順調な経営ぶりを繰り返し説明した後に、「私は別に彼らを擁護する立場にはないのですが」と前置きしながらも、最後に「この会社がつぶれないように皆さんでぜひ、いいことがあったときは一緒に宣伝をしていただければと思います」という言葉を口にしています。監督官庁で直接の担当課の課長であった伊吹氏は、本当に「別に擁護する立場にない人」だったのでしょうか？

ＡＮＥＷ設立のルーツを調べると、どうやらそれも違うようです。それどころか、経産省には意図的に「嘘」をついてまでもＡＮＥＷを正当化し、擁護しなければならないだろう「動機」が存在していました。

第2章
ブラックボックスと化す官民ファンド

◆ANEWの「黒幕」は

この章では、ANEWの経営体制について詳しく見ていきます。

予告しておくと、経産省が第1章で述べたような嘘を塗り重ね国民を欺きながら、正当な成果が出ていなかったこのクールジャパン映画会社を推進、擁護していたのには理由があります。その理由とは、民主主義のプロセスではとても容認できないやり方で60億円もの官民ファンドの資金運用を主導した「黒幕」が、そもそも経産省だったからです。

国民からすると、経産省は法律に基づく客観的な外部評価を行う立場として存在し、民間事業である産業革新機構を統治しているかのようにみえます。産業革新機構設置の根拠法である旧産活法においても、そうするように定められています。日本は法治国家ですので、産業革新機構における公的資金運用は当然、国家が定めたこの法律に基づいて行わなければなりません。

これは、前に出てきた経済産業省吉田大臣官房審議官の答弁にも表れています。吉田氏は、ANEWへの出資決定は、あくまでも同機構が法律の規定に基づいた手続きに則り、支援基準に従って評価し、行ったものであると説明しています。

吉田：産業革新機構から株式会社オールニッポン・エンタテインメントワークスに対する

出資については、当時の産活法の規定に基づき、支援基準に従って、社会ニーズへの対応性、成長性、革新性の観点から産業革新機構が評価し、出資決定したと思っております。

（内閣委員会会議録第二十一号　平成三十年六月二十六日）

しかし、「産業革新機構が主体となって実行した投資」という吉田氏の答弁は、過去のANEW経営責任者たちの説明と大きく食い違っています。

2012年3月30日から同年11月22日までANEWの最高執行責任者（COO）を務めていた黒川裕介氏は、雑誌「IPマネジメントレビュー」のインタビュー中で、次のように語っています。

黒川：日本には世界に通用するコンテンツがたくさんある一方、海外での収益化は意外と実現できていないという現状があります。ANEWは、その現状に取り組むため、数年に及ぶ経産省の企画を経て、株式会社産業革新機構による100％出資にて2012年2月に誕生いたしました。

＊一　原文のまま、設立年は誤り

（「IPマネジメントレビュー」6号2012年9月15日　知的財産教育協会*）

さらに、産業革新機構のANEW立ち上げプロジェクトチームのメンバーで、2012年3月30日から2013年10月15日までANEW社外取締役に就任していた長田（ながた）志織氏も、月刊「文化通信ジャーナル」のインタビュー中で、ANEWの設立前に経済産業省が関与していたことを同様に語っています。

長田：2010年の秋ごろから産業革新機構としての検討を始めておりました。もともとおおきな流れとして、経済産業省で文化振興立国という考えがあり、「2010年産業構造ビジョン」というのが発表されているのですけれども、文化の面でも日本は稼いでいけるようになりたいという、大まかに言うとそのような話が出ているわけですが、その中で文化産業として日本が強いものの一つとして、いわゆるソフト・コンテンツ産業をもっと広げていくために、どういったことをするべきかという検討が経済産業省内でもされていたのですね。そういった問題意識を経て、エンターテインメント産業の領域で、どういった投資をすると業界に対して大きなよい変化を与えていけるだろうかという、かなり広い目線からの検討作業というのを2010年の秋ごろから始めさせていただいていました。

（月刊「文化通信ジャーナル」２０１３年４月号　p34　文化通信社）

このように、当時語られていた内容を見る限り、実際は産業革新機構が主体となり評価、出資決定したものではなく、経産省が数年にわたり「日本のエンタテインメントを再生するニッポンのイノベーション」なる新規ハリウッド事業を企画し、機構はその考えに沿うよう、官民ファンドの制度的に必要な既成事実を作り上げて、投資を実行していたことがわかります。

また、長田氏のインタビューにある「２０１０年産業構造ビジョン」（正式には「産業構造ビジョン２０１０」）では、「経済産業省がイニシアティブをとって迅速に実行する」ことも取り決められていました。このことからも、経産省が主導的立場でＡＮＥＷを企画したという、ＡＮＥＷ経営陣の説明には合点がいきます。

◆経産省の「処方箋」

さて、この「産業構造ビジョン２０１０」は、経済産業省が２０１０年６月に発表したものなのですが、「日本の課題解決の『処方箋』を示すものである」と謳われており、「今日の日本の産業の行き詰まりや深刻さを踏まえ、日本は将来何で稼ぎ、何で雇用していくのかについてとりまとめた最終報告書である」との旨が記されています。

文書内では「日本が衰退しないためのグローバル化の推進」が掲げられており、加えて、これは国内産業の空洞化を招くグローバル化とは違い、「国内に質の高い雇用を生み、賃金を上昇させ、国民の皆様一人一人が豊かさを実感できる」ことを含めたものまでが、日本の経済産業政策の「ビジョン」であると示されています。

この「処方箋」が示す内容を考慮すると、ＡＮＥＷとは、日本がクリエイティブ産業で稼いでいき、その延長として日本国内のアニメや映画などの制作現場に質の高い雇用を生み、賃金を上昇させ、そこで働く一人一人が豊かさを実現することを理念にするべき組織でした。

「産業構造ビジョン２０１０」には、ＡＮＥＷ設立の「原点」ともいえる議論が確認できます。それは、黒川氏の発言と合致する「日本の文化産業がビジネスに結びついていない」というものです。具体例として、映画『リング』のハリウッドリメイク『THE RING』の契約法務が挙げられていました。

「日本の課題」であるとされた『THE RING』の契約内容とは、日本側のプロデューサーが、リメイク作品の利益から配当を得ることができる「利益シェア条項」を結ばずに、米ドリームワークス社に対し、契約金１億円で全ての権利を一括譲渡したというものでした。結果、「映画の世界興行収入、ビデオ販売売上などで約３１６億円の利益がアメリカ側にとどまり、日本側に流れることはなかった」とまとめられています。

そして、経産省がこの課題の解決方法として発見したのが「国内の企業及び個人が保有する著作権等を集約し、海外展開に向けて企画開発等を行い、収益を獲得することを目的とする新会社」、つまりＡＮＥＷの設立だったわけです。

◆「思い違い」で逃げられる官僚答弁

さらに長田氏は、産業革新機構内でＡＮＥＷ立ち上げを検討していた際に人材紹介を受けたという旨の、経産省の具体的な関与の実態も語っています。

長田：それこそ経産省さんにご紹介いただいたり、私どもの知り合いであったり、いろいろな所にお話を聞かせていただきにうかがって、どこそことというのを申し上げるのは難しいのですけれども、業界大手の会社さんの方には、大多数とまでは言わないですけれども、お話を聞かせていただいています。当時私ども産業革新機構は業界についてはまったく素人でございましたし、教えていただかないと業界の「いろは」からわからないところがありましたから、本当にたくさんの方にお時間を使っていただき、教えていただきました。

（月刊「文化通信ジャーナル」２０１３年４月号　p39　文化通信社）

60億円のクールジャパン投資案件を創出するにおいて、経産省は、その分野の「まったく素人」に対し、「誰と話をしたらいいのか」までアドバイスしていたことになります。つまり、ANEWとは、経済産業省が主体となって設計した「民間事業」であり、国の介入が産業革新機構の投資決定に大きな影響を与えていたわけです。

もし、本当に産業革新機構が主体となってANEWを設立していたなら、監督官庁である経産省は全く利害関係のない行政の立場から、官民ファンドへの客観的な外部評価、監督、命令が行えるはずです。しかし、ANEWが経産省の政策ビジョンを実現するための事業と位置付けられ、実は何から何まで裏で糸を引かれていたのであれば、ANEWの不都合はイコール、企画、扇動した張本人である経産官僚の責任に繋がります。

産業革新機構の投資には、取締役会の他に、産業革新委員会という、社外から意見を述べる委員から構成される委員会が存在します。ただ、委員会のメンバーを見ると、映画もしくはエンタテインメントに関する専門的知識を持つ人間はいませんでした。ANEWとは、映画に関して「まったく素人」のプロジェクトチームが作った投資案件を、「まったく素人」の意思決定機関が実行したものだったと言えます。「まったく素人」の官民ファンドが突如60億円の出資決定をして、100%出資の子会社を作る不自然な流れを見ると、国の意向ありきで動いた案件であることがうかがえます。

投資を行う官民ファンド側（産業革新機構）と監督する行政側（経産省）が、クールジャパンマネーで結ばれた一蓮托生の当事者同士の関係だった場合、経産省は「自分たちが描いたクールジャパン事業が失敗で、間違いだった」など、口が裂けても言えないわけです。

ましてや、ＡＮＥＷ設立の中心的人物こそ、国会答弁の作成責任者であり、契約すら存在しないＡＮＥＷ作品についてひたすらに擁護していた、経済産業省メディア・コンテンツ課課長の伊吹氏でした。

こうした事実があるにもかかわらず、吉田審議官は、２０１８年になり「ＡＮＥＷに対する出資は、法律の規定に基づき、支援基準に従って、社会ニーズへの対応性、成長性、革新性の観点から産業革新機構が評価し、出資決定した」と、整合性を欠く答弁を行っているのです。

ただし、私は、吉田審議官が「嘘をついている」とまでは言えません。

なぜなら、吉田氏の語尾に注目していただくと、決して断定はしておらず、「思っております」となっているからです。仮に、この発言が真実ではなかったとしても、吉田氏は「嘘をついた」のではなく「思い違いをした」と言い逃れができる、巧妙な「官僚答弁」になっている印象を受けます。

◆「公文書は存在しなかった」

ところで、2012～13年のANEW経営者たちの説明と、事業が失敗した後の2018年の経産省の説明では、なぜこれほど、経産省の関与に関する事実説明が異なるのでしょうか？

私がこれまで経産省とやりとりした経験から述べると、吉田氏が国会で堂々と辻褄の合わない答弁ができるのはおそらく、同省の中で「国民には自分たちの不都合を証明することはできないだろう」という、強い自信があるからです。

経産省のANEWへの関与を示す客観的証拠となる発言がこれだけ残っていても、この国には、60億円もの公的資金運用を決めた重要部分に係る「公文書」が存在しません。なぜなら、経産省は国民に対し、自分たちの不都合を検証させないよう徹底しているからです。

次の伊吹氏の発言に、具体例が表れています。伊吹氏は自らの関与を語っているのですが、この時、積極的に公文書を作らないことにより検証を不可能にしています。

伊吹：多分、今まで日本にはなかったビジネスの形を新しくやるということなので、普段ビジネスをされている方から見ると本当にそんなことできるのかなということを多分思われる方も結構いらっしゃると思うのですけれども、LAに行っていろいろな人に聞いた感じでは、ＩＰをちゃんと持つということと、クライマンさんの人脈があるということで、リスクと著作権を持ってビジネスをするという形になるので、今までメジャーがやっていた機能を日本のコンテンツについてある意味で肩代わりするというか、ジュニアメジャーみたいな、企画についてのジュニアメジャーみたいな形のビジネスになりますので、十分可能性はあるのではないかというのが向こうの専門家の人とか、エンタメのロイヤーさんに聞いた印象でした。

（「コンテンツ強化専門調査会〈知的財産推進計画２０１２策定に向けた検討　第10回〉議事録」２０１２年５月15日　首相官邸ＨＰ）

このように、ＡＮＥＷの事業を所管する直属の担当課長が、ロサンゼルスに出張し、アメリカのエンタテインメントに携わる弁護士ら「いろいろな人」から聞き取り調査まで行った、と語っています。

伊吹氏がこれだけ能弁にＡＮＥＷのビジネスの大きな可能性や、社長に就任することになるクライマン氏について語っていることからも、この聞き取り調査は、ＡＮＥＷへの投資に係る重要な評価材料であったことがわかります。また、ＡＮＥＷは産業革新機構の他の投資事案とは異質のケースとして存在し、その設立前から経産省が密接に関与していた事実を示す発言とも言えます。

私は、ANEWへの経産省の関与がどのようなものであったかを知るため、経産省に対し情報公開請求を行いました。しかし、彼らが開示した文書は、伊吹氏のロサンゼルスまでの出張経路や出張旅費が記載された、極めて簡易的な3枚の報告書のみでした。

伊吹氏がこれだけ重要なことを語りながら、その内容について一切記録がないのは不自然だと感じました。加えて、産業革新機構の経営者らの発言や、紹介した伊吹氏の議事録など、経産省の関与を示す客観的な証拠が存在することから、開示公文書以外の文書が存在するはずではないかと思い、私は当該開示決定に対する不服審査を行いました。

すると、経産省は「ハードドライブなど再度検索したがその他の公文書は存在しなかった」「議事録にある伊吹氏の答弁やANEW黒川氏の発言は、個人的な意見を述べたに過ぎないため、公文書が存在する根拠にはならない」「出張に係る公文書を作る、作らないは伊吹氏個人の自由であり、伊吹氏がANEW設立に関する聞き取り調査の内容を記録しなかったことは『不自然』でも『不合理』でもない」などと決定しました。

ここで再度、第1章で紹介した、大臣意見の手続きの情報公開を思い出してください。この時、経産省は「口頭でのみ行われた説明であるため公文書は存在しない」という理由で、文書は存在しないと決定しています。今回も同様に、経産省が積極的に公文書を作らないことで、

台帳番号
外－1589

海外出張報告書

所属	商務情報政策局　文化情報関連産業課	官職	事務官	氏名	伊吹　英明　印
		級	[redacted]		
期間	平成　23年　11月　10日　から 平成　23年　11月　14日　までの　　5日間			座席クラス	ビジネスクラス(ディスカウント)
用務	LA　Eiga　Festa　2011出席のため			渡航国	米国

日程

月	日	発	国名	着	国名	VISA	宿泊地	用務等
11	10	[redacted]		(成田空港)				
11	10	(成田空港)		ロサンゼルス	米国	要	ロサンゼルス	LA　Eiga　Festa　2011出席のため
11	11						ロサンゼルス	LA　Eiga　Festa　2011出席のため
11	12							LA　Eiga　Festa　2011出席のため
11	13	ロサンゼルス	米国				機中	
11	14			[illegible]				
11	14	[illegible]		[redacted]				

支出科目	経済産業本省共通費　職員旅費	記入担当課	商務情報政策局　文化情報関連産業課 山中　直樹　内線(77236、)
用務の概要報告等	LA　Eiga　Festa　2011に出席したほか、現地の映画関係大学や撮影所の見学し、関係者との意見交換を行った。		

支出予定金額

支出予定合計	[redacted]		
鉄道賃	[redacted]	日当	27,450円
航空賃	647,700円	宿泊料	45,000円
車賃		食卓料	
船賃		支度料	

旅行雑費

旅費雑費合計	7,000円
国内空港施設使用料	2,040円
海外空港施設使用料	4,460円
注射料	
その他	500円

確認項目	パック等割引料金使用
パック等未使用理由	

0000399847

経産省が開示した伊吹氏の出張報告書

国民に知る術を与えないよう徹底していたことがわかります。

また、ＡＮＥＷには経産省の現役職員も出向していました。しかし、この職員も一切の公文書を作っておらず、ＡＮＥＷに関する公文書は他に存在していないという決定を下しています。

経産省は公文書に記録を残さないのをいいことに、過去の説明とどんなに辻褄が合わない事実があろうと、２０１８年で語る別の事実を「真実であると思っている」で押し通していることがわかります。

◆黒塗り処分

ＡＮＥＷに関して、経産省が情報公開制度を自分たちに都合よく操作する手口は、これだけではありません。経産省はＡＮＥＷの説明資料「日本コンテンツの海外展開推進会社設立について」なる文書を開示しているのですが、産業革新機構のロゴと表題以外をすべて黒塗りとする処分を下しています。

この時の不開示理由は、次のとおりです。

「日本コンテンツの海外展開推進会社設立について」については、これを公にすると、産業革新機構の国内コンテンツ産業に対する具体的な投資戦略や支援判断に係るノウハウ等

が明らか となり（中略）当該法人の権利、競争上の地位その他正当な利益を害するおそれがあると認められる。

（20160119公開経第1号行政文書開示決定通知書より抜粋）

もう一度、投資決定時の海江田経済産業大臣の意見に戻ってみます。ここでは、次のような意見が書かれています。

事業の実施に当たっては、経済産業省と緊密に連携し、本会社に蓄積されたノウハウ等を広く産業界に還元し、当産業の構造改革に資する取組とするよう努められたい。

（株式会社産業革新機構の支援決定について）

第1章でお話ししたとおり、この大臣意見とは、経産省が事前に複数の回答案を内部決裁し、意見照会の即日に大臣が発出していたものです。実質、この大臣意見は経産官僚が作成したものです。経産省はこの中で、ＡＮＥＷへの公的資金投入で蓄積されるノウハウは、日本の産業全体に還元し、国民の財産にするよう指示しています。

さらに、経済産業省メディア・コンテンツ課が毎年作成していた資料「コンテンツ産業の現状と今後の発展の方向性」には、ANEW事業の大義として「日本のコンテンツ業界に海外展開ノウハウを蓄積」という記載が残っています。

このように、ANEWによって築かれるノウハウとは本来、公に広く開示し、還元することが前提となっています。すなわち、情報公開法を濫用し黒塗りにする理由はないのです。経産省による不開示決定は、過去に自分たちが語っていたANEWの「社会的意義」と矛盾するものです。

そもそも、大義名分だった国民に広く還元するべきノウハウを公にすることによって損なわれるおそれのある、産業革新機構の「正当な利益」とは一体何なのでしょう? 逆に言えば、世の中の誰が、22億円を全損させ、何一つ正当な成果を示さず破産寸前になり、ただ同然で身売りするような映画会社のノウハウや戦略を模倣するでしょうか? 正当な成果を何ら示さなくとも次々と追加投資が注がれたANEWの虚業とも言えるハリウッド映画ビジネスは、「国の金だから」という甘えが前提になければ成立しません。よって、当該情報が公にされたところで、産業革新機構の具体的なコンテンツ産業に対する投資戦略など、機構と競争する第三者によってまねしようのない性質のものです。

経産省は、60億円の公的資金を引き出す時には「ノウハウを広く国民に還元する」と説明しておきながら、ANEWが散々な形で失敗し、自分たちの都合が悪くなると、同じ口で「ノウ

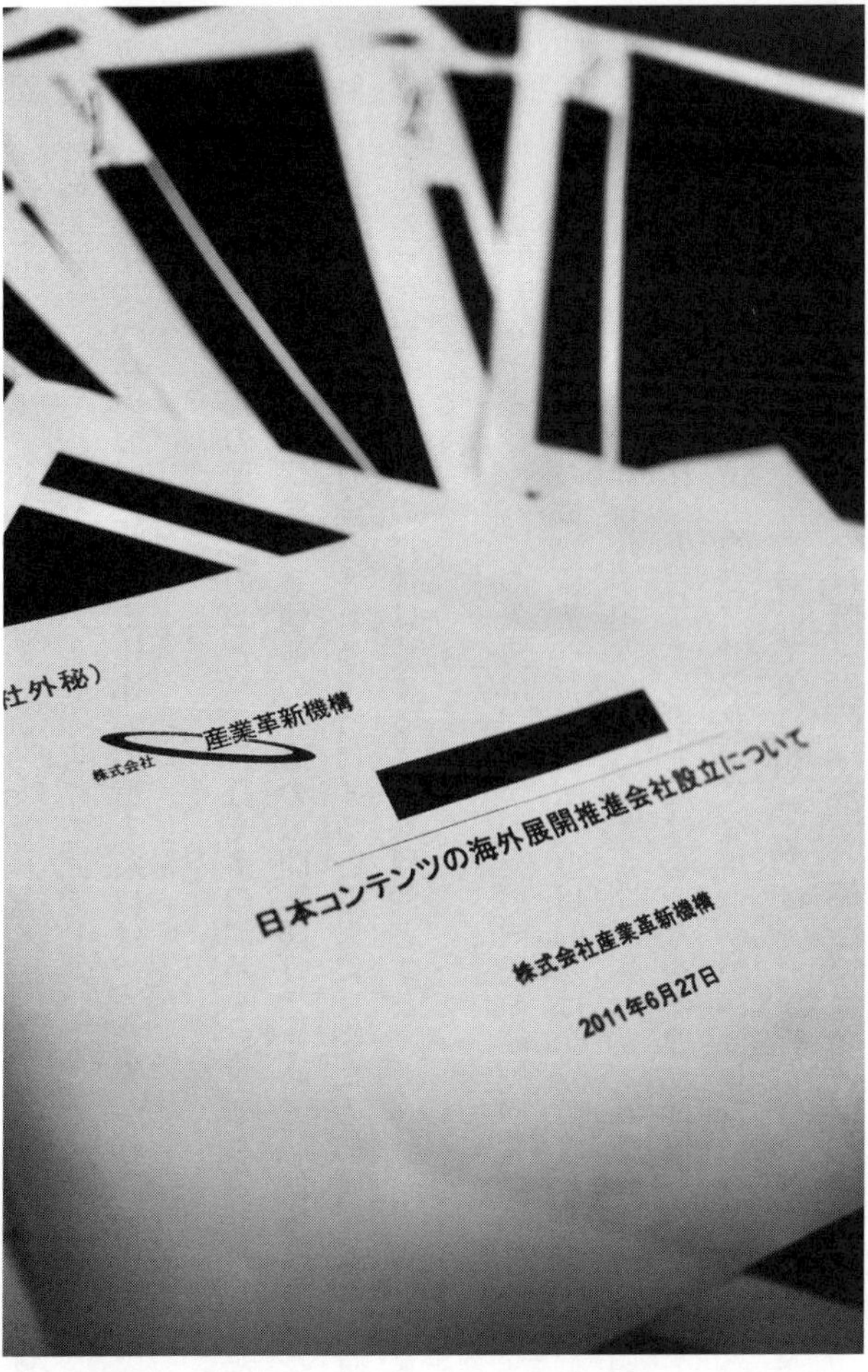

黒塗りで開示された文書

ハウを公にすると正当な利益を損ねると認められるため国民には開示しない」と、相反する理由をつけて情報を隠すことで、自分たちの企画の責任を回避していることになります。

「行政機関の保有する情報の公開に関する法律」の第1条には、こう書かれています。

この法律は、国民主権の理念にのっとり、行政文書の開示を請求する権利につき定めること等により、行政機関の保有する情報の一層の公開を図り、もって政府の有するその諸活動を国民に説明する責務が全うされるようにするとともに、国民の的確な理解と批判の下にある公正で民主的な行政の推進に資することを目的とする。

自分たちが主導したクールジャパンの失敗は、何が何でも国民の建設的な批判を許さない。情報開示に関する経産省の都合の良い姿勢は、この法律の目的とはかけ離れたものです。

一方で国民は、公正で民主的な行政の担保となる情報が開示されず、官僚には自己弁明のためのでたらめな答弁を繰り返され、失敗による損失だけを一方的に押し付けられています。クールジャパン行政には極めて非民主的で、アンフェアなルールが横行しているのです。

この国のクリエイティブ産業政策において大事なこととは、経産省の官僚制度の保身ではなく、情報公開をもってきちんと検証を行い、失敗から学ぶことではないでしょうか？

2013年9月には「官民ファンドの運営に係るガイドライン」なるものも制定されています。この中では、投資決定時における適切な情報開示に加え、実支援後においても、当該支援についての適切な評価、情報開示を継続的に行い、国民に対しての説明責任を果たしているかといった検証項目も定められています。

しかし、このガイドラインにある「国民への説明責任を果たす」というルールは全く守られていません。投資決定前に語っていたことを捻じ曲げ、恣意的な情報開示を行うこともできてしまう「ザル制度」であることを、ANEWの件が証明しています。

官民ファンドの情報公開における問題点について、会計検査院は2018年4月に発表した「会計検査院法第30条の2の規定に基づく報告書」の中で、次のように指摘しています。

官民ファンド運営法人は、国民に対する説明責任を果たす観点から、個別の案件であっても、多額の減損損失や支援を終了した時の多額の損失により政府出資等に重要な影響が生ずるおそれがあるなどの場合には、情報の秘匿性に留意しつつ、当該個別の案件の損失についても可能な限り情報開示を行っていく必要がある。

その一方、2017年8月6日の日本経済新聞のインタビューで、産業革新機構の情報公開の在り方に対して答えた、同機構の志賀俊之会長の次のような発言があります。

我々はリスクの高いところに投資するので、回収できなかったり、支援を中止したりするケースもある。その中身を全て開示していたら、リスクマネーは提供できなくなる。失敗例ばかりに焦点が当たって『なぜこんな投資をしたのか』『責任者は誰か』という話になるからだ。

しかし、私の考えは違います。経産省および産業革新機構の中で、「情報公開せず逃げ切れる」ことが前提だからこそ、萎縮（いしゅく）どころか大胆不敵に、公的資金を好き勝手して失敗するのだと思います。

ここまで、情報公開や国民への説明責任の側面から、経産省の矛盾を書いてきました。ですが、同省はそれらの問題をはるかに超えたことも行っています。

◆旧産活法の違法行為

第1章でも触れましたが、旧産活法では、経産省は産業革新機構の事業年度ごとの業務実績を評価し、それを公表することが定められています。この業績実績評価とは、投資実行後も各投資先企業についての財務情報、回収見込み額、出資に係る退出（エグジット）方針、投資決定時等における将来見通しからの乖離等を精査することになっています。

（業務の実績に関する評価）

第三十条の三十四　経済産業大臣は、機構の事業年度ごとの業務の実績について、評価を行わなければならない。

２　経済産業大臣は、前項の評価を行ったときは、遅滞なく、機構に対し、当該評価の結果を通知するとともに、これを公表しなければならない。

経産省は法律に則り、ＡＮＥＷについても平成23〜29年度の業績評価の報告書を公表しています。この評価報告書によると、産業革新機構がＡＮＥＷに「社外取締役を２名、社外監査役を１名派遣した」「重要な意思決定会議等において適宜助言を実施した」と記載されており、設立から売却までの全ての期間で、ＡＮＥＷに対する機構のガバナンスが存在するかのような評価がなされていました。

加えて、経産省の伊吹氏も、ＡＮＥＷの経営チェック体制について次のような説明を行っています。

ＡＮＥＷのパフォーマンスについてどうチェックするのかということですけれども、これは株式会社で産業革新機構が１００％出資をしている会社です。普通の株式会社ですので、当然株主として産業革新機構がパフォーマンスをチェックする。今までいたＣＯＯにしても、彼らは仕事をするサイドなので、それをチェックするのは株主たる産業革新機構の役目で、彼らもこの会社に対して役員を出して、日常的にかなりチェックをしているというのが今の状態です。

（「コンテンツ強化専門調査会（知的財産推進計画２０１３策定に向けた検討　第４回）議事録」２０１３年４月17日　首相官邸ＨＰ）

経産省が法律に基づき公表してきた業績報告書や、幹部の説明だけを見ると、株主である産業革新機構と投資先のＡＮＥＷとの間で、業務執行とは独立した中立的な外部的監視、牽制関係が存在するように思えます。

ＡＮＥＷに登記された取締役たちに焦点を当てると、国が世間に公表してこなかった裏側では、産業革新機構がＡＮＥＷの業務執行と距離を置いた立場でその経営を監視、牽制する体制など全く組まれていなかったように見えます。

それどころか、産活法に基づく経産省の評価報告が虚偽であった可能性すら疑わざるを得ない、不都合な事実が存在していました。

◆かたくなな回答拒否

私は、経産省から情報を得られないと知った後の2013年6月15日に、ANEWのホームページにある問い合わせフォームを通じて、財務諸表の開示要求と合わせ、次のような質問状を送りました。

質問

(1) 取締役以上経営者の人数および氏名（日米）
(2) スタッフの人数と内訳（アメリカオフィス4名以外の日本人スタッフの人数）
(3) 中央政府から出向者の人数と省庁内訳
(4) 1ヶ月の平均固定費（アメリカオフィス、日本オフィスをあわせたおおよそで結構です）
(5) 産業革新機構がANEW設立に至った根拠、仮説を助言した人物とその人数（例：アメリカ人映画プロデューサーなど。個人情報は除く）
(6) 産業革新機構がサンディ・クライマン氏をCEOに雇用した経緯とその労働契約（個

人情報は除く）

（7）企画開発における株式会社ＡＮＥＷの収益見込みの根拠となる権利契約の概要（ＩＰの配分など、個別案件によって異なるかもしれませんが、この位を目処との方針でも結構です）

（8）ガイキングにおけるＡＮＥＷ部分の契約の詳細（東映アニメーション、アメリカパートナーに関わる個人情報は除く）

（9）海外オフィスがサンディ・クライマン氏の個人会社と同じ住所であるということはどういうことか？　また役員の一人がクライマン氏のアシスタントである点はどういうことか？

すると、同年6月18日にＡＮＥＷの広報からこのような回答を受けました。

なお、開示のご請求のありました「直近の決算時の財務諸表」につきましては、弊社では、会社法上の規定に則り、定時株主総会の承認を受けた上で、官報に貸借対照表の要旨の公告を行っております。

また、取締役の人数及び氏名につきましても、会社法上の規定に則り、登記を行っているところです。

弊社は、会社法に基づいて設立された通常の株式会社でありますため、お問い合わせ頂きました各質問にお答え致しかねますこと、何卒ご了承ください。

弊社の事業内容等につきましては、広く皆様にご理解いただくべく、ホームページにおいて適宜情報発信しておりますので、何卒ご理解、ご賛同を賜れますと幸いです。

一般的な上場企業であれば、私が質問したようないくつかの基礎的な情報はホームページに載せているＩＲ情報などで簡単に確認できます。しかも、ＡＮＥＷは実質１００％近くを公的資金で賄っている会社であるため、上場企業以上の透明性を示しても差し支えないと思ったのですが、これらの情報は掲載されていませんでした。また広報に問い合わせても、いただいた返答のとおり「通常の株式会社であるのでお答え致しかねる」との理由で、質問に対する回答を得ることはできませんでした。

私はこの後もＡＮＥＷに対して問い合わせを送りましたが、以降、回答はありませんでした。

ちなみに、ＡＮＥＷへは日米の大手新聞社の記者が取材依頼を申し入れています。しかし、問い合わせた全ての記者たちは、ＡＮＥＷはかたくなに取材拒否を貫(つらぬ)いていたと語っていました。

このように、国民の財産である公的資金の運用において、極めて基本的な情報が、事業を所管する経産省からも、当のANEWからも手に入らない事態を受けて、私は、法務局へ行きANEWの登記簿を取得したり、(後に巨額赤字の垂れ流しを発見するきっかけになる) 官報を調べたりする運びとなりました。

この時に取得したANEWの登記簿を見てみると、役員にはプレスリリースやホームページで公表されていたCEO、COOの他に、高橋真一氏、長田志織氏、関根武氏という産業革新機構の3名が登記されていました。社外監査役の関根氏は、ANEWに登記された2012年から同機構の執行役員を務め、株式を売却する前年の2016年からは常務執行役員に就いている、上級役員になります。

長田氏と関根氏に関しては、経済産業省の報告書のとおり、社外取締役と社外監査役に登記されていたのですが、高橋氏はANEWの業務を執行する立場の取締役と登記されていました。

さらに、高橋氏は、日本側の初代最高責任者であった黒川氏がわずか7カ月で退任した後の2012年11月22日から2014年1月16日まで、ANEWの代表取締役に就任しています。もちろん、高橋氏の代表取締役就任などの情報は一切公表されていませんでした。

初代最高執行責任者である黒川氏の退任については、経産省の伊吹氏が2013年4月17日内閣府知的財産戦略本部の第4回コンテンツ強化調査会の中で「(前任の黒川最高執行責任者

について は）去年いっぱいで任期満了で退任したと聞いています」と発言しています。

この発言は、当初から機構とＡＮＥＷの中で黒川代表取締役の任期は７ヶ月で満了すると決まっていたことを意味します。つまり、当時１００％株主だった産業革新機構の髙橋氏が、早々にＡＮＥＷの代表取締役へ就任することは予定調和だったと解釈することができます。

髙橋氏はその後、清水久裕氏がＣＯＯに就任する時に代表取締役を辞任していますが、ＡＮＥＷが設立されてから売却されるまでの全ての期間において業務執行の取締役と登記されています。登記簿を見る限りでは、経産省の公表事実にあるような、外部からＡＮＥＷの経営を監視、牽制する立場の社外取締役であった事実は一度もありませんでした。

ＡＮＥＷは２０１５年10月、第7弾企画の『TIGER&BUNNY』を、ニューヨーク・コミコンの会場で発表しています。この時撮影された報道写真には、クライマンＣＥＯらと共に、髙橋氏が輪の中心に写っています。このことからも、髙橋氏は登記上だけでなく、名実ともにＡＮＥＷの業務を執行する取締役であったことがわかります。

したがって、経産省による産業革新機構がＡＮＥＷに「社外取締役を2名、社外監査役を１名派遣した」という経営体制の評価と公表は、法律の規定に対して虚偽の記載を行ったというのが私の結論です。

また、この髙橋氏は前述のとおり、２０１１年8月に経済産業省の伊吹氏と、ＡＮＥＷ設立の共同記者発表を行った人物になります。したがって、経産省が毎年の業績を評価する中で高橋氏の取締役ならびに代表取締役就任を認知していなかったとは極めて考えにくいです。そのうえ、産活法では「経済産業省の業績評価は、速やかに産業革新機構に通知する」とあるので、経済産業省の7年にわたる虚偽事実の記載を、産業革新機構の経営者も十分認知していたことになります。

◆ガバナンス不在の上司と部下

また、ANEWの経営体制の問題点として注目すべき点は、代表取締役の髙橋氏と社外取締役の長田氏の関係性にあります。

長田氏は前述した「文化通信ジャーナル」のインタビューの中で、髙橋氏について次のように語っています。

長田：産業革新機構の中で数名のチームが立ち上げられて、責任者は私の上にいるのですが、業界識者の方にも広くインタビューさせていただき、日本だけではなく米国側の方々にもお話を聞いたり、米国だけではなくアジアなど海外のご意見もおうかがいし、どうやらこういう組織があるといいのではないかという。こういうファンクションが国内にはかけているということが、日本のソフト・コンテンツを海外に出していくにあたっての一種のボトルネックになってしまっているのではないかという仮説を持って、この株式会社All Nippon Entertainment Works（オールニッポン・エンタテインメントワークス：ANEW）という会社を設計し、会社を作ろうと発表したのが、2011年の8月です。（中略）

ープロジェクトチームの長というのはどういう方ですか？

長田：高橋真一[*]と申しまして、産業革新機構のマネージング・ダイレクターです。私の上司でもありますし、ANEWの取締役としても参加をしています。

（「文化通信ジャーナル」2013年4月号　p34-p38　文化通信社）

通常、社外取締役とは、取締役会の監督機能強化を目的とし、代表取締役などと直接の利害関係のない、外部の視点から業務執行を監督できる取締役のことを指します。ところがANEWの経営体制では、利害関係どころか、産業革新機構内のANEW立ち上げプロジェクトチームで部下だった長田氏がその役割を担っていました。

＊　原文のまま　正しくは「髙」

想像してみてください。産業革新機構の人間が業務執行の代表取締役とそれを監視、牽制する社外取締役、社外監査役を務めるＡＮＥＷの取締役会には一体、どのようなガバナンスが存在したのでしょうか？　その機構が１００％の株主である株主総会では、何が話されていたのでしょうか？

この長田氏は２０１３年10月15日にＡＮＥＷ社外取締役を退任している一方、同年の４月１日に、同じ産業革新機構が17億円を出資した風力、太陽光、水力、バッテリー等の自然エネルギーに関する機器の開発、製造、販売等を行うゼファー株式会社の副社長に就任しています。長田氏の後任としては、同じく産業革新機構の大皷宏宣氏が社外取締役に就任しました。ちなみに、長田氏が副社長になったゼファーも２０１６年10月にエグジットしており、投資としては失敗に終わっています。エグジット時の大臣意見には「本案件の反省に立って」とあることから、こちらでも巨額の損失が発生したと推測できます。

ここで、国と産業革新機構の関係を思い出してください。国民に対して事実を曲げてまでＡＮＥＷを擁護しなければならない立場だった経産省は、客観的な外部評価を行う監督官庁を装いながら、裏ではＡＮＥＷの投資案件創出を手引きしていました。

ある財務省職員は、経産大臣への意見照会を行った産業革新機構社長の能見公一氏と大臣の関係について、「能見氏は民主党が連れてきた社長」とも語っていました。当時、ＡＮＥＷ設立について時の政権は「民主党、国民新党連立政権における知財戦略の大成果」との発表を行っています。つまり、法律が定める手続きを行う産業革新機構の社長と経産大臣まで、深い関係にあったわけです。

すなわち、ＡＮＥＷへの公的資金投入には、国と官民ファンドだけでなく、官民ファンドと経済産業大臣、官民ファンド・株主と支援企業などそれぞれ、法律や制度が規定する客観性の担保や何段階ものチェック体制に対する利益相反の関係が積み重なっていることがわかります。こうした構造の中で公的資金が運用されたために、たがが外れてクールジャパンが暴走したのです。

経産省は、正常を装う答弁や旧産活法に反する記載を続けることによって、国民に対してＡＮＥＷ経営体制の不都合を隠蔽（いんぺい）し続けたわけですが、適切なチェック体制が存在すると説明した伊吹氏の答弁に至っては、正に高橋真一氏が代表取締役就任期間中に行われた説明になります。

伊吹氏はこの会議で、答弁の冒頭をこう始めています。

　本来、ＣＥＯが来て説明できればよかったのですが、アメリカにいますので、代理で説明をさせていただきます

〈「コンテンツ強化専門調査会〈知的財産推進計画2013策定に向けた検討　第4回〉議事録」2013年4月17日　首相官邸HP〉

つまり、この時の伊吹氏の発言イコールＡＮＥＷの最高経営責任者のものであると言えます。

伊吹氏は、官民ファンドの上司と部下が代表取締役と社外取締役として経営統治する会社を「普通の株式会社」と呼び、「当然株主として産業革新機構がパフォーマンスをチェックする」と語っていたわけですから、この説明が論理的に破綻していることは明白です。つまり、伊吹氏は「ガイキングの3年内の収益化」というありもしない業績だけでなく、経営体制についても「嘘」をついていたことになります。

私は、こうした伊吹氏の一連の答弁について、経済産業省メディア・コンテンツ課に説明を求めたことがあります。その時、対応したＡＮＥＷを担当する統括係の職員は「伊吹課長の発言は承知していない」と答えました。そこで「伊吹氏の議事録を送ることができるので、今すぐ〝承知〟していただけるが?」と問うと、「送って頂かなくて結構です」と返されました。

このように、経産省は「積極的不認知」を貫くことで、虚偽の説明を「知らない」で通してきました。

こんな法律無視のでたらめがまかり通って良いわけがない、というのが国民の率直な感覚だと思います。

◆驚く財務省職員

実は当時、この国民感覚と同じ所感を述べていた省庁がありました。財務省です。財務省のある職員は、「官民ファンドの運用において、ＡＮＥＷのような出資は、本来やってはいけないはず」と語っています。

２０１４年6月16日、財務省は、産業革新機構の運営体制において「投資先企業の売り上げが計画を大きく下回っていても、監査を実施していない事例があった」旨の調査結果を発表し、同機構に対して改善要求を行いました。

私は、財務省が挙げた「売り上げが計画より大きく下回ったにもかかわらず、監査未実施の投資先」にＡＮＥＷが該当しているだろうと思い、財務省に対して、この改善要求に関する情報公開請求を行いました。

それまで、かたくなに情報公開を行わない経産省の姿勢を目の当たりにしていたので、他の省庁による外部的チェックに対する情報公開であればＡＮＥＷについて何かしらの情報が得られるのではないかとも思っていました。

すると、開示請求を送付してすぐに、財務省の担当者から電話がありました。電話をかけてきた担当の方は、「個別の投資先であるANEWに関する公文書は存在しないので、開示決定書を出さずに手数料の印紙はお返しする」と言いました。

会話中の印象では最初、担当者は、情報公開請求によって自分たち財務省の調査の何かを探られるのではないかと警戒しているように感じました。しかし、私は、今回の情報開示請求は財務省に対してではなく、あくまでも産業革新機構の不可解な投資先に対してのものであると伝えました。そして、その会社が将来的に見通していた収益化計画が破綻し、収益化どころか映画が作られてもいない現状にあること、経産省が矛盾まみれの答弁で真の業績をごまかしていること、機構の上司と部下が代表取締役と社外取締役という利益相反の体制で運営されていることなどを説明しました。

すると、財務省担当者は驚いたように「官民ファンドでは、そのような投資は本来やってはいけないはず」と言いました。そこで、私は「公表こそされていないが、その『本来やってはいけないはずの投資』が現に実行されていて、登記簿などの証拠は今すぐ送ることができる」と話すと、その担当者は財務省のファックス番号を教え、それらを送るよう言いました。

文書を送付してから数日後、再び同じ担当者から電話があり、「事実を確認したものの、財務省としては何もできない」と語りました。

財務省担当者の「財務省としては何もできない」という台詞（せりふ）には、産業革新機構をめぐる縦割り行政の仕組みが背景にあります。

同機構の95％以上の株主は財務大臣の名義となっているのですが、法律では事業の主務大臣は経済産業大臣となっています。つまり、事業そのものは経済産業省の所管になっているため、行政管轄外の財務省が一応は「民間企業」と位置付けられているANEWに対し、財務省の立場から「やめろ」と言ったり、何らかの措置を講じたりすることはできないとのことでした。

私は、ANEWを取り巻く一味である経産省からは客観的な外部評価やアクションを望めないと説明すると、その財務省担当者は、個人的な意見と前置きした上で、「ただ、こういう会社にはこれ以上投資されないと思います」と言いました。「それでは、これまでの出資金が枯渇するのを、指をくわえて待つしかないのですね」と聞くと、「あくまでも経済産業省の所管なので」と繰り返すに留まりました。

◆白々しい「政策成果」

私は財務省とのやりとりを受けて、この時点までに出資された11億円が消失するまで待つしかないのかと思いましたが、一方で、官報に掲載されている赤字の垂れ流しを見れば、それも時間の問題かと考えていました。

しかし、監督官庁による嘘に守られたANEWへの無秩序な投資は、財務省担当者や私の予想をはるかに超えるものでした。産業革新機構は、収益化の目処もなく毎年億単位の赤字を垂れ流すANEWに対して、2014年11月28日に11億2000万円の追加投資を、非公表で実施しました。

結局、この2回目の追加投資を含む実投資22億2000万円は、ほぼ全損する結果に至るわけですが、巨額損失の裏では、何一つ成果を出していない社長に、報道にあるような年間数千万円の高額報酬を与えていたり、6年間の業務の総売上高を上回るボーナスを自分たちに支給したりするような経営判断が容認されていました。

こうした事実がありながら、2018年に述べられた22億円の損失に対する経産省の所感には、極めて白々しい「政策成果」が語られています。

1：経済産業省としては、政策的には意味のある投資であり、権利処理などのノウハウの蓄積があったが、投資としてはうまくいかなかったものと認識している。

2：こうした投資については、民間では取りにくいリスクを取って投資を行っていることを踏まえれば、やむを得ない面もあるが、リスクを取りつつも成功例を増やすための努力をしていくことが重要と考えている。

（平成30年6月26日　清水議員の更問に対する答弁資料）

利益相反と嘘にまみれた「本来やってはいけないはずの投資」が、こうも堂々と実行され、22億円もの公的資金を損失したこの期に及んで経産省は無茶苦茶な官僚論法を駆使し「一定の成果」なるものを見出して、自分たちが企てて大失敗に終わったクールジャパンの責任から逃げ切ろうとしているのがわかります。

第3章
映画ビジネスの常識

◆映画企画の開発コスト

ここまで、ＡＮＥＷの設立過程や経営体制、チェックの仕組みなどがいかにおかしいかを見てきましたが、この章では少し視点を変えます。映画製作の世界で、ＡＮＥＷが損失させた22億円がどれほどの金額にあたるのかをお話しさせてください。

というのも、22億円とは映画の企画開発事業における常識的な契約法務やコストとしてはありえない法外なもので、決して経産省が語るような「やむをえない面」があるとは到底言えないものだからです。

22億円もの公的資金は一体、何に消えたのか？　ＡＮＥＷの非常識な巨額損失の真相をひもとくべく、海外映画企画開発の一般的な仕組みやコストについて解説したいと思います。

ＡＮＥＷは自身のことを、映画の開発コストを負担する会社であると説明していました。ＡＮＥＷが扱うような、別の知的財産を基にした作品の実写化、もしくは英語劇リメイクの企画開発の場合、考えられる主なコストは「映画化権料」と「脚本開発費」への投資になります。

通常、映画プロデューサーは映画の総予算に合わせて、「映画化権料」と「脚本開発費」を含めた企画開発のコストを割り出します。映画製作は１本１本が独立した会社運営のようなものなので、それぞれで総製作費に合った適切なコスト管理を行い、採算を取るプロダクション運営が必要になります。この「映画化権料」と「脚本開発費」を合わせた企画開発コストですが、一般的には映画の総製作費の2・5～5％と言われています。

例えば、製作費100億円のハリウッド大作映画でしたら、そのコストは2億5000万～5億円になります。ざっくりとした内訳は、映画化権料が5000万円、ハリウッドのトップクラスの脚本家を雇って初稿を書くのに7500万円、さらに別の一流脚本家を2500万円で雇用し改訂稿を書き、そこから1億円をかけて調整し、最終稿を作るようなイメージです。ただ、製作費100億円というのはハリウッドでも特に大作に分類されます。

2019年公開映画で見てみると、DCコミックが原作のワーナー・ブラザース映画『シャザム！』が1億ドル（110億円）*、ソニー・ピクチャーズ エンタテインメントのフランチャイズ映画『メン・イン・ブラック：インターナショナル』が1億1000万ドル（121億円）*になります。また、アニメ映画では2019年度の第91回アカデミー賞で長編アニメ映画賞を受賞した『スパイダーマン：スパイダーバース』の製作費が9000万ドル（99億円）*となっています。

＊ Box Office Mojo（www.boxofficemojo.com）

このように物語のスケールが大きく、多くの人が雇用される、製作規模の壮大な映画が100億円映画となります。

一方で中間規模と呼ばれる映画には、2018年に公開され、日本でも興行収入100億円を超える大ヒットを記録した『ボヘミアン・ラプソディ』*（5200万ドル）や、2019年のヴェネツィア国際映画祭で金獅子賞（最優秀賞）を受賞した『ジョーカー』*（5500万ドル）などがあります。製作費が50億円規模のこうした映画の場合、一般的な目安で算出する開発コストは1億1250万〜2億5000万円程度ということになります。

日本では、映画の製作形態にかかわらずアメリカ映画全般を「ハリウッド映画」と呼びがちです。しかし、映画業界で主に「ハリウッド映画」と呼ばれるものの厳密な定義は異なり、ディズニー（2019年3月20日に買収した20世紀フォックスを含む）、ワーナー・ブラザース、ユニバーサル、パラマウント、ソニーのメジャースタジオ5社が製作する映画を指します。これらのスタジオは、巨大なメディア資本と世界中への配給網を持ち、毎年一定数の映画を作り続けることができます。

一方、ハリウッドスタジオの外で作られる映画を、メジャースタジオから独立した映画製作ということで「インディペンデント映画」と呼びます。ANEWの場合も、ハリウッドメジャースタジオの外で企画開発を行う「インディペンデント映画」としての映画製作となり、その製作体制は「ハリウッド映画」とは似て非なるものです。

そこで、アメリカの「インディペンデント映画」のコストも例示してみたいと思います。2019年に公開された、Netflix配信のノア・バームバック監督、スカーレット・ヨハンソン、アダム・ドライバー主演『マリッジ・ストーリー』という映画があります。この映画の製作費は20億円規模（推定1800万ドル）[**]であることから、「映画化権料」と「脚本開発費」を合わせた開発コスト目安は5000万〜1億円くらいと推定できます。

あくまで単純な計算ですが、ANEWの22億円の損失を7作品で割ると、1作品あたりの開発費は3億1400万円になります。この金額は、数十億〜100億円規模のハリウッド大作にかかる開発コストに匹敵（ひってき）するものです。

しかし、ANEW作品を見てみると、半数以上が低予算映画に分類される映画となっており、また、作品によっては脚本すらまともに仕上げていない途中の状態でした。つまり、ANEWは映画の配当で投資を回収すると謳っておきながら、出資金のほとんどを、純粋な映画投資の

＊　Box Office Mojo（www.boxofficemojo.com）
＊＊　www.hollywoodreporter.com/news/making-marriage-story-how-noah-baumbach-crafted-his-love-story-divorce-1250713

部分とは別のところで消失させていたことがわかります。

繰り返しますが、映画の開発コストとは、映画の製作費の規模によって異なるものです。したがって、低予算映画や、脚本すら仕上がっていない映画企画を行った映画会社において製作費の規模に見合わない巨額の出資金が消えたことは、普通の映画作りから考えると異常な出来事だと言えます。

◆資金調達はゼロ

ＡＮＥＷが発表した各作品の進捗状況については、２０１７年８月号の「ＦＡＣＴＡ」が報道しています。ノンフィクションライターの西岡研介氏によるこの調査報道記事によると、産業革新機構は２０１６年の秋頃から、方々にＡＮＥＷ売却を持ちかけていたそうです。

この時、ＡＮＥＷ買収を検討したキャピタリストには、ＡＮＥＷの財務諸表等に加え、ＡＮＥＷが製作を発表した7作品のうち『ガイキング』を除く6作品の進捗状況がわかる資料を渡されていたとのことです。

ちなみに、このキャピタリストは、ハリウッドでの映画プロデュースを経験した専門家にもＡＮＥＷの資料を見せたところ、「致命的」な状態の会社であるとの返事を受け、買収を断っています。キャピタリストに渡された6作品の進捗状況は、次のとおりです。

●『ソウルリヴァイヴァー』、脚本の最終稿が完成、現在監督を探している途中
●『オトシモノ』脚本の最終稿が完成、監督候補と交渉中
●『臍帯』脚本の第1稿が終了、インフルエンサーの主演をキャスティング
●『6000』あらすじの一部が出来上がってきている（トリートメント）
●『藁の楯』脚本の最終稿が完成、製作体制の確立を開始
●『TIGER&BUNNY』脚本の第1稿に近いものが出来上がってきている
（「FACTA」2017年8月号「伊吹御曹司コケた『官製映画会社』」を基に筆者まとめ）

このように、ANEW作品は、全て映画企画開発の初期段階で終了していました。資金調達を達成した企画は一つとして存在せず、これらの映画を公開して配当を得るどころか、撮影開始に至る段階にすら到底進んでいませんでした。

産業革新機構が、この資料の中で脚本が最終稿まで完成していたと説明している作品は、『ソウルリヴァイヴァー』『オトシモノ』『藁の楯』の3本のみになります。また、『6000』は「トリートメント」（Treatment）の状態だったことがわかります。

「トリートメント」とは、映画の物語を「このような感じにしたい」という概要をまとめた程

度のものですので、この作品に至っては脚本制作にすら着手していない状態になります。もちろん物語の方針を決めるトリートメントについて、脚本家を雇って書いてもらうケースも考えられますが、これ自体に莫大なお金がかかるものではありません。つまり、『６０００』の脚本制作に出資金が使われたとは考えられません。

次に、ＡＮＥＷが発表した7作品の製作費の規模を見てみたいと思います。ラインナップを見ると、これらの作品がメジャーハリウッドスタジオの手がける、数十億〜１００億円の製作費を投じ、世界興行にかける超大作企画でないことは一目瞭然です。

ＡＮＥＷ作品の予算規模については、経済産業省メディア・コンテンツ課の課長補佐の職員も「低予算、低リスクの映画の戦略をとっている」と述べていました。例えば、『臍帯』という企画を見ると、主演にインフルエンサーを起用し、ネット配信を目指していた映画のようです。作品の内容もＶＦＸ（視覚効果）を多用するＳＦ映画、壮大なアクション映画、多くの人が働く長編アニメ映画でもありませんし、興行における回収の見込みを考えても『ボヘミアン・ラプソディ』『ジョーカー』のような中間規模の製作費がかかることも想定できない企画です。低予算映画であれば当然、かけられる開発費もそれに見合った金額となるので、『臍帯』は巨額の企画開発費を必要としない＝本来ならば製作費に見合わない開発費を掛けてはならない作品であることが即座に判断できます。

続いて『オトシモノ』ですが、個人的には、この作品も経産省が語った「低予算映画」に該当する企画に思えます。

同じような低予算ホラーのジャンルで、2017年のヒット作に『ゲット・アウト』という映画があります。この作品の製作費は約5億円規模（推定450万ドル）になります。『ゲット・アウト』をヒットさせたジョーダン・ピール監督の次なるホラー映画『US（アス）』が2019年3月に米国で公開され、初週末興行収入は7100万ドル*（78億円）で全米週末映画興行チャートの初登場1位になりました。ピール監督が前作でヒット作品の実績を作り、アカデミー賞受賞女優のルピタ・ニョンゴが主演したこの映画の製作費が、推定で2000万ドル（22億円）となります。

したがって、低予算ホラーのジャンルである『オトシモノ』の製作費は、多く見積もったとしても100億円規模の映画の10分の1〜20分の1程度だろうと推測できます。

仮に5億円の作品を作るのであれば、一般的には1250万〜2500万円が権利取得と脚本開発のコスト目安になります。ＡＮＥＷが低予算ホラー映画を作る場合にも、製作費に合った開発コストに沿って考えなければならないものです。

＊　www.boxofficemojo.com

しかし、ANEWの映画企画開発においては、損失を1作品ごとに均等に割り振った場合ですが、相場の10～20倍に相当する3億円以上の出資金が失われた計算になります。これは、映画を撮る前の企画開発の段階で製作費に対し60％ものコストを費やした計算になり、経産省の説明する「低予算、低リスクの映画の戦略」からは既に外れています。

◆1500万円と5300万円のルート

次に、「脚本開発費」にかかる脚本家への報酬を検証してみたいと思います。普通の契約においては、脚本家に対し、いきなり契約金の全額を支払うことはありません。脚本家契約は、段階的にお金を支払う契約を結ぶのが一般的で、例えば、第1稿、改訂稿、仕上げの3段階に分ける3段階契約というものがあります。この場合、執筆着手で第1稿分の報酬の50％を前金で支払い、そして、その納品をもって残りの50％を支払うなどの方法をとります。その後の第2稿、最終稿においても同様に、段階的な支払いが行われます。

また、脚本契約では大抵の場合、映画プロデューサーが次の段階に進むか否かを選択する権利を有しています。例えば、第1稿を書き終えてもらった時点で、プロデューサーが次の段階に進まないと判断した場合、報酬の支払いは第1稿の段階までで終了となります。

ANEWは、プレスリリースにて『TIGER&BUNNY』の脚本家の起用を発表していました。この脚本家を調べたところ、比較的キャリアの浅い新進の方でしたので、数十億〜100億円規模の映画に携わるトップ脚本家と同等の契約金にはならないでしょう。さらに、脚本の進捗状況を見ると「第1稿に近いものが完成」とあるので、脚本家に発生している報酬は、契約の初期段階のものまでだったと判断できます。よって、脚本の初期段階で、ハリウッドの一流脚本家が最後まで脚本を手がけた時と同じようなコストを損失している計算になるANEWの業務には、大きな疑問が残ります。

また、ANEWの「会計」からも、ANEW作品の映画開発コストの行方を察(さつ)することができます。

決算公告によると、ANEWは2016年度の第6期に1571万9000円の売上高を計上しています。ANEW、産業革新機構、経済産業省の三者とも情報公開を行っていないため、内部の詳細については憶測にならざるをえませんが、前述の公文書「経済産業省吉田大臣官房審議官の答弁資料」によると、ANEWはこの会計年度に『藁の楯』の共同製作契約を締結し、それが「一つの成果」であったと説明しています。経済産業省はこの契約について「撮影開始の契約」という表現を使っています。したがって、この1500万円の売り上げとは、『藁の楯』の契約に関連するものである可能性が高いと推測できます。

なお、映画プロデューサーが企画開発期間中に賄った「脚本開発費」ですが、これは映画の資金調達が完了した時点で「制作費」に転嫁でき、前もって回収することができます。この他にも、開発期間のプロデューサー報酬を受け取ることのできる場合があります。

ただ、時には予算を抑えないと成立しない映画企画などもあります。この時、プロデューサーによっては自身の報酬を抑える代わりに、映画が公開された後の配当においてより多くの配当を受けられる、「バック・エンド・ディール」と呼ばれる条件を選択する場合もあります。

ＡＮＥＷの２０１６年度の決算公告では、「売上高」１５７１万９０００円に対し、「売上原価」５３０１万８０００円を計上していて、３７２９万８０００円の「売上総損失」を確定させています。

映画製作の原理から推測すると、「売上原価」に当たるのが、脚本の制作時にかかったコストになり、「売上高」は、『藁の楯』の製作契約締結により制作費と認められた「脚本開発費」の支払いを受けてのものだと考えられます。

「ＡＮＥＷが脚本制作に５３００万円かかったのであれば、最低でも５３００万円以上を『制作費』として回収できないのか？」と思われるかもしれません。しかし、ＡＮＥＷの売り上げが５３００万円ではなく、１５００万円しかないことから、その映画の製作規模が脚本経費に５３００万円を払える規模ではなかったと考えられます。

もし「映画化権料」と「脚本の開発費」を合わせた開発費が１５００万円だった場合、この金額から逆算すると、『藁の楯』の総製作費はおおよそ3億〜6億円規模と導き出されます。つまり、この作品も比較的、低予算映画に分類される企画だったと考えられます。

自分が作る映画の予算規模を把握している普通の映画プロデューサーであれば、通常、資金調達の目処もないまま映画化権取得と脚本制作に5300万円はかけません。もし、この企画開発が「500万円で作った脚本が1500万円で売れた」のであれば、「一つの成果」と言えるかもしれません。しかし、「5300万円を費やした脚本が、1500万円にしかならなかった」のであれば、「一つの成果」という言葉ではごまかせない大きな失敗だったと言えるでしょう。

映画製作の通常のプロセスでは到底理解できない金額だったとしても、ANEWの主観で「理由があって5300万円のお金をかけました」と説明するのであれば、そういう支出に出資金が使われたことになるのかもしれません。しかし、仮にこの5300万円をカウントしても、ANEWが損失した22億円にはまだまだ足りません。

◆説明不可能な疑問

最後に、残る『ソウルリヴァイヴァー』の企画開発経費です。

ある関係者によると、新体制後のANEWは『ソウルリヴァイヴァー』の映画化権を失っており、その権利は現在、日本側パートナー企業であったフィールズに戻されているそうです。

映画の企画開発中に創作した脚本などの創作物の権利は、プロデューサーが持ち続ける契約パターンが普通です。『ソウルリヴァイヴァー』の映画脚本を開発したのはＡＮＥＷですので、ＡＮＥＷは引き続き同作品の脚本の権利を保持できます。

ただし、ＡＮＥＷは脚本の権利を所有していたとしても、「映画化権」つまり、映画を作って公開する権利は失っていることになります。

知的財産とは活用されて初めて富を生む性質のものなので、たとえＡＮＥＷが高額で制作した脚本の権利を有していても、知財の活用として映画作品にできない以上、映画化権を再び購入しない限りこの脚本は無価値の知的財産になったと言えるでしょう。

ＡＮＥＷの７期の決算公告を見ると、２８６万４０００円の「売上高」に対し、１億４１８２万３０００円の「売上原価」を計上しています。結果、この年度は１億３８９５万９０００円の「売上総損失」を確定しています。

『ソウルリヴァイヴァー』の脚本を務めたのは、『ラストサムライ』など数十億〜１００億円程度の製作費の映画を手がけた経験を持つ、マーシャル・ハースコビッツ氏とエドワード・ズウィック氏です。この二人が最終稿まで脚本を書いた場合のコストは、この損失に近い数字になると思われます。ＡＮＥＷが映画化権を失った事実と７期の会計を総合すると、この「売上総損失」は『ソウルリヴァイヴァー』の製作権失効によって発生した可能性が高いと推測できます。

また、２０１９年5月24日に発表されたＡＮＥＷの第８期の決算公告を見ると、固定資産が前期の７５３３万円から５８７０万円になっています。

ＡＮＥＷは当該の決算期に『TIGER&BUNNY』からエグジットしたと発表していますので、この固定資産の減少幅の１６００万円余りが、ＡＮＥＷが資産計上していた『TIGER&BUNNY』の脚本の処分に関わる部分が大きいものだと推察できます。とはいえ、この作品の「第１稿に近いものが完成」までのコストが、22億円の損失の大部分を説明するようなものにならないことは明白です。

さて、各作品の収支を見てきましたが、１点だけ、ＦＡＣＴＡの記事を基にしても説明できない大きな疑問が残っています。それは『ガイキング』です。

仮に、ＦＡＣＴＡが掲載した資料の内容が全てだとすると、産業革新機構は売却を持ちかけた相手に対して、『ガイキング』の映画化権と脚本を資産として説明していないことになります。となると、少なくとも同機構が買収に向けて各所に掛け合っていた２０１６年の秋頃以前には、ＡＮＥＷに『ガイキング』の製作権が帰属していなかったと考えられます。

ＡＮＥＷが『ガイキング』の発表だけを行っていた期間、少なくとも8億円以上の出資金が消失しています。また、国ぐるみで、この作品によって一定期間内の収益が見通せるという根拠としており、公的資金投資を判断する際の重要情報として扱われてきました。産業革新機構はこの情報を基に、5億円の追加投資まで行っています。

経産省が何度も成果が出ていると主張していた『ガイキング』には、今になって契約すら存在しなかったことが判明しているわけですが、ここにきて何の発表もなく、「なかったこと」にでもなったのでしょうか？　もし、本当に立ち消えにしていたのならば、この映画企画を口実に引き出された公的資金の損失は、全く説明のつかないものだと指摘できるでしょう。

ここまで、通常の映画製作で想定する「脚本開発費」について述べてきました。各企画を検証したところ、ANEWが発表した7作品の「脚本開発費」では、22億円の損失を説明するには遥かに足らない金額であることがわかったと思います。

では、もう一つの主なコストとなり得る「映画化権料」はどうだったのでしょう。

「ハリウッド映画化」と聞くと、時に高額になる「映画化権料」などから、映画企画開発にはお金がかかり、着手しにくいものと思われがちです。

しかし、映画化権を取得する際の契約法務でも、プロデューサーがきちんとリスク管理が行える仕組みが存在しており、必ずしも「映画化権料」が原因で経営の持続可能性が破綻する性質のものではありません。

◆海外映画化権契約の仕組み

これから、海外における「映画化権」契約の仕組みについて解説します。まずは、映画企画開発の基本的な仕組みについてです。

映画プロデューサーが、別の知的財産（ＩＰ）を基にした映画を製作する場合、原作となるＩＰの「映画化権」（Motion Picture Rights）を取得することになります。これは、原作者などの知的財産所有者（Property Owner）がプロデューサーに対して、映画製作と映画公開への独占的利用の権利を譲渡することを意味します。

「製作する権利」「公開する権利」と分けて書いたのには、理由があります。海外の映画化権の契約書では、そこに書いてある条文が全てとなるからです。

映画を作る権利を取得したら、作った映画を公開できる権利も当然含まれるものと思うでしょう。しかし、この「公開する権利」を契約化していない場合、せっかく製作した映画に対して「公開する権利は別です」もしくは「その国での公開は契約外になります」と言われてしまいかねません。

契約に記載していない権利や条件まで保有していると思い込んでしまうと、後にトラブルとなる場合もあるので、想定することは全て書面化する必要があります。したがって、映画化権の契約書では契約の不備が発生しないよう、映画化権に含むべき、想定される全ての公開地域や公開メディアまでを条文にする必要があります。

「映画化権」を取得する際、映画プロデューサーは原作の知的財産所有者に対して「映画化権料」を支払います。この権利料の支払いをもって、プロデューサーは「映画化」に関する独占的利用権を得ることになります。言い換えると、この契約が締結された時点で、その知的財産を基にした映画を他のプロデューサーが開発、公開することはできなくなります。

もちろん、高額の映画化権料を支払ったのにもかかわらず、その映画が製作開始（グリーンライト）に至らない、もしくはビジネスに結びつかなかった場合、プロデューサーにとっては大きなリスクとなります。

先ほども述べましたように、海外の映画化権契約では、映画プロデューサーがリスク管理するための「オプション契約」（Option Purchase Agreement）という契約形態が存在します。

これは、プロデューサーが本契約料（Purchase Price）の手付金となる10％程のオプション料（Option Payment）を支払うことで、契約に定めた期間内の時限付きではありますが、映画化に向けた企画開発やプリプロダクション活動を独占的に行える契約になります。オプション契約の期間は6カ月～1年が一般的で、映画プロデューサーはこの期間中に脚本制作や資金調達を行います。

なお、オプション契約におけるオプション料ですが、契約で「オプション料は本契約料に相殺できる」と定めていた場合、映画プロデューサーが本契約に移行する際に支払う権利料は、本契約料金からオプション料を差し引いた金額になります。一方で「オプション料は相殺できない」と取り決めていた場合、この手付金はいわば「掛け捨て」のような性質のものになり、本契約に移行する際は別途、本契約料の１００％を支払うことになります。

また、こちらも当事者間の交渉次第ですが、オプション契約において映画プロデューサーが、オプション期限終了後も契約延長を選択できる条件を付ける場合もあります。例えば1年のオプション期間終了時に、まだ製作実現には至っていないとします。この時、オプション更新条項を定めていた場合、プロデューサーが更新料を支払うことで期間は延長され、引き続き映画の企画開発を継続できるようになります。

私が映画化権取得のためにアメリカの映像化権専門の弁護士やハリウッドエージェントと交渉した時の経験則では、初回のオプション料金は本契約料に相殺(そうさい)でき、延長料の部分は相殺できないとする条件が契約合意の一般的ラインのように思えます。

もし、オプション契約下にある映画プロデューサーが資金調達を達成し、本制作を開始した場合、プロデューサーは契約に定められた本契約料の残金を支払うことで、映画化権が本契約へと移行します。反対に、本契約料を支払うための資金調達がオプション期間内に叶わなかった場合、映画プロデューサーが取得した「オプション映画化権」は失効し、映画を独占的に製作し、公開する権利は知的財産所有者に戻されます。

映画化権が知的財産所有者に戻された後に別の買い手が現れた場合、知的財産所有者は再び「映画化権」ないし「オプション映画化権」を販売できるようになります。

「オプション契約」は映画プロデューサーにとって、映画企画開発のリスク管理における利点があります。

例えば、ある作品の「映画化権料」が1000万円だったとします。映画プロデューサーがこれを前金で支払うのは、比較的負担が大きいです。さらに、映画化権料を全額支払ったにもかかわらず製作が実現しなかったら、極めて大きな痛手になります。しかし、10%に当たる100万円の前金で企画開発活動を行えるとなれば、着手しやすくなるだけでなく、仮に映画が実現しなくとも、企画開発にかかる投資の損失を抑えることが可能です。

また、オプション契約は知的財産の所有者側にもメリットがあります。

繰り返しになりますが、知的財産とは利用されて初めて「富」を生むものです。そのため、手頃に利用されやすくするオプション契約は、知的財産を「お宝」のように抱え込みなかなか手を出せない状態にして寝かせておくよりも、「富」を生む可能性は高くなると言えます。

しかも、仮にオプション期間内に映画製作が実現しなくとも、知的財産所有者は自身に支払われたオプション料を映画プロデューサーに返金する必要はありませんので、オプションを預けても特段にデメリットになることもありません。

映画企画は時に、「映画化権料」の本契約料金を受け取ったにもかかわらず、企画が頓挫し（とんざ）て何年も進展がない場合もあります。こうしたケースは、頓挫した企画のプロデューサーの元に「映画化権」がとどまることを意味します。知的財産が動かせない、活用できない状態になることは、将来の富を生む可能性を奪ってしまうことになります。

一方、このオプション契約の場合は契約期間が比較的短期間であるため、たとえ映画化が実現しなくとも、期間が過ぎれば比較的に短い時間で権利が再び知的財産所有者に戻されます。そのため、知的財産所有者にとっては知的財産を「活用できる状態」に保ちやすい契約になります。

◆IPの様々な活用法

海外の一般的な映画化権契約において、知的財産所有者が映画という形でのIP活用によって得られる「富」は、「映画化権料」だけを受け取って終わりではありません。

第2章で取り上げた「産業構造ビジョン2010」にあった『リング』のハリウッドリメイクの件で少し触れましたが、一般的な契約では、知的財産所有者は「映画化権料」の他に、映画の利益から配当を受ける「利益シェア」の条件を契約に盛り込むことができる場合もあります。

この「利益シェア」に参加する時の定義には、粗利益シェア（Gross Profit）もしくは純利益シェア（Net Profit）の2種類があります。

粗利益シェアとは、映画の売上額に対して、契約に定めた割合で配当を受ける利益シェアになります。一方、純利益シェアとは、映画のコストや手数料などを差し引いた「儲け」に対する利益シェアになります。

純利益シェア契約とはあくまでも、映画で「儲け」が出たら発生する配当になります。例えば、映画の利益がコストを下回る「赤字映画」になった場合は、マイナスに何パーセントを掛けても0ですので、配当は0円となります。

ここで、脚本製作費のところで述べたコスト管理が鍵となります。映画製作でコスト管理が重要な理由は、映画のコストが投資家を始め、全ての関係者の利益に影響するからです。

例えば、ANEWのように経営者たちの高額報酬を「企画開発コスト」に転嫁したらどうなるでしょう？　ANEWがかけた、純粋な映画への投資以外の非効率なコストが映画製作コストに加わると、それが回収されるまで映画は黒字化しないことになります。そうなると当然、利益参加の配当は受けられません。

ハリウッド映画では時に、映画製作やその宣伝にかかった経費が適切か否かで裁判が起きるケースもあります。知的財産所有者を含む、利益参加する関係者に対して、透明性のある収支報告を行うことも契約にまとめられます。だからこそ、各映画作品に見合ったコスト管理が極めて重要となります。

なので、非常識な映画製作によってかかったコストを仮に「制作費」に転嫁しようとしても、各関係者から「到底容認できないコストだ」と指摘される可能性が高いと思われます。

さらに、こちらも個々の契約によって異なりますが、知的財産所有者が受け取る「利益シェア」には劇場興行、配信、放映権、DVDなどの映画作品関連の売り上げからのシェアだけでなく、グッズなどのマーチャンダイジング売り上げ、ライセンス料、CMタイアップなどの利益を含める場合があります。また、その映画の「続編」といった2次的プロダクションが製作される場合、その都度、別途の利益参加も発生します。

映画化権が実現せずに活用できない状態で眠ってしまうことは、ここに挙げたような映画化における知財活用で想定しうるあらゆる将来の「富」を生む可能性が阻害(そがい)されることになります。したがって、知的財産の所有者側は、映画化権の契約を結ぶ時、企画が進まない状況に陥っても常に知的財産の活用が続けられるような形にするのが得策と言えます。

映画界には「オプション契約」のように、企画開発段階から適切なリスク管理を行うための契約形態が存在します。ANEWへの出資金の毀損の主な原因が、実現しなかった作品の「映画化権料」によるものということは、常識的な映画化権契約の観点からすれば考えられません。

では、どうしてANEWは何の成果もなく約22億円もの出資金が消えてなくなるような事態に陥ってしまったのでしょうか?

◆1円の投資も生んでない

私はANEWに関して、経済産業省メディア・コンテンツ課の複数の担当者と、何度か対峙したことがあります。その中で、当時、同課の課長補佐だった職員から「ANEWが日本側の知的財産所有者に権利料を支払っている」と説明されたことがあります。

私は、当該職員に対し「ANEWが行っていることは、日本の公的資金をハリウッドに流しているだけで、日本の国内産業の雇用創出は1人も支援されず、産業制作の現場には1円の投資も入らない。経産省はどうして、このようなものを『日本の産業再生のための支援策』として実行するのか?」と問いました。

すると、この方は「国内に1円の投資も生んでいないことはない。ANEWは日本のパートナー企業に権利料を支払っているので、ANEWのお金が国内に回っている」と答えました。

こうした経産省職員による口頭の会話は、直後に「発言した担当者はもうこの部署にはいない、その発言は認知していない」と否定されるため、極めて信用のない発言になります。しかし、もしこの課長補佐の発言が事実であるとするならば、ＡＮＥＷと日本のパートナー企業間における映画化権料の支払いは、知的財産の活用の観点からは極めて不自然なものと言えます。

なぜなら、ＡＮＥＷ作品の製作体制では、10％程度の前金のオプション契約であれ、映画化権料の１００％を支払う本契約であれ、そもそもＡＮＥＷから日本の知的財産所有企業に「映画化権料」を支払うこと自体が不要だからです。

何度も重複しますが、知的財産とは活用されて初めて「富」を生む性質があるものです。映画化権の場合、知的財産の所有者であるA社から映画企画開発を行うB社に「映画化権」という権利が移動する際にのみ、映画化における独占的利用の「権利料」が発生します。

しかし、ＡＮＥＷが発表した7作品を見てみると、全てのケースで日本側の知的財産所有者である企業が、「プロデューサーとして」参加しています。知的財産所有者がプロデューサーを兼ねているなら、独占的に映画を製作、公開する権利を持ち続けていればよいでしょう。パートナー企業が、この権利をＡＮＥＷとの間で動かす必要はありません。

仮に、動かす必要のない権利を動かして権利料を支払い、それを「ＡＮＥＷのお金が国内に回っているので経済効果を生んでいる」と経産省が認識しているなら、それは似非（えせ）の成長戦略でしかありません。経済産業政策の根本にある、ハリウッドからの投資によって日本が豊かになる「ハリウッド映画化」とは程遠いでしょう。

こうした実情は、ＡＮＥＷが「グローバル展開」「海外で稼ぐ」という看板を掲げていただけで、国内向けの自作自演の発表を繰り返し、「クールジャパンの推進」の名の下に公的資金を引き出し、蕩尽させていたことの証明に他なりません。

それどころか、日本企業がプロデューサー参加している映画企画において、ＡＮＥＷを含めた第三者への独占映画化権を譲渡した場合こそ、自社利益の最大化や将来のＩＰ管理にかかわる契約事項において様々な問題を発生させる可能性も考えられます。

その一つが、映画化権に含まれる独占的後続プロダクション製作権（Subsequent Productions）になります。

◆アベンジャーズにスパイダーマンがいなかったワケ

「映画化権」の契約では、将来想定される様々な事項が取り決められます。例えば、映画プロデューサーはその映画がヒットした時に、せっかく開発して成功した映画ＩＰをこの１作品で終わらせるより、さらに活用して「富」を生むことができるような契約を行います。具体的には、第１弾映画から派生する前日譚、続編、リメイク、テレビドラマ化、アニメ化、舞台化などの後続プロダクションの独占的製作権も同時に取得する場合があります。

続編の製作には「原作者続編」(Author Written Sequel) と「プロデューサー続編」(Producer Sequel) の2種類が存在します。「原作者続編」は原作の物語やキャラクターをベースに製作する続編で、「プロデューサー続編」は原作に依存せず、いわばオリジナルの物語に派生させ製作する続編になります。

例えば、ジョージ・R・R・マーティンが書いた『氷と炎の歌』を原作にした人気ドラマ『ゲーム・オブ・スローンズ』は、シーズン5までは原作に基づく「原作者続編」だったと言えますが、シーズン6あたりから8の最終章までは「プロデューサー続編」にあたります。

こうした2次プロダクションの製作権については、次のような取り決めがあります。

まず、最初の契約にある映画が公開された日から一定期間内に、映画プロデューサーが続編などを製作するか否かを選択できる権利を盛り込みます。もちろん、続編製作における「続編製作権料」という第1弾とは別途の契約金のほか、これまで同様に「利益シェア」などの条件も整えておきます。

この時、映画プロデューサーが続編を製作する権利を行使し、知的財産所有者に続編製作権料を支払った場合、そのIPに基づく続編を独占的に作る権利は、そのプロデューサーが持ち続けることになります。さらに、続編が公開された一定期間内にそのまた続編を作る権利を行使した場合、さらにその次、そのまた次……という風に、独占的に映画を作り続けることができます。反対に、続編の権利を行使せず「2次プロダクション製作権料」を支払わなかった場合、製作権は知的財産所有者に戻されます。

一定の周期に続編やリメイク、リブート製作を繰り返しているハリウッド映画があると思います。こういった2次プロダクションの製作は、映画スタジオやプロデューサーがその映画IPの製作権を持ち続けるための意味合いを持つ場合もあります。

例えば近年、ディズニーの傘下にあるマーベル・スタジオの映画が大ヒットを続けています。また、「マーベル・シネマティック・ユニバース」（MCU）と銘打って、マーベル・コミックスのスーパーヒーローが一堂に会した映画『アベンジャーズ』を製作し、これも大ヒットさせています。

しかし、近年までアベンジャーズの中にスパイダーマンはいませんでした。これは、マーベル映画が空前のヒットを飛ばす以前に、ソニー・ピクチャーズがスパイダーマンの映画化権を取得していたからです。

マーベル映画による自社利益を最大化したいディズニーとしては、スパイダーマンの権利を自社のものにしたいと思うはずです。しかし、ソニー・ピクチャーズはこれまで、主人公の配役を変えるなどし、何度も「スパイダーマン」映画を作ってきました。

映画製作権の契約上、ソニーがこうして一定周期で続編製作権を行使し、映画を作り続けている間は、スパイダーマンの独占的映画製作権はずっとソニーに帰属することとなります。

　このケースのように、作品のヒットや経済情勢などにともない、自社でそのIPの映画を作りたいとなった時、第三者に渡った後続プロダクション製作権によって、自社での映画活用ができなくなる事態も起こりえます。

　ただ、トム・ホランドを主演においた第3段目「スパイダーマン」映画においては、マーベル・スタジオがソニー・ピクチャーズと交渉し、収益配分などで合意できたため、製作協力体制が成立しています。この合意によりスパイダーマンは2016年公開の『シビルウォー：キャプテンアメリカ』以降、2018年の『アベンジャーズ：インフィニティ・ウォー』、2019年の『アベンジャーズ：エンドゲーム』といったMCUに登場するだけでなく、「スパイダーマン」の単体映画である『スパイダーマン：ホームカミング』『スパイダーマン：ファー・フロム・ホーム』にMCUのキャラクターであるアイアンマンがクロスオーバーする形で登場しています。

　2019年8月、「スパイダーマン」製作を巡りソニー・ピクチャーズと、マーベル・スタジオを所有するディズニーとの交渉が決裂したとの報道がありました。これは、今後の「スパイダーマン」作品が、独占製作権を所有するソニー単独の製作体制に戻ることを意味します。

ただ、暗雲が立ち込めた後の9月27日、ソニーとマーベルが「スパイダーマン」第3弾映画における製作協力で合意したと発表されました。したがって、次のスパイダーマンもＭＣＵとの交流を持つ映画になることが見込まれています。

同じようなマーベル・コミックヒーローのケースに、20世紀フォックスが独占的映画化権を取得していた「X-MEN」のキャラクターがあります。これまでは20世紀フォックスが「X-MEN」に登場するキャラクターの映画の独占的製作権を有していたので、ディズニーは20世紀フォックスが映画化した「X-MEN」「ウルヴァリン」「デッドプール」などのX-MENキャラクターを自社で全く扱うことができませんでした。

しかし２０１９年、ディズニーは映画、テレビスタジオの20世紀フォックスを含む21世紀フォックスを丸ごと買収しました。よって、今後はX-MENキャラクターの製作権もディズニーが所有することになるので、将来は同キャラクターたちがＭＣＵに登場することが予想されます。

◆ゴジラのリメイクでわかる権利行使の流れ

後続プロダクション製作権が行使されず、独占的製作権が別の映画スタジオに移行したケースもあります。

ハリウッドでは、英語劇の「ゴジラ」が異なる映画スタジオによって2回製作されています。

第1弾は、コロンビア・ピクチャーズ傘下（現ソニー・ピクチャーズ傘下）のトライスター・ピクチャーズが製作し、映画は1998年に公開されました。それから16年後、今度はレジェンダリー・ピクチャーズが製作し、映画は2014年に公開されています。

なぜ、二つの違う映画スタジオによってハリウッドリメイクが製作されたのでしょう。トライスター版の「ゴジラ」では、ソニー・ピクチャーズの「スパイダーマン」とは違い、後続プロダクション製作権が行使されなかったからだと推測できます。

トライスターが「ゴジラ」の独占的リメイク権を取得した際、おそらく、続編などの後続プロダクション製作権を行使するか選択できる契約条項が含まれていたと思います。仮にトライスターが1998年の公開から数年以内に続編製作料を支払い、続編を作っていれば、「ゴジラ」の独占的ハリウッドリメイク権はその後もトライスターに帰属していたと考えられます。

しかし、興行的にも批評的にも成功とはいえなかった同作では、続編に投資するという決定には至らなかったのだと思います。

一方、知的財産の所有者に目を移すと、当然ですが常にIP活用の最大化を考えています。「ゴジラ」の場合、IP所有者は東宝になります。

もし「英語劇リメイク権」が半永久的に、権利を購入した最初のプロデューサーもしくは映画スタジオに帰属してしまうと、そのプロデューサーや映画スタジオが「ゴジラIP」の活用をやめた時点で、将来「富」を生むための英語劇での活用が、当該作品1本のみで終わってしまうことになります。十数年後に新しい英語版の「ゴジラ」を作りたいというスタジオが現れたとしても、権利を販売できないからです。

そうならないように、映画化権の契約では、トライスター社が一定期間内に続編を作らない場合、ハリウッドリメイクの権利は東宝に復帰されるように取り決めるのが一般的です。

レジェンダリー版の「ゴジラ」は、続編となる『ゴジラ キング・オブ・モンスターズ』を製作し、映画は2019年5月31日に公開されました。レジェンダリー・ピクチャーズは「ゴジラ」の2次プロダクション製作権を行使したわけですので、この第2弾映画から一定期間、英語リメイク映画の独占的利用権はレジェンダリー・ピクチャーズに帰属し続けていると考えられます。

少しだけ前述しましたが、映画化権も地域や言語などを限定し、細分化して売ることがあります。

例えば、レジェンダリー社が購入した権利は、「英語劇」の「実写リメイク映画」のみと考えられます。すなわち、知的財産所有者の東宝が日本国内で日本語の「ゴジラ」製作を行うことは妨げられません。したがって、東宝は比較的同時期でも『シン・ゴジラ』を製作でき、ハリウッド版に加えて日本語版の「ゴジラ」という形でも知的財産を活用できました。

また、レジェンダリーが取得した英語リメイクの権利には、おそらくレジェンダリーがアニメ映画を作ることも含まれていないと考えられます。よって、東宝はアニメ映画の独占的利用権を別に販売することができ、現在Netflixで配信中のアニメ3部作にその製作権が活用されています。このように、東宝は「ゴジラ」の知的財産を様々な形で活用し、「富」を生み出しています。

仮に、経済産業省メディア・コンテンツ課課長補佐が説明したとおり、ＡＮＥＷが日本のパートナー企業に「権利料」を支払い、日本の企業から「映画製作権」を購入しており、それが一般的な映画化権の契約であるとすれば、2次プロダクションの製作権など将来にわたる独占的利用の権利も含め取得していたと考えられます。

◆民事再生手続きに入るヨーロッパコープ社

ＡＮＥＷ作品の、今後の製作実現の可能性について考えてみましょう。

現状は7作品のいずれも未だ、不透明な状態にあると言えます。産業革新機構はＡＮＥＷ売却時のプレスリリースで、２０１７年内に『藁の楯』に製作実現の目処があると説明していましたが、発表された期間内に同作品が撮影開始されることはありませんでした。もちろん『藁の楯』だけでなく、他のいずれの作品においても撮影に至った事実はありません。

また、『藁の楯』への共同出資を発表していたフランスのヨーロッパコープ社は、2017年に公開された欧州史上最高額（推定1億8000万ドル）の製作費をかけたリュック・ベッソン監督『ヴァレリアン：千の惑星の救世主』の興行が大苦戦。当時の社長が解任されるなど経営陣が刷新されただけでなく、年間の製作予定本数を削減するなど経営方針の見直しを余儀なくされました。

ヨーロッパコープ社はその後も資金繰りが悪化し、テレビ部門を売却するなどしていましたが、2018年7月には9320万ドル（約102億5000万円）の赤字を計上し、2019年5月にはフランス裁判所の民事再生手続きに入っています。

こうした状況を鑑みれば、同社が直ちに、クールジャパンで日本を儲けさせるための『藁の楯』を優先して作るとは思えません。

そんな『藁の楯』の進捗ですが、2019年4月16日にプレスリリースが発表されました。リリースによると、2018年10月に設立されたばかりの Solstice Studios が『藁の楯』の製作権を購入し、2019年の夏～秋の撮影開始を目指すとあります。

この映画会社は、4億ドル（440億円）の資金を調達しているとされており、2000万ドル（22億円）から8000万ドル（88億円）規模の映画を、年間2～4本製作する方針を発表しています。今回の製作権購入の発表をもって、本作の製作実現が決定したという「グリーンライト」ではありません。Solstice Studios の公式ホームページに掲載されている『藁の楯』の企画ページを見ると、２０１９年12月31日時点で撮影開始に至っておらず、監督と主要キャストも決まっていない製作状態になっています。

また、プレスリリースには共同製作企業の名が書かれており、Depth of Field、日本テレビ、ＡＮＥＷのみとなっているため、この時点でヨーロッパコープ社は外れていることがわかります。

この製作権購入発表を見ると、過去に経産省と産業革新機構がしてきた説明との、いくつかの食い違いがあります。

経産省と機構は、『藁の楯』について「製作実現の目処がつき、一つの成果が出た」と説明していたわけですが、２０１９年になって製作権が売れたのであれば、この時の「製作実現の目処」とは一体何だったのでしょうか？

仮に、当時にも製作実現に繋がる契約があったとするならば、なぜ今回のようなプレスリリースによる出資元の発表はなかったのでしょうか？

現実には、産業革新機構の説明のような「２０１７年に撮影に至った事実」はなかったわけですが、２０１６年にＡＮＥＷに支払われた１５００万円は一体誰による、どういった性質のお金だったのでしょうか？

もし、１５００万円の出所が共同出資を発表していたヨーロッパコープ社でないのであれば、その他の外部出資等の発表がないことから、支払い元は Depth of Field、もしくは日本テレビに絞られると思います。もしこれが事実だとすると、ＡＮＥＷは支援先のパートナーからのキックバックとも言える形で「製作実現の目処がついた一つの成果」を作っていたと推察できます。そうなると、２０１７年中の製作実現に至っていない事実からも、この時のＡＮＥＷに製作実現の根拠となる契約は存在していなかったのではないでしょうか。

いずれにせよ、経産省が説明する「一つの成果」である『藁の楯』についての不透明かつ不可解な点は、払拭しきれていないと感じます。

◆振り出しに戻る『TIGER&BUNNY』

ＡＮＥＷの企画にはもう一つ、進展を見せたものがありました。『TIGER&BUNNY』です。２０１８年5月8日に、当時3年で10億ドル（１１００億円）を映画、テレビコンテンツ製作に運用するとしていた Global Road Entertainment が『TIGER&BUNNY』の製作に参加することが発表されました。また、ＡＮＥＷは Global Road 社の参入をきっかけに、同作品からエグジットしています。

これを機にＡＮＥＷは企画開発プロデューサーとしての役割を遂げ、今後はＢＮＰ及びImagineがＧＲＥ及びゴールズマン氏と新たなパートナーシップを組んで、本プロジェクトの製作を進めることとなります。

（２０１８年5月8日　ＡＮＥＷプレスリリース）

しかし、このGlobal Road社は設立から1年を待たずにアメリカ連邦破産法の適用を申請し、破産しました。そのため『TIGER&BUNNY』の製作の進捗は、振り出しに戻ったと言えるかもしれません。

そもそもＡＮＥＷとは、時限付きの産業革新機構が出資した会社でした。ＡＮＥＷ自体も「一定期間を経て経営者もしくは第三者への譲渡の予定である」と決まっていた会社です。こうした時限付きの組織に「映画化権」を売却すれば、将来の取り決めを含む「映画化権」の所有者が転々とすることは、当初から予測できたことになります。

結局、ＡＮＥＷは会社ごと別のファンドに売却され、さらにそのファンドも、買収によって発生した負ののれん利益による黒字化を発表した直後に、ＡＮＥＷを（旧ＡＮＥＷの取締役へのマネジメントバイアウトで）転売しています。加えて、日本企業が映画化企画開発の話を進めていた旧ＡＮＥＷのプロデューサーらも、既にその場にはいません。

この状況は、「映画化権」の知的財産管理の観点からすれば、オーナーが転々としていることから混乱が生じていると言って差し支えないでしょう。個人的には、ANEW作品の日本パートナー企業は、英語リメイク権ないし映画製作権を自社で保持したまま企画開発を行った方が、後々面倒な事態に陥らないで済むように思えます。

ANEWの第1弾企画『ガイキング』に至っては、2012年の発表になります。こうして7年経ってもなかなか進展しないとなると、IP所有者である東映アニメーションとしては、ANEWとは別のパートナーに「映画化権」を再販売したいと考えるかもしれません。

海外映画化権の契約では、製作を実現できないプロデューサーの元に映画化権が半永久的にとどまることで知的財産が活用できなくなるのを防ぐために、条項を取り決めることもできます。

この条項は「権利の復帰条項」(Reversion)と呼ばれるもので、知的財産所有者が映画化権料の全額支払いを受けて映画権を譲渡した後でも、契約に定めた権利復帰期間を過ぎても企画に進展がない場合に限り、映画プロデューサーもしくは映画スタジオから「映画化権」を買い戻すことができる契約になります。

例えば、ある映画化権の復帰の通知期限を、5年と定めたとします。そして、当該の映画企画が権利取得から5年を経過しても一向に撮影まで至らない事態が発生し、代わりに実現可能な資金を持つ映画スタジオから、権利取得の問い合わせが届いたとします。

知的財産所有者は、たとえ１００％の映画化権料の支払いを受けていたとしても、製作実現に結びつかないプロデューサーの元に映画化権が「塩漬け」の状態になるより、別の映画スタジオに託して知的財産を活用した方が「富」を生む可能性が広がると判断するかもしれません。

ただ、このままですと契約上、映画の製作、公開の独占的権利は、最初に権利を購入したプロデューサーないし映画スタジオに帰属しています。なので、知的財産所有者が新たなプロデューサーや映画スタジオにこの権利を売ることはできません。しかし、この「権利の復帰条項」を定めていれば、契約に沿って手続きを行い、再び「売れる状態」に戻すことができます。

買い戻しの条件などは当事者間の契約によりますが、買い戻す時の値段は、購入金額に一定の割合を上乗せした金額を定めるのが一般的な契約のように思えます。

このように、知的財産の契約では常に最大限活用できる状態にすることが重要であるため、プロデューサーや映画スタジオが「映画化権を買った」としても、製作が実現してその知的財産が活用されない場合、その権利は半永久的に帰属するものではありません。

ですので、日本企業がＡＮＥＷと「映画化権」の本契約を交わし、映画化権料を満額受け取っていたとしても、この「権利の復帰条項」を定めていたとすれば、所有者が転々としているＡＮＥＷから独占的映画製作と公開の権利を買い戻すことができます。

◆リスクマネーという詭弁

ここでもう一度、話を「映画化権料」のコストに戻したいと思います。

仮に、ＡＮＥＷが本来なら必要のない「映画化権料」を日本企業に支払い、公的資金の出資金を棄損させたのであれば、その金額はいくらだったのでしょうか？　ただし、それがいくらであっても、一般的な映画化権の法務において「映画化権料」が22億円というＡＮＥＷの損失の大部分を占めることはありえません。

ＡＮＥＷが購入したとされる「映画化権」や開発した「映画脚本」等の知的財産は、会計上は無形資産に計上されると考えられます。

ＦＶＣ社が３４００万円でＡＮＥＷを取得した時、負ののれん発生益２億３２００万円を、特別利益として計上しています。このことからも、ＡＮＥＷが純粋に「映画企画開発費」に投じ資産を形成した出資金の金額は、おそらくこれに近い額、過去の損益から多く見積もっても３億円以下であると推測できます。

ＡＮＥＷは、民間では出しにくいリスクマネーを提供する「支援」という言葉を使い、公的資金投資を引き出していました。しかし、仮に彼らによる映画への純粋な投資が３億円だったとすると、自身へ実投資された額のたった13％余りになります。つまり、実質的に破綻寸前のただ同然で身売りしたＡＮＥＷの蓋を開けてみると、出資金のほとんどは映画作品への投資とは別のどこかへ消えていたことになります。

「法外な損失と言うが、それはあなたの主観に過ぎない」

これは、ＡＮＥＷの不可解な損失について問い合わせた時の、経済産業省メディア・コンテンツ課統括係の職員の言葉です。経産省の中では、映画企画開発のコスト管理においてありえない金額の損失が毎年計上されていても、その意味は全く理解されていませんでした。

２０１７年８月６日の日本経済新聞に、ＡＮＥＷを買収したＦＶＣ社の執行役員のコメントが掲載されています。記事によると、ＡＮＥＷの巨額赤字は、クライマンＣＥＯを高額報酬で迎え入れて米国拠点を設置したものの、日米の連携を欠いたことで運営費が膨らんでいたことが原因であったと指摘されています。

経産省の開示文書によると、ＡＮＥＷには東京拠点に7人、ロサンゼルス拠点に7人、合計14人の社員が在籍していたと記されています。これだけの常勤社員がいて、日米の連携が欠け、運営費だけが膨らんだとは一体どういうことなのでしょうか？

そもそもＡＮＥＷのロサンゼルス拠点は、産業革新機構の法律に基づく支援基準である「革新性」の根拠の一つにも挙げられていたわけです。

しかし、革新性があったはずのアメリカ拠点の運営実態には、実に不可解な点が存在していました。

◆ハリウッドに注がれた日本のDumb Money

日米の連携を欠いて運営費が膨らんだとされるＡＮＥＷですが、追加投資を引き出している最中の彼らからは、このようなことが語られていました。

長田取締役：弊社の売りという点では、ＬＡのオフィスにいる人間と東京のオフィスにいる人間が本当に一体になって、一つのことで一緒に作業しながらやっていますので、チームとして一緒に動いている感じなのですね。ですから、サンディとアメリカのスタッフと東京のスタッフ、みんながチーム・アップして一緒にやっているという感じです。
（月刊「文化通信ジャーナル」２０１３年４月号 p37 文化通信社）

また、ＡＮＥＷはアメリカ拠点についてホームページで、日本の障壁であるグローバル展開を解決するための「提供価値」とも宣伝していました。

●コンテンツの選定

日本の障壁
グローバル市場で今求められている作品傾向を掴むのが難しい
当社の提供価値
当社の東京とロサンゼルスの拠点と米国パートナーとの連携を生かし、日本とハリウッド双方の視点に立って、グローバル市場に向いているコンテンツを選定

しかし、結果が示すとおり、「クールジャパンらしさを追求した施策」「日本のエンタテインメントが生まれ変わるイノベーション」などは誇大広告に過ぎず、「当社の提供価値」であった「日米の連携」は全く機能していませんでした。

そもそも、ＡＮＥＷのロサンゼルス拠点設置は「オープンイノベーション」と定義づけられ、産業革新機構の法律に基づく支援基準を満たす根拠の一つとされてきました。

当時、ＡＮＥＷはロサンゼルス拠点としてアメリカ支社「ANEW USA LLC」（以下、ANEW USA）という法人を設立しています。しかし、その実態はＣＥＯに就任したサンフォード・Ｒ・クライマン氏の個人会社を、日本の公的資金で丸抱えしただけのようなものでした。

というのも、ANEW USA の所在地は、クライマン氏の個人会社である Entertainment Media Ventures と同一住所に登記され、ＡＮＥＷ７作品のほとんどにクライマン氏と並んで

プロデューサーとしてクレジットされているANEW USA役員のアンマリー・ベイリー氏は、クライマン氏のアシスタントを務めた人物でした。

さらに、ANEW USAのその他の従業員も、当初はクライマン氏の個人会社のスタッフで構成されていました。*したがって、産業革新機構が認めた事業の「革新性」は、所在地から従業員まで、このサンフォード・R・クライマン氏に高く依存するものでした。

普通、3年内での映画製作の実現や、民間投資の獲得等の将来見通しが未達成に終わった場合、CEO（最高経営責任者）はその経営責任を問われることになると思います。

しかし、将来見通しが現実と乖離するどころか破綻状態にあったANEWで、映画企画開発では失いようのない数億円単位の赤字を毎年出すなど、解任されてもおかしくない業績不振を招きながら、クライマン氏自身は報道にあるような年間数千万円の報酬を受け取りながら、売却されるまでCEO職を全うしています。おそらく、ANEWの事業自体が初めから「クライマン氏頼み」の事業だったことがこの背景にあると考えられます。

また、クライマン氏はANEW企画のほとんどに、プロデューサーとしてクレジットされています。この「プロデューサークレジット」とは、日本の映画のように映画会社の幹部が名前を連ねるようなものとは異なります。プロデューサー個人が「プロデューサーシェア」という、映画の利益から配当を受けられる立場であることを意味しているのです。

つまり、クライマン氏は日本の公的資金から高額な報酬を手に入れるだけでなく、映画プロデューサーが本来負うべき経済的リスクを何ら負うことなく、映画が利益を生んだ時にはそこからもシェアを受け取る「二重取り」ができる、絶好の立場が与えられていた可能性が極めて高いと言えます。

実際、2019年4月にANEWのホームページで発表された『藁の楯』製作権購入のプレスリリースによると、クライマン氏は未だに同作のプロデューサーとしてクレジットされています。

放漫経営を行い日本の公的資金の巨額損失を招いた、責任を負うべき張本人である最高経営責任者が、その経営責任を問われることなく、未だにANEW時代に開発した『藁の楯』から配当を得られる立場にいることが考えられます。日本の公的資金の損失によって生まれた利益が、クライマン氏個人に還流されているとも言える、極めて許しがたい状況となっています。

◆日本人を気分よくさせる仕事

前にも紹介した「コンテンツ強化専門調査会」の中で、COOだった黒川氏は、クライマン

＊ https://pro.imdb.com

氏について「産業革新機構さんに見付けていただいた方」と説明しています。

また、経済産業省の伊吹氏も、ＡＮＥＷ設立前に行ったロサンゼルスの出張で、クライマン氏について聞き取り調査を行っています。そして、クライマン氏は人脈を持っているので、ハリウッドジュニアメジャースタジオのような映画製作を行える可能性が十分にあるとも語っています。

クライマン氏は実は日本にかなりゆかりのある人物で、その関係はバブル期にまで遡（さかのぼ）ります。

ハリウッド大手エージェント会社のクリエイティブ・アーティスツ・エージェンシー（以下、ＣＡＡ）の回顧録『Power House : The Untold Story of Hollywood's Creative Artists Agency』に、本人やＣＡＡ創設者マイケル・オーヴィッツ氏のインタビューが紹介されています。

１９９０年、松下電器（現パナソニック）がユニバーサル・ピクチャーズなどを傘下に持つエンタテインメント企業のＭＣＡを買収しました。この時、アメリカの映画企業やメディア企業買収に興味を持つ日本企業はないか調査し、松下電器に目をつけた人物こそが、ＣＡＡ時代のクライマン氏だったと書かれています。

オーヴィッツ氏も、日本のビジネスマンの間で、ソニーがやることを追随することから「コピーキャット」（真似っ子）と呼ばれていた松下電器が、ソニーに続きハリウッドスタジオを買収するだろうと思っていたと述べています。

その後、松下電器にプレゼンテーションを行ったオーヴィッツ氏やクライマン氏らのプロジェクトチームは、朝食から焼き魚を食べるなどの日本の文化を理解して交渉したことが功（こう）を奏（そう）し、成功に繋がったとも語っています。

松下電器のハリウッドスタジオ買収を仲介したCAAは、この年のアメリカの1件あたりの投資コンサルタント料としては最高額である4600万ドル（69億円　※1ドル＝150円、内訳仲介手数料4500万ドル、実経費100万ドル）の仲介報酬を獲得しています。

こうした日本とのビジネスの経歴を読むと、クライマン氏は映画の資金調達の契約を次々と達成できる映画プロデューサーというよりは、日本への文化的理解を示し、日本人を気分よくさせ、それを商売にすることに長（た）けた人物であるように感じました。

◆「革新的ディールメーカー」の正体

ANEWのアメリカ支社であるANEW USAには、一つ不可解な点があります。

ANEWを買収したFVC社の有価証券報告書によると、ANEW USAは、ANEW PRODUCTIONS USA LLCという制作子会社を設立していたと書かれていました。

この子会社法人ですが、所在地はANEW USAと同様、クライマン氏の個人会社と同じ住所に登記され、代表もクライマン氏が務めていました。しかし、なぜか産業革新機構とＡＮＥＷは、子会社設立については公表してきませんでした。

既述のとおり、ＡＮＥＷが発表した企画開発はいずれも撮影に至るどころか、産業革新機構がＡＮＥＷ売却の打診を始めた経営末期頃まで、映画製作の成立に必要な契約すら存在していませんでした。企画開発の作品すべてが開発の初期段階から進展していなかったANEW USAにおいて、なぜ制作子会社を設立する必要があったのか？　公表できなかった理由は何なのか？　これにもきちんとした説明が求められるでしょう。

ＡＮＥＷが残した業務実績を見ると、ANEW USAに子会社を設立する必要があったとは到底思えません。個人的な推測ですが、この子会社は業務における必要によってではなく、日本から送られた巨額運営費の税務および会計処理上の都合のために作られたように思えます。常識的な映画コストでは考えられない規模に膨れ上がった運営費が、このような、公表すらされてこなかった米子会社に流れた詳細については、検証が必要だと考えます。

これまで、私のところに、クライマン氏に取材を申し込んだ報道記者数人からのコンタクトがありました。しかし、同氏もまた代理人を通して「ＡＮＥＷについては話せない」と、取材には一切応えなかったそうです。ある報道関係者は、クライマン氏について「日本側に頼まれたことをやっているだけ」な経営スタンスのようだったとも語っていました。

ところが、どういう理由かはわかりませんが、経産省はこのクライマン氏に絶大な信頼を寄せていました。2012年には同省内で「クールジャパン大会議」（クールジャパン海外展開関心企業大会議）なるものを開催し、クライマン氏をクールジャパンのゲストスピーカーとして招聘（しょうへい）しています。

また、経産省が毎年公開していた政策資料「コンテンツ産業の現状と今後の発展の方向性」の中では、クライマン氏のことを「革新的ディールメーカー」と紹介していました。

契約を取り付けることを意味する「ディールメーカー」に「革新的」という枕詞（まくらことば）をつけるなど、ここまでくると「ANEWは法律に規定された支援基準である『革新性』の項目を満たしているんだ」と言わんばかりに、何でもかんでも「革新」とつければいいと経産省は考えているのでしょうか。結局のところ、「革新的ディールメーカー」として期待されたクライマン氏は、実のある契約を一つも締結（ていけつ）することがなく「ノーディール」に終わり、全くの期待外れでした。

◆コピーのような新会社

ANEWの失敗の責任者であったクライマン氏ですが、ANEWのCEO退任後、日本のゲーム会社（株）アカツキが2017年に立ち上げた映画会社Akatsuki Entertainment USA

の顧問に就任しています。

この新会社のプレスリリースによると、事業内容は旧ＡＮＥＷと瓜二つで、「日本からグローバル市場への展開の橋渡し役」という企業理念までそっくりです。

また、ANEW USAで企画開発部ヴァイスプレジデントだったアンマリー・ベイリー氏が新会社の社長に就任し、ＡＮＥＷ出身の鈴木萌子氏が新会社の日本オフィスの責任者に、さらにはＡＮＥＷでリサーチャーだったニコラス・ザバリー氏が新会社のリサーチマネージャーに就任したと発表されています。

この新会社の所在地ですが、またも旧ＡＮＥＷと同一住所であるクライマン氏の個人会社のものとなっていて、何から何までＡＮＥＷと同じような会社となっています。

しかも、アカツキのプレスリリースの日本語版には、こうした新会社の面々がＡＮＥＷ出身であることが伏せられていました。ところが英語版のリリースでは、社長に就任したベイリー氏の経歴として、ＡＮＥＷ時代にロン・ハワード氏やリュック・ベッソン氏ら著名人たちと企画開発を行ったことなど、ＡＮＥＷでの経歴がパブリシティとして利用されていました。

当然、リリース発表直後の日本の報道では、アカツキの新会社がＡＮＥＷ出身者の会社であることは伝えられませんでした。一方、この新会社設立を報じた米紙「ヴァラエティ」「ハリウッドレポーター」は両紙とも「ALL NIPPON ENTERTAINMENT WORKS」に触れ、「ハリウッドレポーター」に至っては、クライマン氏とベイリー氏が日本政府の支援により設立された官製映画会社の出身者であるとともに、ANEWが1本の映画も完成させることなく破格の安値で身売りされた事実まで報じています。

このように、日本の公的資金、日本の公益にかかわる事柄が、米紙の英語報道のみで報じられ、日本語では一切報道されていない事態も問題だと思います。

また、新会社の記事を報道した2017年10月2日付の「ヴァラエティ」によると、この新会社は、発表当時既に3本の企画開発に着手しているとし、2018年の第1四半期中を目標に第1弾作品の製作決定（グリーンライト）をすると書かれていました。

クライマン氏とベイリー氏らがANEWを運営している時、たった3本の企画を発表するまでに10億円の損失を生んでいました。ANEW時代に22億円もの出資を実質全損させ、6年間で1本の映画も撮影に至らないまま業務を実施してきた当事者らが、アカツキの新会社で3本の企画着手するまでに時間がかからず、さらには設立から半年以内での製作実現を目標にできるのであれば、なぜそのような経営をANEW時代にやらなかったのでしょうか？

また、仮にこの新会社が、旧ANEWで失敗した「日米の連携」を上手く進め、自分たちへの高額ボーナスなどを我慢し、「運営費の効率化」を達成できるのであれば、なぜ日本の公的資金を使った業務の時にはそれをやらず、無秩序的な経営を続け、日本国民のお金を失わせたのでしょうか？

◆噛み合わない答弁

日本の公的資金の損失を個人的利益に変え、いいところだけを掠め取るようなこうした行為について、第1章でも取り上げましたが2018年の6月26日の参議院内閣委員会で、清水貴之議員から次のような追及の声が挙がりました。

このサンディ・クライマン氏、そのANEWのCEOを務めていらっしゃいました。結局二十二億円使って何も残念ながらできなかった方ですけれども。この方以外にも、アンマリー・ベイリー氏、ニコラス・ザバリー氏、鈴木萌子さんという、このANEWで幹部を務めていた皆さんが、日本のスマホのゲーム会社アカツキという会社の子会社アカツキ・エンターテインメントのUSA、アメリカの会社のそれぞれ代表取締役などに、幹部に就かれているわけですね。サンディ・クライマンさんというのもそのアドバイザーとして就任されているという話なんですが、こういった動きというのは御存じでしょうか。

承知しておりません。（筆者注：回答者の経済産業省吉田審議官）

これ、アカツキ・エンタメという新しくつくったこの会社、もう同じなんですね。ANEWで幹部を務めていた皆さんが全く違う会社をアメリカで同じメンバーでつくっているんですが、これ事業内容が、説明のところを見ると、日本とハリウッドの橋渡し役と、同じことをやろうとしているわけですね。

ということは、先ほどおっしゃった、例えば二十二億使って、五、六年で結局、まあノウハウは蓄積されたという話ですが、成果は出なかったわけですね。で、そのノウハウだとか、例えばその時点で種をまいていたことがあったとしたら、今度新しくつくった会社でそれがある意味生かされるなり使われるなりしたら、この日本の使った、この国の税金を使った二十二億というのが私は非常に無駄になって、結局そこでかすめ取られて、いいところだけということになってしまうんじゃないかというふうに思うわけですね。

この辺りはしっかり見ていくべきではないかというふうに思いますけれども、いかがでしょうか。

この質問に対し、吉田審議官は最初、おどおどした様子で、質問内容に全く噛み合わない回答をしています。

産業革新機構から株式会社オールニッポン・エンタテインメントワークスに対する出資については、当時の産活法の規定に基づき、支援基準に従って、社会ニーズへの対応性、成長性、革新性の観点から産業革新機構が評価し、出資決定したと思っております。

さらに、その売却についても産業革新機構における判断において行われたものでございますけれども、それぞれ個別の案件についてはどうしても、全てが投資でございますので、うまくいかない場合もございます。

産業革新機構の投資につきましては、いろんなリスクの程度が異なる様々な案件を組み合わせて全体としては収益を確保するということを目指しており、機構全体の収支としてはプラスをしているという状況でございます。

この説明は、経産省がANEWの正当性を主張する際のテンプレートです。この吉田氏の回答に、清水議員も呆(あき)れた様子で「質問にちゃんと、かみ合っていないなというふうに思うんですけれども」と言い、再度、国の見解を問い直しました。

これに対し、吉田氏はようやく次のような回答をしています。

そのときに、投資している間に培ったノウハウというのが新しい会社の方でもしそれが活用しているという指摘であれば、それはもちろん、それがおっしゃるとおり二十二億の価値があったのかどうかということは別としても、一つの成果ではないかと思いますが、それは、済みません、御指摘の趣旨をよく理解していなかったら申し訳ないんですが、その間に蓄積したノウハウを何らかの形で生かしていくということにはつながっているのではないかと考えますが。

驚くべきことに、経産省の認識では、22億円の損失を招いた責任を負うべき会社の社長であったクライマン氏と役員のベイリー氏が、ANEW時代の散財によって賄った海外フィルムマーケットや各地のイベント参加、接待を通じ培（つちか）った人材プール、リサーチ成果、国内外のコネクション、その他ノウハウを利用するであろう今後の活動について、22億円を失っただけの価値があるかは置いておいて「それも一つの成果」だとしています。

そもそも、ANEWは日本国内の課題を解消するために行った政策の一環として実施された事業であり、そのビジョンには「国民一人一人が豊かさを実感」とまで書かれています。わざわざ説明するのもバカらしいですが、ANEWへの公的資金投入の政策目的は、決してクライマン氏やベイリー氏の映画キャリアを支援するためのものではありません。

バブル期に行われた日本のハリウッド投資は、結果的にハリウッドに食い物にされたことから、しばしば「Dumb Money」（バカなお金）と呼ばれています。それから約30年後、正に「バカなお金」の再現となったＡＮＥＷの失敗を目の当たりにしても、この国の行政は「それも一つの成果」などと考えられない論理を持ち出し、その成果を説明しています。

おそらくこれも、ＡＮＥＷを主導した経産省が、自分たちの産業政策に成果があったと主張し、責任逃れを貫く姿勢の表れでしょう。

ただし、ＡＮＥＷが消失させた公的資金の裏には、単に杜撰（ずさん）な投資査定で失った「バカなお金だった」では済まされない実態が存在します。

ＡＮＥＷの全体については、主導的立場をとった国が率先して国民への情報公開の不透明化に務めているようなので、なかなかその内実を知ることはできません。私もここまで、とても苦労してきました。

しかし、そんな中でも、青天井となったＡＮＥＷの運営費を生んだ元凶がわかってきました。純粋な映画作品への投資とは別のところに消えた「クールジャパンマネーの中抜き」ともいえるＡＮＥＷへの不適切な公的資金投資は、経産省の誤った考えに基づき、組織の設立前から巧妙に仕組まれていたものだったのです。

第4章

官製映画会社構想のそもそもの過ち

◆今さら認めた「設立関与」

この章では、ＡＮＥＷを設立する際の、スタート前のビジョンに誤りがあったことを説明したいと思います。

会計検査院による、官民ファンドの情報公開の在り方についての指摘を受けてか、２０１８年末ごろ、経産省はある「真実」の公表に至りました。

法律に基づき公表が義務付けられている、産業革新機構への業績評価の報告書「平成29年度産業革新機構の業務の実績評価について」によると、経産省は「経済産業省からの企業設立の打診」という言葉を使い、彼らがＡＮＥＷ設立を主導した事実を認めました。

「INCJは、前年の２０１０年に経済産業省から企業設立の打診を受けて検討を開始し、翌２０１１年６月、総額60億円を上限とする投資を決定。第１フェーズとして決議した30億円のうち、一部を実行。」

そもそも、国からの打診によって産業革新機構が投資事案を作るような運用は、機構設置の根拠法である旧産活法の趣旨から外れるものだと考えられます。端的に言うと、ＡＮＥＷへの出資決定は「違法性の高い投資」でしょう。

　経産省は２０１０年からこの報告書を公表してきましたが、前述のとおり、ＡＮＥＷの経営体制については真実ではない記載を行う一方、「経済産業省の打診」という不都合な真実については、一度も公表してきませんでした。

　それどころか、経産省はＡＮＥＷ設立への関与の事実自体を、かたくなに否定していました。ＡＮＥＷを担当する同省メディア・コンテンツ課の統括係職員は、「設立に関与した事実はない」と言い放っています。また、私が情報公開請求をした時には、伊吹課長の政府会議での発言という、設立への関与を示す明確な事実があっても、「個人的な立場での意見を述べたに過ぎない」との理由から、「設立打診に関する公文書は作成も所有もしていない」と情報不開示処分を下しています。

　私が情報開示決定に対する不服申し立てを行った際に、「省内のデータベースを再検索してもＡＮＥＷ設立関与に関する公文書はみつからなかった」と説明されていることからも、この「経済産業省から打診」という事実もまた、経産省と産業革新機構の間で記録を残さない形、つまり「口頭のみ」の密談によって築かれたものだとわかります。

　「平成29年度産業革新機構の業務の実績評価について」が公表されるたった数カ月前までの経産省の説明は「産業革新機構が、法律に基づき、支援基準にしたがって設立したと思っています」という内容だったわけですが、ここに来て「実の所、私たち経産省が打診して作った会社でした」と、ようやく自分たちの「思い違い」と設立関与に気づいたとでもいうのでしょうか？

◆解決された『リング』リメイク権契約

ＡＮＥＷは「経済産業省からの打診」から始まっているわけですが、日本のクリエイティブ産業が抱えている問題と、映画ビジネスの仕組みにどんな施策が作用し、日本の産業現場を豊かにできるのかという解決方法に関して、「事実」に基づく議論がなされていません。当然、「事実主義」がとられていない議論で生まれた産業ビジョンへの公金投資は、そもそもが間違えていたと言えます。

国による「ＡＮＥＷ設立の打診」には、産業政策上の「事実」に当てはまらない致命的な思い違いが、大きく分けて２つ存在します。１つは個人レベルで解決できる課題に焦点を当てていたこと、もう１つは「ビロー・ザ・ライン」へ支援が向いていなかったことです。まずは１つめを解説します。

ＡＮＥＷ設立のベースになっているのは、経産省が取りまとめた報告書「産業構造ビジョン２０１０」です。第２章で出てきたものですが、覚えているでしょうか。

おさらいすると、この報告書は国内の空洞化を招くグローバル展開ではなく、日本国内で働く人の雇用や賃金上昇の達成という政策ビジョンを掲げ、「日本の産業の行き詰まりの解決の処方箋」を自称したものでした。

経産省は報告書の中で、「日本の文化産業がビジネスに結びついていない」具体例として、映画『リング』のハリウッドリメイク『THE RING』から配当を得られなかったことについて議論しています。

しかし、『リング』のハリウッドリメイク権契約における選択の失敗は、契約を締結したプロデューサーら製作側の「個人」の課題と捉えるべきものであり、「国」が公的資金を使って取り組むべき課題には当たりません。

ある映画化権やリメイク権の契約において、知的財産の所有者側が一律の料金で権利を販売し、その後大きな成功を収めた映画から配当を得られず後悔しているのであれば、極めて単純な方法で解決可能です。

『リング』のケースで日本側が配当を受ける権利を持てなかった原因は、契約を締結した当事者が海外映画化権について深く理解しないまま交渉を進めたことにあると考えられます。ですので、映画化権の交渉における契約法務に長けた弁護士やエージェントなどを利用するという、簡単な手段で解決できます。

わかりやすい例では、プロ野球選手のメジャーリーグ契約があります。現在、日本の選手がメジャーリーグ球団と契約する際、誰が交渉の場に立っているでしょうか？　選手が直接交渉するのではなく、契約に長けた代理人に取りまとめてもらっていると思います。交渉を任された代理人は、選手の利益を最大化するよう交渉し、報酬以外にもボーナスや、日本までのファーストクラスでの往復航空券の枚数など、様々な条件を取り付けます。

映画のハリウッドリメイク権も同様で、映画化権契約の代理人は知的財産所有者の最大利益のために、細かい条件まで交渉します。

『リング』のリメイク権に含まれなかった、映画や関連するマーチャンダイジングから配当を受ける「利益シェア条項」を要求することは、極めて一般的な契約です。契約交渉においては、知的財産所有者側の配当を何パーセントに設定するかなど数字面では厳しい交渉のせめぎ合いになることもありますが、利益シェア条項自体の合意は決して難しくありません。

もちろん、プロデューサーが海外映画化権の契約に関する知識を得て、自ら利益シェアについて交渉することもできます。

『リング』のプロデューサーを務めた一瀬隆重氏は、出演したテレビ番組などでリメイク権契約の失敗を認めていて、その後に製作した『呪怨』のハリウッドリメイクでは、自分たちに利益配当が得られる形で製作したと語っています。すなわち、国が議論していた課題はこの時既に、当事者のプロデューサー個人の力で解決に至っているのです。

エージェントへ渡す報酬は、人にもよりますが多くても10％程度の成功報酬と実費経費程度になります。また、契約書について弁護士に相談した場合においても、１時間数万円からの相談料で済ませることができます。

つまり、「リング」の契約問題を出発点として官製映画会社の設立へと論理を繋げることは無理があるのです。ＡＮＥＷが日本の行き詰まりを解決する政策にはなりえないことが、この時点でわかります。

経産省は、ＡＮＥＷの役割として「民間ではとりづらいリスクを支援している」とも語っていました。果たして、交渉の時々で代理人を利用する、もしくはエンタテインメント契約が専門の弁護士に相談することは、60億円かけて映画会社設立を打診しなければできないことなのでしょうか？

ここで、ＡＮＥＷが「支援」した日本企業を再度、確認したいと思います。

第１弾企画『ガイキング』のパートナー企業は、東映アニメーションです。ＡＮＥＷが支援を発表した際の決算期に当たる２０１３年３月期の決算によると、同社の売上高は３３６億円、純利益は32億９０００万円となっています。

また、経産省が「一つの成果」と説明した『藁の楯』のパートナーは、日本テレビです。Ａ

NEWが支援を発表した時の2016年3月期決算に書かれている売上高は4147億8000万円、純利益は368億8000万円となっています。

年間数十億円、数百億円もの利益を上げている大企業にとって、自社のIPを利用したハリウッド映画を作る際の契約法務の相談、アメリカの脚本家を雇うコストは、国の支援がないと「とることが難しいリスク」なわけがありません。

こうした、必要性のない「支援の提供」を自称しているANEWの内部では、法外な運営費がかかっていました。すなわち、民間ではとりづらいリスクへの支援施策を官民ファンドが講じた、という理屈は整合性を大きく欠いています。

◆ビロー・ザ・ライン

「経済産業省からの打診」の、もう一つの致命的な欠陥を説明します。

『産業構造ビジョン2010』には、「日本が衰退しないためのグローバル化の推進」だけでなく「国内産業の空洞化を招くグローバル化ではなく、グローバル化推進によって国内産業に質の高い雇用を創出し、賃金を上昇させ、国民一人一人が豊かさを実感する」という目的を、国民に表明しています。

つまり、経産省が「ANEW設立の打診」を考える先には、日本のエンタテインメント産業に質の高い雇用が創出され、賃金が上昇し、日本の制作現場で働く一人一人が豊かさを実感できる必要があります。

結論から述べると、百歩譲ってＡＮＥＷの映画企画が成功するという最良のシナリオを仮定しても、この政策によって日本の制作現場で働く人たちに質のいい雇用を生むことや、賃金上昇に繋がることは限りなくありえないことだったと言えます。

一番の問題は、経産省が考えた「ＡＮＥＷ設立の打診」という政府支援のベクトルが、そもそも国内で働く人へ向いていないことにあります。

映画を作る際のコストをライン・コスト（Line Costs）と呼ぶのですが、これは２つに分類されます。一つは「アバブ・ザ・ライン」（Above-the-line）、もう一つは「ビロー・ザ・ライン」（Below-the-line）です。

アバブ・ザ・ラインとは、日本語にするとラインの「上の」コスト、ビロー・ザ・ラインとはラインの「下の」コストを意味します。

具体的に、アバブ・ザ・ラインに含まれるのは、映画の創作決定や製作プロセスに影響を持つ人たちにかかるコストです。例えばプロデューサー、脚本家、監督、俳優などが含まれます。前にも少し触れましたが、こういった役職の人たちは、撮影開始前の時点で映画への参加が決定している場合が一般的です。

一方、ビロー・ザ・ラインに含まれるのは、ラインの上のコストとなるプロデューサー、脚本家、監督、俳優以外の、映画のプリプロダクション、プロダクション、ポストプロダクションを運営するための映画クルー、もしくはプロダクションチームのコストになります。例えば、実写映画でいえば撮影、照明、衣装、大道具、ポストプロダクションなどのクルー、また、アニメプロダクションならアニメーターなど、制作現場で働くクルーが該当します。

国の支援によって国内産業の空洞化を防ぎ、質の高い産業雇用を創出し、賃金の上昇を達成したいのであれば、その支援先の矢印は、国内の「ビロー・ザ・ライン」に向くことが求められます。あるいは、経産省のビジョンにある「グローバル化の推進」によってそれを達成するのであれば、グローバル市場のお金を日本の「ビロー・ザ・ライン」の制作現場に呼び込むことが必要です。

国際フィルムコミッショナーズ協会（ＡＦＣＩ）によると、今世界にあるクリエイティブ産業の製作費消費市場（Production Spending）は年８８０億ドル（約10兆円）にも上ります。また、大手コンサルＰｗＣの試算では、中国やラテンアメリカなど新興市場の成長もあり、２０１９年には１０４６億２０００万ドル（約11兆５０００億円）に到達すると推計されています。

こうした11兆円の市場に対し、映画、テレビ、アニメ、ゲームなどクリエイティブ産業の振興を戦略として打ち出している多くの国や都市は、経産省がＡＮＥＷ設立を打診する前から、自国の産業現場の雇用創出、賃金上昇のための施策として、ビロー・ザ・ラインへの消費や投資を呼び込む取り組みを行っています。

具体的な施策内容については後の章に譲りますが、こうした政府支援策の中には、目に見える成果を上げているものも数多くあります。また、国や地域全体の経済振興、良質な産業雇用の創出、所得向上、実地経験を通じたスキル開発、ならびにクリエイティブ産業インフラの成長等にも繋げています。

◆イギリスのプロダクション誘致が進んでいる理由

例えば、映画、テレビ、アニメなどのプロダクション誘致が最も進んでいる国の一つに、イギリスがあります。

同国の公的な映像産業支援の機関であるブリティッシュ・フィルム・インスティチュート（British Film Institute、ＢＦＩ）が２０２０年1月31日に発表した統計によると、２０１９年にイギリスが獲得した映画、テレビドラマ等を合わせた撮影関連消費は36億２０００万ポンド（約５２４９億円　※１ポンド＝１４５円）と過去最高を記録し、クリエイティブ産業経済の好調を示しています。

２０１９年のイギリスの映画撮影関連消費は前年より７％増え、過去二番目の好景気を記録しました。主な作品には、キャリー・フクナガ監督『００７／ノー・タイム・トゥ・ダイ』、サム・メンデス監督『１９１７』、アントワン・フークア監督『Infinite』、ロバート・ゼメキス監督『The Witches』、クリストファー・ノーラン監督『TENET テネット』などがあります。

近年、ネット配信など有料テレビ分野も世界的に急成長を遂げており、特に海外テレビドラマには高額な製作費が投じられるものもあります。イギリスはテレビプロダクション誘致にも取り組んでおり、２０１９年は51％と特に顕著な成長を見せ、この分野の政府支援を始めた２０１３年以降、過去最高の撮影消費を獲得しています。

２０１９年に撮影された主なドラマには、Netflixが製作し、１話あたりの平均製作費が１０００万ドル（11億円）と言われている『ザ・クラウン』シーズン４、BBC ThreeとHulu共同製作の『Nomal People』、『His Dark Materials』シーズン２、『アウトランダー』シーズン５などがあります。

こうした映像産業の経済活動があるからこそ、自国に質のよい雇用の創出や、ビロー・ザ・ラインの賃金上昇を生む「真の映像産業振興」に繋がっています。

イギリスがこれほどのプロダクションを誘致できている主な要因には、世界でもトップクラスの自国のクリエイティブ人材、クルー、ビジュアルエフェクト（ＶＦＸ）やその他のプロダクションサービスに加え、国内のビロー・ザ・ラインに投資を呼び込むための政府支援施策もまた世界でトップクラスであることが挙げられます。

一方で、経産省が考えた「官製映画会社設立の打診」は、世界の多くの国の取り組みでは支援の対象とならない、プロデューサー、脚本家等の「アバブ・ザ・ライン」コストを支援するものになります。日本の公的資金の支援による恩恵を最も受けるのが、アメリカ側のプロデューサーになる性質のものです。

ＡＮＥＷ作品の企画開発では、その開発費用は同社が負担するため、たとえその映画が製作に至らなくても、アメリカ側のプロデューサーが経済的損失を被（こうむ）ることはありません。一方、映画が実現すればプロデューサーとしてクレジットされることになります。

既に述べたとおり、この「プロデューサークレジット」とは、日本映画のように映画会社の幹部が名前を連ねる性質のものとは異なり、プロデューサー個人が「プロデューサーシェア」という、映画の利益から配当を受けられる立場を獲得することを意味しています。

したがって、アメリカ側プロデューサーはＡＮＥＷ作品へ参加するとノーリスクで日本ＩＰの映画化企画を扱うことが可能になります。ＡＮＥＷ側もクライマン氏と同様に、映画が実現すれば映画からの配当を得られる立場を獲得できるので、実に割の良い儲け話だったに違いありません。

ＡＮＥＷが脚本家を雇うとは、日本の公的資金でアメリカなり外国の脚本家の所得を支援することに他なりませんので、「空洞化を招かないグローバル化の推進」にはなりえません。もちろん、それらの人たちの所得にかかわる税金の納税地も外国なので、税が日本社会に還元されることさえもありません。

日本の知的財産を基にしたハリウッド映画の「アバブ・ザ・ライン・コスト」を日本の公的資金で支援することにより、その利益が日本の産業現場に還流されるのではないかという考え方も、全く実践的とは言えません。

ハリウッド映画の世界興行収入が数百億円を超えたなどの報道を目にすることがあると思いますが、この数字の全てが映画の利益となるわけではありません。

映画館で公開される映画の場合、興業収入の約半分は映画館のものとなります。ＡＮＥＷは企画開発会社であって配給会社ではないので、彼らの映画を配給する会社へと、興行収入から配給手数料が差し引かれます。また、映画を適切な形で売るためには宣伝費が必要になり、これも映画の収入から差し引かれるコストとなります。

アメリカ映画協会（Motion Picture Association of America、以下、MPAA）は２００７年、映画のマーケティングコストに関する報告書「Entertainment Industry Market

Statistics」を公表しています。この報告書がまとめた統計によると、ハリウッドスタジオ映画の宣伝費の平均は5000万ドル規模（55億円）となっていて、「ブロックバスター映画」と呼ばれる大作の場合は1億ドル（110億円）を超えます。

さらに、映画といえば昔はフィルムで上映していましたが、今ではデジタル・シネマ・パッケージ（DCP）という映画のデータが入ったドライブを製造します。この製造費も、映画の収益から差し引かれるコストになります。

これらに加え、映画の出資者の利益を優先して確保することが必要な場合もあります。投資契約の中には、出資者のリターンを優先させなければならない契約も存在するのです。例えば、出資金の数パーセントのリターンに到達するまでは、映画の純利益とはしない、といった取り決めです。

また、制作する際の運転資金にローンを組んでいた場合、当然借りた金額の利息も映画コストに含まれます。

もちろん、映画の収入は劇場公開によるものだけではありません。飛行機内での上映、DVDやブルーレイなどのホームエンタテインメントの販売、デジタルオンデマンド配信、テレビでの放映権料、グッズなどのマーチャンダイジング等も収入源になります。

ただ、仮に官製映画会社の製作した映画が利益を出したとしても、そこから日本側の知的財産所有者の個人または企業が配当によって得た利益が、さらに日本国内の制作現場に還流するまでには、かなりの「遠回り」が起こると予想されます。

◆3つのプレイヤー

ＡＮＥＷの映画が公開された場合の収益分配を考えると、３つのプレイヤーが関わってきます。

一つ目は、アメリカ側のパートナープロデューサーです。こちらは前述のとおり、プロデューサークレジットされた場合、利益シェアに参加でき配当を得るのが一般的です。よって、ＡＮＥＷ作品の利益の一部はここに分配されることになります。

二つ目は、ＡＮＥＷ自身です。忘れてはいけませんが、ＡＮＥＷは利益を追求する普通の株式会社であり、日本のパートナー企業の利益のために無償支援を行うボランティア団体ではありません。経産省が公開した支援決定時の評価においても、配当から収益を得る会社であると記載されていることから、映画が生んだ利益はＡＮＥＷにも分配されることになります。

そして最後が、「日本の産業現場に利益を還流する」という文言から想定される、日本側の知的財産所有者である個人や企業になります。

ただし、いわゆる版権元の多くもまた、営利や株主利益を追求する普通の会社です。そうした組織が企業利益や株主利益を蔑ろにし、ANEWの支援で得た利益をそっくりそのまま制作現場に還流することは考えられません。

例えば、経産省が唯一の「一定の成果」と説明した『藁の楯』の公開が実現していたら、支援を受けた日本テレビはその利益を「日本のエンタテインメント産業の再生のため」といって、企業利益の追求を差し置いて日本の制作現場で働く人の給料などに還流するでしょうか？　普通の企業の意思決定としては、まずありえないでしょう。

映画製作とは、1作品ごとに会計が異なるものです。ある作品で儲けが出たからといって、その利益を別の作品に投げ打つ、もしくは別の作品では利益を追求せず損をしても良いという性質のものではありません。1つずつの作品できちんとしたコスト管理を行い、利益を追求することが映画ビジネスの本質になります。

「アバブ・ザ・ライン」を支援するANEWが想定する利益とは、映画製作の上流にいる関係者全員のお腹が満たされるまで、日本の「ビロー・ザ・ライン」には回って来ません。「日本の制作現場で働いている人は、今は我慢してほしい。クールジャパン映画で儲けが出たら、次回からいい報酬を払うからさ」という言葉ほど、あてにならないものはありません。いつ、どこで利益を得るのかという映画ビジネスの「事実」に照らし合わせれば、こうした「おこぼれ」で日本のクリエイティブ産業の空洞化を防ぎ、国内に質のいい雇用を生み、賃金上昇を叶え、ＡＮＥＷの社名が意味するように「日本のエンタテインメントが生まれ変わる」と考えるのは浅はかだとしか言えません。

ただし、もう一つの仮説も考えられるかもしれません。もしも、ＡＮＥＷが支援したハリウッド作品の撮影やポストプロダクション制作が日本で行われた場合、この国で働く多くの「ビロー・ザ・ライン」のクルーが雇われ、経済産業省が語る「一人一人が豊かさを実感」に繋がっていたのではないでしょうか？

しかし、ＡＮＥＷが支援した映画の製作費が日本の制作現場に回ってくる可能性は、極めて低いと考えられます。これについては、日本の漫画を基にしたハリウッド映画化企画『ＡＫＩＲＡ』を例に解説したいと思います。

◆カリフォルニア州の『ＡＫＩＲＡ』誘致への動き

２０１９年４月２日、カリフォルニア州の映画行政支援を行う公的機関であるカリフォルニアフィルムコミッションが、レオナルド・ディカプリオがプロデューサーを務める映画企画『ＡＫＩＲＡ』に１８５０万ドル（20億３５００万円）の「プロダクション・インセンティブ」と呼ばれる政府支援を承認したことを発表しました。続く５月には、映画の公開日が２０２１年５月21日に決まったことも明らかになりました。

企画開発中の『ＡＫＩＲＡ』に対して認められたカリフォルニア州の「プロダクション・インセンティブ」ですが、これは読んで字の如く、映画制作を「誘引」するための政府支援になります。

例えば、カリフォルニア州の場合は「我が州で映画を制作し、我が州の住民の雇用や地元に撮影消費を落とす場合、その費用の一部を助成します」といった趣旨の支援になります。こうした支援が、映画プロデューサーが映画の撮影場所を決める際のインセンティブとして働き、誘致を実現させることができます。

現代の映画プロデューサーにとって、こうした政府支援の利用は、製作を実現するための意思決定の中で最も重要な要素の一つです。逆に言えば、政府支援の質がプロダクションの誘致を大きく左右しています。

ハリウッドがあるカリフォルニア州は、かつては映画、テレビ産業の都として君臨していました。しかし、近年ではニューヨーク州、ルイジアナ州、ニューメキシコ州、ジョージア州など国内の他州だけでなく、カナダ、イギリスなどが潤沢な予算の「プロダクション・インセンティブ」を打ち出し、プロダクション誘致を推し進めてきました。

その結果、これまで当然のようにカリフォルニア州に留まっていた映画やテレビの仕事が、州外に流出するようになりました。これらを指して、カリフォルニアから逃げてしまった企画という意味で「ランナウェイ・プロダクション」(Runaway Productions) と呼ばれています。

カリフォルニア州はこうした流出に歯止めをかけようと、2016年に新しい映画、テレビ産業支援のための法案を通過させ、新制度「The Basics 2.0」を開始しました。

この「The Basics 2.0」とは、2016年から2020年まで継続して映像産業を支援する5年間のプログラムで、それまでカリフォルニア州が設置していた年間1億ドル(110億円)の映画、テレビ産業支援の予算を、約3倍の年間3・3億ドル(363億円)にまで引き上げました。

カリフォルニア州の「プロダクション・インセンティブ」における映画の場合の受給資格は、総制作コストの75%以上をカリフォルニア州内のサービス、商品、賃金に消費すること、もしくは、撮影日数の75%以上をカリフォルニア州で撮影することとなります。そして、助成対象を州内の経済に貢献する制作活動に限定し、映画やテレビプロダクションが州内で消費する商品、サービス、「ビロー・ザ・ライン」の人たちへの賃金に一定率の助成をかけています。

例えば、テレビドラマとインディペンデント映画に対しては、州内の撮影消費経費に25%を税制優遇(Tax Credit)で還元します。スタジオ映画の助成率は20%となっています。また、撮影だけでなく州内で映画音楽の作曲、録音、(75%以上の)ビジュアルエフェクトなどのポストプロダクションを行った場合にも、カリフォルニア州で制作する映画の場合はボーナスとして5％の助成が上乗せになります。

この制度の支援のベクトルは「ビロー・ザ・ライン」コストであり、「アバブ・ザ・ライン」であるハリウッドスターの高額報酬の一定率を税金で支援するようなものではありません。

この新制度の枠組みの中で約20億円を使い、『ＡＫＩＲＡ』の誘致を確定させたカリフォルニア州ですが、申請の際に提出されている撮影計画によると、カリフォルニア州での撮影は71日間を予定しており、映画によりカリフォルニア州に落ちる撮影消費は総額で９２００万ドル（約１０１億円）となっています。

そして、助成対象と認められた地元撮影消費の９２００万ドルのうち４３００万ドル（47億３０００万円）は、地元の制作現場で働く２００人の「ビロー・ザ・ライン」クルーと５００人のエキストラたちの給与所得に回る試算でした。

20億円といえば、ＡＮＥＷの損失とほぼ同額です。カリフォルニア州はこの20億円を呼び水にして１００億円を落とす映画を誘致し、その約半分のお金が産業現場で働く人の給与所得に回る経済を作ったことになります。

◆ロケ地が決まるタイミング

企画開発中の映画の撮影を誘致する、すなわち「グリーンライト」を出させるために、なぜ

「プロダクション・インセンティブ」が必要なのでしょうか。その重要性を理解してもらうために、一般的な映画製作の意思決定の流れを解説したいと思います。

撮影地および制作地の検討
←
ライン予算の精査
←
コストの効率性の精査：インセンティブ制度の有無の確認
←
撮影インフラ準備
←
受け入れ側のクルーの規模、スキルの精査
←
ロケーション、撮影施設の精査
←
為替変動の考慮

←　監督など主要クリエイティブメンバーの意向
←　撮影許可申請や手続きのしやすさの精査
←　現地自治体、フィルムコミッション等の撮影協力の精査
←　滞在環境の精査（ホテル等）
←　治安や安全性の精査

このように、プロデューサーはロケ地決定にかかわる意思決定の早い段階で、「予算」というお金の問題と向き合うことになります。

『ＡＫＩＲＡ』の場合、企画開発中の４月にカリフォルニア州からの支援を決定させ、続いて映画投資の回収の目処とする公開日が決定し、その後に「グリーンライト」が出て制作実現に至る流れになります。

ただ2019年7月16日、当初『AKIRA』の監督として発表されていたタイカ・ワイティティ氏がマーベルの『マイティ・ソー4』を監督するとの報道がありました。報道によると主人公のキャスティングも困難を極めていたようで、加えてマーベル映画の撮影日程が『AKIRA』と被ることから、『AKIRA』の製作は休止となりました。今回の製作休止は資金調達面ではなく、創作の面で必要な人材を確保できなかったことに起因するように思えます。

しかし、「プロダクション・インセンティブ」が企画開発の比較的早い段階に影響を与えていることが、『AKIRA』のケースからわかると思います。

ちなみに、製作が中断したことでカリフォルニア州による助成は執行されなくなったので、今回認められていた予算は別の作品に回されると考えられます。

映画を決まった予算で作り上げるためには、制作地の政府支援の有無を確認することが、大きな予算の映画になればなるほど必須条件になっています。映画監督などの意向よりも早い段階で検討しなければならない要素と言えます。

それがよくわかる例として、前にも触れましたANEWのパートナー企業の一つだったフランスのヨーロッパコープ製作、リュック・ベッソン監督『ヴァレリアン：千の惑星の救世主』のロケ地決定プロセスを見てみましょう。

◆「愛国心では埋められない数字」

ヨーロッパ映画史上最高額、推定1億8000万ドル（198億円）を制作に費やした超大型映画『ヴァレリアン：千の惑星の救世主』はフランスで制作されました。

しかし、この映画のロケ地およびポストプロダクションの制作地を検討している段階では、有力な候補地は「プロダクション・インセンティブ」を受給できるハンガリーでした。ハンガリーも潤沢な政府支援を用意し、映画、アニメなどのプロダクション誘致を推し進めている国です。キアヌ・リーヴス主演の『47RONIN』も同国で日本のセットを作り、撮影されています。

フランス人監督によるフランス製作映画であるのに、外国での制作を検討していた理由は、フランスの政府支援制度にありました。

当時のフランス政府による支援制度の基準規定では、支給対象をフランス語の映画に限定していました。したがって、英語劇である『ヴァレリアン』は支援対象になりませんでした。

この時、監督のリュック・ベッソンはラジオインタビューで次のように語っています。

この映画をフランスで撮るためにはある問題があります。それは、フィルム・インセンティブという政府支援です。私の映画は、英語劇のフランス映画なので、フランスの支援を一切受けられません。私は愛国者で、この映画をフランスで撮影したいと思いますが、政府支援の有無で生まれる1500万ユーロから2000万ユーロ（18・75億円～25億円※1ユーロ＝125円）の差というのは愛国心では埋められない数字になります。

このように、映画製作の意思決定においては、母国の映画産業に製作消費を留めたいという監督の気持ちよりも「プロダクション・インセンティブ」の有無が優先されることになります。世界の様々な国や都市がオファーする「プロダクション・インセンティブ」は、今では映画プロデューサーの資金調達において必要不可欠なものとなっています。

さて、『ヴァレリアン』の製作に関する百数十億円もの撮影消費はどうしてハンガリーに流出することなく、フランスに留まることになったのでしょうか？

『ヴァレリアン』流出の危機を重く見たフランス議会は、プロダクション・インセンティブにかかわる法律を改正します。その結果、フランスの政府支援の受給資格を得た『ヴァレリアン』は2016年、パリを中心に撮影が行われました。

なお、この時の改正によって、ハリウッドの大型作品に対しても最大で30％の税制優遇で還元する制度を作ったフランスは、その後も『ミッション：インポッシブル／フォールアウト』

などを誘致しています。

『ＡＫＩＲＡ』の件を見ても、企画開発中の段階でカリフォルニア州の政府支援の20億円を予算に組み込むことで作品の資金調達が完了でき、企画が「グリーンライト」の状態に近づきました。カリフォルニア州側も、企画開発段階の『ＡＫＩＲＡ』に政府支援の支給を決めたことにより、それがロケ地の意思決定の決め手となっています。

◆『パシフィック・リム』への無意味な表彰

このように各国、各都市の打ち出す政府支援策が、ロケやポストプロダクションの仕事を誘致する国際競争の鍵となっています。一方、日本には自国のビロー・ザ・ラインの雇用や賃金に対して投資を呼び込む「プロダクション・インセンティブ」の制度が存在しません。

有効な政府支援制度がない日本は、多くの場合、検討の初期段階で候補地から外れることになります。映画の「お金」の部分が成立しないため、たとえ監督が日本好きで、日本で撮影したいと要望しても、実現は難しいのが実情です。

昨今の映画製作状況を見ると、日本の知的財産を原作としたハリウッド映画だけでなく、日本を舞台にした多くの外国映画やテレビドラマが外国で制作されています。

最近の映画でいえば、『銃夢』を原作とし、２０１９年に公開された『アリータ：バトル・

エンジェル』があります。この映画は2016年10月から2017年2月まで、テキサス州のオースティンで撮影されました。テキサス州は、州内撮影消費の22・5％を還元するプロダクション・インセンティブを設置しています。

また、『攻殻機動隊』を原作として製作された『ゴースト・イン・ザ・シェル』の主なロケーションはニュージーランドのウェリントンで撮影され、VFXなどのポストプロダクションも同地にある、『ロード・オブ・ザ・リング』や『アバター』などを手がけた世界屈指のVFXスタジオWETA Digitalが担当しました。

ニュージーランドもまた、高い映像技術力だけでなく、地元の撮影消費を最大で20％現金還元（Cash Rebate）する、インセンティブ制度を設置している国になります。また、ニュージーランド経済に大きく貢献すると認められる映画やテレビ企画には追加で5％が助成されます。例えば、巨額製作費を地元の産業現場に落としただけでなく観光インバウンドにおいてもニュージーランド経済に大きく貢献した映画『ホビット』は、追加5％の助成が認められた例になります。

日本を舞台にしたハリウッド映画でいえば、2018年に公開された、『パシフィック・リム』の続編『パシフィック・リム：アップライジング』があります。この作品では、物語の重要な舞台として東京が登場していましたが、当該シーンはオーストラリアのブリスベンで撮影されています。もちろん、オーストラリア連邦政府および、ブリスベン市のあるクィーンズランド州ともに、プロダクション・インセンティブの制度を設置している土地になります。『パシフィック・リム：アップライジング』を誘致した時のブリスベン市長は「『パシフィック・リム』誘致は、映像テクノロジー面の能力向上など地元映像産業の振興や同作品の製作費が生む経済振興に繋がるだけでなく、ブリスベンの国際知名度向上にも貢献するものだ」とコメントしています。

日本政府は２０１３年、日本文化の発信に貢献したとして、ロサンゼルスの領事館にて『パシフィック・リム』のプロデューサーに「クールジャパン表彰」なる表彰状を贈っています。

第1作の『パシフィック・リム』で日本のシーンはカナダにて撮影されています。映画の公開とも何ら関係のない時期に一方的にクールジャパンの貢献に対する表彰をしたところで、世間一般への訴求力はなく、大した意味はないでしょう。続編の撮影が日本で行われることもありませんでした。

２０１９年4月に公開され、これまで世界興行収入の歴代1位だった『アバター』を超えた『アベンジャーズ：エンドゲーム』に登場する日本のシーンは、アメリカのジョージア州で撮影されています。ジョージア州もまた、潤沢な「プロダクション・インセンティブ」制度を設置しており、州内撮影消費の20％を税制優遇で還元し、さらにジョージア州で撮影されたことをプロモーションするロゴを映画に登場させると追加で10%の還元を受けられます。

◆『沈黙』『Minamata』はなぜ日本で撮影されなかったのか

ただし、映画が物語の設定とは異なる都市で、代替して撮られることはよくあります。なので、映画の舞台として日本が敬遠されているとは一概に言えないかもしれません。例えば、ニューヨークの物語がカリフォルニアや東欧で撮影される場合もあります。

先ほど紹介した映画の多くも、日本のシーンは扱いが比較的小さいので、わざわざ日本に来て撮影するよりも、メインロケを行っている土地で日本のセットを組み撮影する方が、撮影日程やコスト面で効率的だったのかもしれません。

しかし、日本のロケ誘致は一部分で日本を舞台とした映画だけでなく、日本に深いゆかりのある物語や、日本の時代劇ですら獲得できていない現状があります。

2016年に公開された遠藤周作原作、巨匠マーティン・スコセッシが監督した『沈黙―サイレンス―』は、江戸時代初期のキリシタン弾圧をテーマとした、戦後日本文学の代表作の映画化です。しかしながら、ロケ地に選ばれたのは台湾でした。カリフォルニア州が『AKIRA』への支援を事前に取り決めたように、この時、台湾政府はロケ誘致に関して政府支援を行う覚書をプロデューサーと交わし、『沈黙』ロケの誘致を確定させました。

同作の推定製作費は５０００万ドル（55億円）です。これを誘致できなかった日本は、産業現場への投資だけでなく、大作映画のロケを受け入れる経験からくる、人材育成のまたとないチャンスをつかめませんでした。『沈黙』はある意味、日本から逃げて行った「ラナウェイ・プロダクション」と言えるかもしれません。

日本を舞台にした映画やテレビドラマの誘致案件が日本から逃げていき、代わりに外国で制作されるということは、日本の映画産業にとって一回きりの経済的損失では済まされません。他国が日本の物語を撮影する実績を築くことは、その国が未来の「日本案件」における、実績に基づく国際競争力を手に入れることを意味するからです。

例えば、ジョニー・デップが主演、プロデュースし、２０２０年2月20日から3月１日まで開催された第70回ベルリン国際映画祭でワールドプレミア上映が行われた映画『Minamata』があります。この映画は、日本の公害病と認定されている「水俣病」の実状を追った写真家ユージン・スミスの物語ですが、２０１９年3月から7週間セルビアでメインロケが行われました。

なぜ日本の水俣病の物語が、一見すると何の関係もなさそうな、遠く離れたセルビアで撮影されるのでしょうか？

実は、セルビアは日本を舞台にするアメリカ映画において、日本の代替地として既に実績を残している国の一つです。同時に、近年は政府で映画産業の振興を推し進めており、2015年8月には国内撮影消費の20%を現金還元する「プロダクション・インセンティブ」制度を開始しています。

2016年に公開されたホラー映画『JUKAI－樹海－』(原題 The Forest)は、富士の樹海を舞台にした物語ですが、日本の設定シーンはセルビアロケで再現されています。

山梨県は富士の樹海で自殺をテーマにした物語が撮影されることが自殺を助長しかねないとの理由でロケを禁止しているので、この映画が日本で撮影されなかった理由は政府支援だけではないと思います。しかし、同作のセルビアロケを報じた海外報道の中には、ロケ誘致のための支援制度を整えたセルビアを紹介するのと対照的に、インセンティブ制度を設けていない日本の支援制度の薄さを指摘する声もありました。

セルビアではその後も、「プロダクション・インセンティブ」の制度が呼び水となりロケ誘致が増えていきました。セルビアのデジタル・クリエイティブ産業を担当する総理大臣補佐官の発表によると、ロケ誘致のためのプロダクション・インセンティブを設置開始した16カ月で、長編映画のみで54%の誘致案件増加となったそうです。2018年には同制度の助成率を20%から25%に引き上げ、さらに高い国際競争力が備わった政府支援制度を施行しています。

こうした日本案件の実績や、行政による政府支援制度の改良の取り組みを経て、今回、セルビアは『Minamata』の誘致成功に至っているのです。

ここに挙げた他にも、日本の設定の映画やテレビドラマが今ではカナダ、ロンドン、ニュージーランド、オーストラリア、ハンガリー、ハワイ、ニューヨークなどでも撮影されています。日本が主な舞台となる映画やテレビドラマの企画でさえも、誘致を成功させるためには政府支援制度を含めた高い国際競争力が必要なのです。

◆『ウルヴァリン』の5億円 vs. 64億円

最近の日本での大型ハリウッドロケ誘致案件に、２０１３年公開の『ウルヴァリン：SAMURAI』があります。この映画は東京の増上寺など都内各所や、広島県の鞆(とも)の浦(うら)などで比較的大きなロケが行われました。この案件を受注した日本の大手映画制作会社の社長は、経産省主催のイベントにて『ウルヴァリン』が日本に落としたお金は約5億円だったと語っています。

一見すると、日本の制作現場に大きな利益がもたらされたと思います。ですが、物語の中の日本シーンの大部分は、オーストラリアのシドニーで撮影されています。この時、『ウルヴァリン：SAMURAI』がオーストラリアの映画産業現場に落とした撮影関連消費は、推定８０００万豪ドル（64億円　※１ドル＝80円）と、日本を遥かに上回る額になっています。

脚本の設定がほぼ日本を舞台にしていた同作品がロケ地を検討していた2011年頃、プロデューサーはメインロケを日本とカナダで行うことを検討していました。しかし、大型ハリウッド作品の誘致案件を何としても獲得したいオーストラリアは、この作品だけのために政府支援の特別措置を用意し、映画を製作する20世紀フォックスと交渉しました。そして、特例となる1280万豪ドル（約10億円）の政府支援を提示し、日本とカナダとの国際競争に勝つ形でロケ誘致を獲得しました。

オーストラリアは、本作品の主演とプロデューサーを務めたヒュー・ジャックマンの母国でもあるので、この点においても有利だったとは考えられます。ただしここでも、ロケ誘致の成功の決め手になったのは、オーストラリア政府が提示した「プロダクション・インセンティブ」だったことに間違いありません。

誘致を確定させた時、ニューサウスウェールズ州の副首相は「『ウルヴァリン』のロケ誘致の成功によって、我が州を拠点とするキャスト、クルー720人と、1200人のエキストラが雇用されます」と誘致による経済効果だけでなく、雇用創出を強調するコメントを出しています。

もし日本が候補地として残っていた選考過程の際に、オーストラリア政府がいち早く動いたのと同様、日本政府が「プロダクション・インセンティブ」のような支援制度を提示できていたら、結果はどうなっていたでしょうか？

20世紀フォックスの撮影所がありインフラ面の整ったシドニーの仕事が全て日本に来ていたとは決して思えませんが、政府支援を引き金に、オーストラリアに流れた64億円の内のいくらかは日本に呼び込むことができたと思います。そして、より多くの日本で活動する俳優、クルー、エキストラに雇用機会が生まれていたことでしょう。

◆Appleがアイルランドを選んだ決め手

ロケ誘致に関しては、受け入れ国の撮影許可など物理的な要因も影響します。では、物理的および地理的制約の影響が少ない、アニメなどのデジタル産業の誘致はどうでしょうか？　アニメやＶＦＸなどのプロダクション誘致もまた「プロダクション・インセンティブ」が大きく影響しています。

２０１８年、Appleがオリジナルコンテンツ製作に乗り出すことを発表しました。この発表からしばらくして、アニメ産業へ進出することも明らかにされました。

この時、同社が第１弾のパートナーに選んだのがアイルランドでした。アイルランドは20年前までアニメ産業自体が存在せず、０からのスタートでしたが、今では国際競争力の高い政府支援の枠組みを整え、国際市場に食い込む産業にまで成長しました。特に子供向けアニメを得意とし、アカデミー賞ノミネート作品なども輩出しています。

　アイルランドは、アニメーターの所得などを直接還元するプロダクション・インセンティブを設置し、アニメ産業振興を続けている国です。２０１８年10月には財務大臣が、２０１９年年度予算案の答弁で、アニメ支援のためのプロダクション・インセンティブを２０２０年から２０２４年まで延長する、４年間の支援プログラムを発表しています。

　同国のアニメ支援を行う公的機関「アイルランド・アニメーション」の理事長は、「新しい政府支援プログラムによってディズニー、Netflix、Amazonなどから多くの投資を地元アニメ産業に呼びせることができる」とも話しています。

　近年、NetflixやAmazonなどのデジタル配信サービス大手は、オリジナルコンテンツ製作に巨額投資を行っています。２０１９年1月18日付の「ヴァラエティ」紙によると、Netflixが２０１８年に行ったコンテンツ投資は１２０億ドル（1兆３２００億円）だったと報道されています。記事中でウォール街のアナリストは、同社のコンテンツ投資は今後も増加し、２０１９年には１５０億ドル（1兆６５００億円）、２０２０年には１７８億ドル（1兆９５８０億円）になると予想しています。

　加えて、ディズニーやAppleなどもデジタル定額配信サービスへの参入を発表しています。これらの企業は、これまでのアニメ製作体系になかった「新しいお金」を使う、いわば「新規顧客」です。

アイルランドが「新規顧客」のAppleを獲得できた背景には、地元に質のよい雇用と賃金をもたらす政策に取り組んだ結果、優秀なアニメ人材が育まれたことが挙げられます。そしてなにより、投資の呼び水となる長期的な政府支援の枠組みを示したことがポイントです。

日本のアニメ産業においては、アニメーターの劣悪な労働環境が問題であると政府が聞き取り調査まで行い、レポートにまとめています。

ところが、なぜか日本では「これからの日本が何で稼ぐのか?」「クリエイティブ産業で稼いでいくんだ」と議論され、幾度となく政府が「文化創造立国」や「文化芸術立国」なる宣言を行う一方、クールジャパン政策などのクリエイティブ産業施策に使われる巨額の税金が、日本の現場で働くアニメーターに向けられることはありません。

◆文化庁の欠陥制度

ただし日本にも、これら諸外国の支援に近い制度は存在しています。2011年に始まった、文化庁所管の「国際共同製作映画支援事業」です。

国際共同製作支援は「クールジャパン推進に関するアクションプラン」の一つに位置付けられていて、日本の企業や個人が関わる国際共同製作の実写映画またはアニメ映画に、最高で5

000万円を助成するものとしてスタートしました。そして、今では製作費の規模によって最高1億円まで助成する制度になっています。

文化庁はこの制度について、次のように説明しています。

> 文化庁では、映画による国際文化交流を推進し、我が国の映画の振興に資するため、国際共同製作による映画の製作活動を支援します。

しかし、私はここで「日本の行政制度の中で他国の支援策に近い」と書きましたが、文化庁のこの制度もまた、国内制作現場を支援するという常識的な認識を欠いた「欠陥制度」となっています。

第一に、文化庁が語る「我が国の映画の振興に資する」という定義に、日本国内のピロー・ザ・ラインで働く人たちへ向けた支援の概念が完全に抜け落ちていることが挙げられます。

これについては、過去の助成金支給例が証拠となります。

2012年の助成金受給作品の一つは、フジテレビが中国と共同製作した『101次求婚』でした。これは、フジテレビが自社の知的財産『101回目のプロポーズ』を中国語で映画化したものです。この『101次求婚』製作にあたり、フジテレビは当時の上限である5000

万円を受給しています。

そして2017年には、KADOKAWAが同じく中国と共同製作した映画『空海 KU-KAI』に対して、1億1000万円の助成金が支給されています。

注目すべきは、この2作品の制作国です。日本の税金が合計で1億5000万円注がれた両作とも、映画は中国で作られています。

世界のあらゆる国の制度設計が自国内での撮影消費を支援資格にしているように、「我が国の映画の振興に資する」と定義する場合、日本国内の産業現場で働く「人」がその恩恵を受けることを大前提に考えなければいけません。

先ほどいくつかの国の制度を紹介しましたが、国際共同製作などの映画産業支援を打ち出している各国や都市の制度は、厳密に自分の国や都市にプロダクション消費を誘引するための「インセンティブ」として設計されています。支援対象も自国のビロー・ザ・ライン、つまり制作現場で働く人たちに支払われる賃金や、撮影関連の商品、サービスへの消費に限定しています。

しかし、文化庁の国際共同製作の場合、支給対象条件は20%以上という海外パートナーの出資比率のみで、国内制作現場の雇用、商品またはサービスへの消費に関する規定はそもそも盛り込まれていません。

また、諸外国の施策では、支援対象はその国の制作現場にいくら以上使わなければならない「最低消費額」が定められていますが、日本の制度の場合はこういった規定もありません。一方であるのは、総製作費が5000万円以上という規定で、つまり製作費が5000万円以下となる小規模映画は助成対象にならない仕組みとなっています。

まとめると、現行の制度上では、外国との出資比率や製作費規模の規定さえ満たせば、先ほどの中国映画のような外国で撮影、制作される映画でも受給資格が得られてしまうのです。

◆「我が国の映画の振興に資する」とは?

例えば、仮に日本の制度がニュージーランドの支援策の最高額と同じ水準の25%に助成率を設定していたとしましょう。この時、『101次求婚』であれば、中国側が日本の制作現場の雇用や関連消費に2億円を、『空海 KU-KAI』であれば4億円を使った場合のみ、5000万円なり1億円なり助成金の支給対象になります。そして、この制度によって2億円ないし4億円のお金が日本の制作現場の経済に回ることになります。

国際共同製作を行う際、プロデューサーは基本的に、撮影国や制作側の国の支援を利用するものです。世界のどこの国の政府支援制度を見ても、文化庁のように「自国の映画産業振興に資する」の定義の根本を理解せず、自国のビロー・ザ・ラインのクルーへの投資を無視し、制作相手国に自国の税金支援を差し出すような制度設計をしているケースはありません。

『１０１次求婚』と『空海 KU-KAI』の2作品は、日本の大企業が出資参加した中国制作の映画という位置付けになります。すなわち、日本のクリエイティブの声を中国に伝える国際共同製作作品でもなければ、日本の制作現場への雇用や撮影消費を呼び込む国際共同製作作品でもありません。これらの作品への助成金の支給は、産業政策の観点からすれば「日本の税金で中国の映画産業の振興を支援した」ことに等しいものです。

さらに言えば、ＡＮＥＷが支援した日本テレビの『藁の楯』と同様に、フジテレビという大企業が５０００万円の助成金を利用しないと『１０１次求婚』の国際共同製作に参加できなかったとは、極めて考えにくいです。

もしかすると、文化庁はこの助成金事業を産業政策ではなく文化政策であると主張し、フジテレビが資本参加する中国映画を通して「国際文化交流の推進がなされた」と説明するかもしれません。

しかし、この５０００万円の助成金で得られる成果とは、フジテレビの映画への出資比率が上がり、中国からの配当を多少多く受け取れる程度のもので、これをもって「我が国の映画の振興に資するための国際共同製作による映画の製作活動」とするのは間違いだと言えるでしょう。

また、文化庁の映画助成金制度ですが、映画で利益が出た場合は収入の一部を国に納付する取り決めになっています。しかし、２０１３年に会計検査院が行った調査によると、文化庁は納付の手続き方法を決めていなかったため、納付実績が全くなく、補助金を出しっぱなしの状態にあったそうです。

一方で、日本と関わりの深い中国映画として、巨匠ジョン・ウーが監督し、チャン・ハンユーと福山雅治がダブル主演した『マンハント』という作品があります。この映画は、高倉健主演の『君よ憤怒の河を渉れ』をリメイクしたもので、大阪を中心に日本で大勢のエキストラが出演する大型ロケが行われました。

映画を観た個人的な感想としては、世界で「ジョン・ウー・アクション」とも呼ばれている演出によって、大阪の街としての魅力や祭りなどの文化が発信されていただけでなく、世界の映画産業界隈に対して、日本のロケ誘致受け入れ能力の可能性を示すことができた作品のように思いました。

『マンハント』の推定製作費は50億円とも言われているので、日本の制作現場に巨額の撮影消費を行い、日本にいるクルーの雇用や経験に繋がっています。よって、こうした映画であれば「我が国の映画の振興に資する」形になっていると言えるでしょう。

実は、この映画の撮影が始まる前に、日本ユニットの担当者から私のところに電話がありました。この担当者は、日本で利用可能な政府支援を探していたのです。もし、この映画に諸外国のようなプロダクション・インセンティブを付けられたら、より多くの消費を日本の制作現場に回すことができたことでしょう。

◆フランス人プロデューサーの失望

文化庁の国際共同製作助成金制度のもう一つの問題点は、映画制作の常識的なプロセスに全く即していない、致命的な制度設計にあります。

文化庁は２０１１年５月に開催されたカンヌ国際映画祭の会場で、この新制度を大々的に世界の映画人に向けて発表しました。

当時、私はフランスのプロデューサーと、ある国際共同製作企画の開発に携わっていました。この作品は、当時はまだ新進でしたが今ではNetflixドラマの主演を数シーズン務めるハリウッド俳優の主演を予定し、その相手役への日本人俳優の起用と日本でのロケを想定していました。

このフランス人プロデューサーは、日本政府が新たな国際共同製作支援策を発表すると聞き、当日、会場でこの発表を聞いていています。しかし、日本の新しい助成金制度の全容が明らかになると、日本への期待は一気に失望へと変わりました。

カンヌでの発表翌月の6月中旬、文化庁は日本でこの新助成金制度の説明会を開きました。しかし、支給への応募開始は日本での制度発表からわずか1週間後。応募締め切りも2週間後と短期間でした。さらにこの制度の支給対象は、その年の予算年度の終わりとなる3月31日までに完成し、試写を行う映画というルールまで課せられていました。

発表からたった1週間後に応募を始めてわずか2週間で締め切るやり方では、どれだけの作品が応募できるでしょうか? さらに、制度初年度で言えば、6月末に応募を開始し中旬に締め切り、そこから採択の発表になると、撮影、録音、編集など映画作りの作業を最長でも9カ月以内に終え、映画を完成させないといけない計算になります。2年目以降のスケジュールでも、5月末からの応募で6月に採択結果の発表となっています。

国際共同製作映画のみならず、時間を要する映画の制作プロセスの常識に照らし合わせても、このような短期間で完成させる必要のある制度では、新規の国際共同製作企画が生まれることは実質的に不可能だと言えます。

つまり、文化庁が語る「我が国の映画の振興に資するため、国際共同製作による映画の製作活動」がほとんど存在しえない本末転倒な制度として設計されており、始まる前から支援施策として全く機能していませんでした。

私も初年度の説明会に出席し、説明後すぐに挙手をして、こうした問題点を指摘しました。

しかし、この時登壇していた文化庁芸術文化課　支援推進室（当時）の職員からは次のような言葉が返ってきました。

「国の制度だから使い勝手が悪いのは当然です」

文化庁が胸を張って「悪くて当然だ」と答えた政府支援制度の「使い勝手」ですが、国際施策においてはこれこそが、産業現場への投資を獲得するために重要な要素なのです。

◆「使い勝手」を改善したポルトガル

これまでも説明してきたとおり、国際共同製作やロケ誘致に対する政府支援制度の「質」と「使い勝手」は、激しい国際競争の中にあります。

例えば、常に国際競争を意識している国では、国際共同製作やロケ誘致の世界情勢を敏感に察知し、適宜に制度を改良してこの分野の振興に取り組んでいます。

２０１８年２月、ポルトガル政府はプロダクション・インセンティブの新制度を発表し、３月に施行しました。

ポルトガルはこの２年前となる２０１６年に、インセンティブ制度を始めて設置していました。当時の制度では、助成資格を得られる作品の最低撮影消費額が１００万ユーロ（１億２５００万円）以上と、対象は比較的大きな作品に限られていました。また、還元方法は税制優遇を使ったもので、その助成率も最高で国内撮影消費の25%となっていました。

しかし、ヨーロッパでは多くの国が政府支援制度を設置しています。

例えばポルトガルのお隣、テレビドラマ史上最高額の製作費を費やしている『ゲーム・オブ・スローンズ』のロケ誘致実績のあるスペインでは、地元消費を最大で20%税制優遇還元し、支給資格となる最低消費も100万ユーロと、ポルトガルとほぼ同じような仕組みの制度を持っています。スペインはこれに加え、スペイン領のカナリア諸島の撮影がさらに優遇されており、そこでの撮影は最大で40%を還元する制度になっています。

そのため、2016年のポルトガルが新たにインセンティブ制度を設置しても、その制度が同国の産業振興にとって特段優位に働くことはありませんでした。

そこで、国際競争力に優れた支援制度を作ってこの分野での国際的な地位を高めようと考えたポルトガルは、税制優遇での還元から現金還元の形式に変更し、さらに助成率を最大で30%に引き上げました。また、最低消費額の規定を100万ユーロから50万ユーロに下げ、スペインなどの他国よりも利便性に優れるように制度の「使い勝手」を改良しました。

このように開始から2年で自国の制度を改善する国がある一方、日本では制度設立の時点から明確な欠陥があろうとも、一度できた制度は「使い勝手が悪いのは当然だ」と、毎年同じことの繰り返しでやり過ごされています。

政府支援制度の国際競争の例をさらに挙げると、東欧地域は先ほど取り上げたハンガリーやセルビアだけでなく、各国が次々と新しい支援制度を打ち出して競っています。

２０１９年２月、ポーランドが地元消費の30％を現金還元するプロダクション・インセンティブを施行しました。この制度は実写のロケ誘致だけでなく、総予算の10％をアニメ誘致に区分し、アニメ制作現場の制作消費獲得を目指しています。

11月にはウクライナが25％を現金還元する制度を作っており、ウクライナ文学など自国のＩＰを扱う作品には５％のボーナス還元が加わり、最大30％の現金還元が受けられる制度になっています。

スロバキアは、２０２０年１月１日より33％を現金還元する制度を施行しています。これらの国より少し前の２０１８年には、ルーマニアが世界でトップクラスの還元率となる35～40％を還元する制度を施行しています。

昨年と一昨年のたった２年間でもこれだけ各国が知恵を絞り、自国の産業現場への制作消費獲得を目指しています。これが、政府支援制度の国際競争情勢のリアルな姿なのです。

国際共同製作などの国際施策とは、「世界のお金」で日本の映画産業を豊かにしようとする試みです。すなわち、その施策は「世界のお金」の意思決定に対して機能するものでなければいけません。

もし、映画製作のお金に関する意思決定や常識的なプロセスを無視して「使い勝手が悪いのは当然」と制度を押し進めても、「世界のお金」側は日本を特別ありがたがることなく、別の国を選ぶだけです。

「質」や「使い勝手」が劣る的外れな政府支援制度は、国際共同製作やロケ誘致市場における日本の国際的地位を低下させることに繋がります。しかし、日本はまるで自分たち以外の国が存在していないかのように、政府制度の国際競争力を無視した的外れな事業を作っています。

国際共同製作支援施策の先にあるべき本来の目的とは、「国際共同製作活動を推進して日本の映画産業を豊かにする」ことであり、文化庁の助成金制度はこの目的を達成するための「手段」であるはずです。

しかし、文化庁の思考では本来の目的達成のために機能していない「手段」を実行すること、自分たちが確保した2億円、3億円という事業予算の執行が「目的化」されており、「該当作品なし」とし予算を国庫に留めるより、日本の税金を外国の制作現場に持ち出すだけのような国際共同製作企画などに予算を使い切ることが施策の成果とされています。

文化庁は２０１８年度より、支援から完成までの期間を2年設ける「2か年助成制度」に制度を変更していますが、日本の産業現場への支援に限定するなどの規定は今も設けられていません。

◆労働搾取を推奨する日本の代表

日本の映像産業政策において、国内で働く人に支援が向かない精神風土は、助成金制度以外にも表れています。日本の国際競争を劣化させる原因には、政府から関連事業を請け負う政府系法人も含まれます。

その一つが、ロケ誘致分野を支援するために作られた特定非営利活動法人、ジャパン・フィルムコミッションです。これは２００９年４月、日本のロケ誘致の代表窓口として設立された組織で、初代の理事長は文化庁出身の寺脇研氏が務めていました。

２０１２年、東京国際映画祭に併設されているテレビ、映画の見本市である「TIFFCOM」にて、経済産業省と映画祭の運営事業を請け負う公益財団法人ユニジャパンが主催する国際共同製作セミナー「日本のインセンティブの未来を考える」が開かれました。

このセミナーは、東京国際映画祭 TIFFCOM に参加している海外映画製作者や日本国内の映画関係者に向け、日本との国際共同製作についてレクチャーするものでした。もちろんセミナーの題名のとおり、未来の日本のインセンティブ制度もメインテーマとなっていました。

都内のホテルの会議場を借りて催(もよお)されたこのイベントには同時通訳が用意され、日本語と英語でレクチャーが行われました。

セミナーの登壇者の中には、ジャパン・フィルムコミッションの副理事長で、その後2019年10月まで理事長を務めた田中まこ氏がいました。彼女は現在、内閣府知的財産戦略本部が組織した映画産業振興のためのタスクフォースや、ロケ撮影の環境改善に関する官民連絡会議のメンバーでもあります。

田中氏は海外の映画製作者たちに向け、日本のロケ誘致のインセンティブとなる特典要素を話し始めたのですが、その説明の中で耳を疑うような発言がありました。まとめると次のとおりです。

●外国とは違い、日本で撮影を行う場合、日本のクルーは週末、深夜、長時間労働に対応が可能
●日本のクルーには残業代がかからない
●エキストラを無償で用意することができるところもある

国のフィルムコミッションの代表が、外国の映画製作者たちに向け、日本で働くビロー・ザ・ラインのクルーへの労働搾取があたかも日本ロケの特典であるかのように説明したわけです。これに対して、私は怒りを覚えました。

私は、そこに集まった外国のフィルムメーカーに違法労働の推奨など誤った認識を持ち帰られては困ると思い、イベントの最後に挙手し、発言の機会を貰いました。そこで、何のソリューション（解決策）にもならない今日のセミナーの議論は間違いであること、日本ロケにおける他の選択肢が必要であれば私に相談して欲しいとの旨を英語で説明しました。セミナー終了後、参加者の数人が私のところに来て名刺交換をし、うち一人の海外の監督とは後日、都内のホテルで打ち合わせも行いました。

実はこのセミナーの以前から、複数の映画産業関係者より、ジャパン・フィルムコミッションが海外のプロモーション事業においても無償残業の提供を吹聴していると聞いていました。

当該の発言は、世界のフィルムコミッションなどが集まり自国のロケ誘致を宣伝する国際イベント「ロサンゼルス・ロケーション・ショー」であったとされています。

国のフィルムコミッションが、プロダクション誘致において第一に考えるべき自国の産業現場を蔑ろにし、違法労働を強いることを奨励するプロモーションを行っているとはにわかに信じられませんでした。しかし、私はこのセミナーで、そうした内容が事実であったことを自分の耳で確認することになりました。

◆マーベル映画と韓国映画の違い

さて、ジャパン・フィルムコミッションによるありえないプロモーションについて解説してみます。

第一に、果たして海外の映画やテレビプロデューサーが、クルーの深夜、長時間労働への対応、無償残業という労働搾取に魅力を感じ、日本で撮影する動機となりうるのでしょうか？

答えはもちろんＮＯです。

日本のクリエイティブ産業では、「安全」や「リスク管理」は安価なものと扱われがちです。しかし、特にハリウッドプロダクションなどの製作体制においては、ロケ地となる現地の法令遵守は当然のこと、プロダクション運営における安全やリスク管理はお金を使うべき高価なものであると認識されています。

ジャパン・フィルムコミッションが約束する、違法に安くこき使える労働力の提供など、海外のプロデューサーにとっては代償を伴う「リスク」としか思われません。

例えば韓国は、ディズニーの大ヒット映画『アベンジャーズ』の第2弾作品『アベンジャーズ：エイジ・オブ・ウルトロン』の一部ロケを誘致しています。韓国ユニットのプロデューサーを務めたイ・ジスン氏は、２０１５年5月28日に掲載された韓国映画振興委員会（KOFIC）

広報のインタビュー記事の中で、ディズニーの撮影体制を次のように説明しています。

質問：マーベル映画の撮影と韓国映画の撮影の違いは何ですか？

イ・ジスン：マーベル映画は、起こりうることを検証し、全ての可能性にバックアップの計画を立てているところです。また、安全管理について大変注意していました。撮影現場には、消防車、消防隊員、安全の専門家、救急車、看護師の帯同を要求し、補償を完全にカバーする撮影保険の加入も欠かしませんでした。最近になって、韓国映画でもようやく撮影クルーと労働契約書を交わすようになりましたが、もちろん『アベンジャーズ』ではクルー全員と契約書を交わし、保険の補償も確約しました。また、きっちり残業代も払います。安全管理の徹底ぶりの経験は、安全への重要性を意識してこなかった韓国映画が学ぶ点でもありました。

イ・ジスン氏によると、ディズニーは韓国のクルー全員と労働契約を交わし、保険をかけるなど「安全」に細心の注意を払っていることがわかります。もちろん、残業が発生すれば残業代も支払っていると語っています。

このような相手に対し、仮に日本のフィルムコミッションが自国クルーの無償残業の提供をオファーしたら、どうなるでしょうか。ディズニーの法務は、何か事故があっても現地任せの自己責任にすることはありませんし、違法に安くこき使える労働力の提供を甘んじて受け入れるはずもないことがわかります。

立地的には日本のロケ誘致の主な競争相手となる韓国ですが、ジャパン・フィルムコミッションが海外で無償残業を吹聴しているころから、自国製作費の20%を現金還元するロケ誘致のインセンティブを海外に売り込んでいました。そして、今では25%を還元する制度に改良し、誘致を推進しています。

韓国はその後も、アカデミー賞の最優秀作品賞ほか6部門にノミネートされたマーベル作品『ブラックパンサー』を誘致していて、今ではマーベル映画の撮影地の常連国となりつつあり、世界のロケ誘致市場での存在感が増しています。

◆雇用と税収で効果を示すイギリス

第二に、受け入れ国の日本が労働搾取を提供することでロケ誘致が成り立ったとしても、それに一体何の意味があるでしょうか？

ロケ誘致を推進している世界の全ての国において、ロケ誘致とはクリエイティブ産業に対する振興策と位置付けられており、その政策成果は獲得した撮影消費（Production Spendings）

と産業雇用の指数で語られています。

例えば、本章の始めの方でも取り上げたブリティッシュ・フィルム・インスティチュートは毎年、クリエイティブ産業支援とその成果についての統計を発表しています。

そこには、政府支援への税金拠出額に対し、イギリスのテレビ、映画、アニメ、ゲームの制作現場に、いくらの直接製作消費が誘致され、その経済で何人の雇用が支援され、さらには映像産業がいくらの税収を生み出したかまで、数字で示されています。

２０１８年10月に発表された報告書を見てみると、２０１６年度、映画、高予算テレビドラマ、アニメ、ゲーム、子供向け番組の５分野へ行った政府施策を呼び水としてイギリスの制作現場に31億６０００万ポンド（４５８２億円）の直接製作消費がもたらされました。また、政府支援によって誘発された５分野の雇用はフルタイム当量で13万７３４０だったとまとめられています。

また、この年、税金１ポンドの拠出当たりに呼び込まれた製作消費は、映画支援の場合で７・69ポンド、高予算テレビドラマ支援で６・10ポンド、アニメは４・44ポンド、ビデオゲーム制作支援で４ポンドとまとめられています。日本円で換算すると、１００円の税金拠出によって４～８倍程度のお金が制作現場の経済に回り、働いている人の所得などに繋がったことになります。

一方で、日本でしばしばこう呼ばれている「コンテンツ政策」は、クリエイティブ産業を「産業」とみなしていません。コンテンツ政策はあくまでもクールジャパンなどの日本を発信するためのツールに過ぎず、そのコンテンツがどう作られていようが関係ないという精神風土のように思えます。

具体例を挙げましょう。経産省が2016年の8月に発表した資料「平成29年度経済産業政策の重点」によると、クリエイティブ産業施策はあくまでも「世界レベルの観光産業確立に向けた取組強化」という政策の一環である位置付けとなっており、あくまでも観光インバウンドを獲得するための「観光振興策」でしかありません。

こうした政策では、再三のように「ロケツーリズム」「アニメツーリズム」などの言葉が飛び交います。ですが、ロケ誘致支援やアニメ支援が、産業現場の経済に流れた直接製作消費や雇用の指数で語られることは一切ありません。

国の目標であるロケツーリズムを実現するために、日本の撮影現場で働く人には長時間労働、深夜労働、無償残業を強要し、アニメツーリズムを実現するためにアニメーターは劣悪な労働環境で働けと言っているような国の態度では、この国のクリエイティブ産業に未来はありません。クールジャパンを達成するためのロケ誘致で自国民を犠牲にする国の政策は、全くの誤りです。

以前、私はチェコ共和国にあるヨーロッパ最古の撮影所「バランドフスタジオ」を視察したことがあります。そこで、運営のトップの方からある話を聞きました。

このスタジオは『ナルニア国物語』などを手がけるなど、優秀なクルーを抱えることで有名な老舗（しにせ）の撮影所ですが、リーマンショック後の不景気で従業員を解雇せざるをえない状況に見舞われました。その後、景気が回復した時に一番困難だったことは、一度絶えてしまった「産業現場の人」を甦らせることだったそうです。

これは万国共通の法則だと思います。国の代表組織が自国のクルーを安くこき使えると宣伝すれば、この産業で働く人は絶えます。その時、日本のクリエイティブ産業は本当の危機に陥るでしょう。

ちなみに、ロケ誘致に関しては内閣府も取り組んでおり、2019年4月22日には「我が国のロケ撮影の環境改善に向けた取組の現状について」という報告書を発表しています。

また内閣府は、2018年度第二次補正予算にて「地域経済の振興等に資する外国映画ロケーションに関する実証調査」の事業に1億8000万円の予算を要求しています。

この事業の目的として「外国人への訴求力を有するような海外作品を誘致するための実証調査を実施」という内容の言葉が記されており、ここでもロケ誘致は国内のクリエイティブ産業振興のための産業政策ではなく、観光インバウンドのためのツールとしか考えられていないことがわかります。

これもクールジャパン政策を象徴するような一例です。日本で働く人を無視したマインドが政府内に蔓延（まんえん）しているからこそ、日本のクルーに無償残業を強いることでロケ誘致を達成しようと考える組織が作られてしまっているのだと思います。

◆1件だけの「データベース」

また、ここまで挙げてきたような日本の組織における問題は、特定省庁の補助金の受け皿となる法人が一度作られてしまうと、決して潰すことができないところにもあります。

私は、自国の映画産業振興のために全く機能していないジャパン・フィルムコミッションについて、国土交通省の職員に相談したことがあります。同組織の設立にも携わったこの職員は、「ジャパン・フィルムコミッションは、目的が明確でないまま設立された」と説明していました。

このように目的もないまま事業費を流す組織だけが作られると、その後全く機能しないだけでは済みません。日本の国際的地位を貶（おとし）めるようなプロモーションをしても、組織の運営費を賄うために毎年のように無駄な委託事業が作られていきます。

例えばその一つに、日本のロケ地を国内外に紹介する文化庁の「ロケーションデータベース」事業があります。

2015年に発表された「平成26年度文化庁行政レビュー」によると、このロケーションデータベースの運営予算は2100万円となっており、うち800万円をジャパン・フィルムコミッションに委託しています。そして、その後も毎年のように、ジャパン・フィルムコミッションが800万円の事業を受託しています。

しかし、日本のロケ地をプロモーションすると作られたこのデータベースですが、少なくとも2015年12月にウェブサイトが更新されてから2019年4月30日時点まで、東京のロケ地を紹介するページには東京都庁舎の一項目しか掲載されていませんでした。ここ数年、あまり更新が見られないウェブサイトの運営に、毎年千数百万〜二千数百万円もの税金が費やされているわけです。

惰性(だせい)で続けているようなデータベースを、海外の映画プロデューサーたちが日本ロケを検討する際の参考にしているとは到底思えません。そして何より、こうしたデータベースを、日本の産業現場の労働搾取を海外に売りこむような組織が受託、運営しているのです。

ところが、2019年度にはロケーションデータベース事業の強化が叫ばれました。その結果、「2019年度文化庁概算要求の概要」の資料によると、文化庁はロケーションデータベース事業に対して18年度の1600万円を遥かに上回る、1億円を要求しています。

その事業内容は「各地のフィルムコミッションが持っている情報をインターネット上に集約したデータベースを運営し、国内外へ情報提供するほか、全国のフィルムコミッションの機能強化を図り、日本国内での映画製作活動を活性化する」とあり、公募前からジャパン・フィルムコミッションに当てた事業のように思えます。

日本のロケ誘致が弱いのは決して、年間1億円のデータベースがないからではありません。ロケ地の意思決定に対して働く政府施策がないことと、受け入れ国のクルーの重要性を理解していないことが一番の原因と言えます。

2019年度予算によって施行された「全国ロケーションデータベースの利用促進等業務」の実施状況を調べたところ、私の予想どおりジャパンフィルムコミッションが特定非営利活動法人映像産業振興機構（VIPO）と組んだコンソーシアムが受託していました。

この映像産業振興機構については後で詳しく触れますが、日本のクリエイティブ産業振興を目的とした公共事業を執り行うには極めて問題がある組織だと、私は捉えています。

ちなみに、本事業の事業費は当概算要求資料にあった1億円を大きく下回る2800万円でした。これについて文化庁職員は「端的に申しますと、要求した予算がつかなかった」と説明しました。

本事業を受けてか、その後、東京都の撮影スポットが4件追加されました。ただし、追加された中央区銀座、新宿の夜景、隅田川、ビルの上から見た複数区の街の俯瞰といったロケ地は、街の外観撮影に用途が絞られるようなものばかりで、映画、ドラマの撮影においては実用性に乏しい印象を受けます。

この2019年度の事業の成果を踏まえても、日本が2019年12月31日までの数年間で構築した東京都のデータベースがたった5件だったという結果は、無駄の多いお粗末な事業であると指摘せざるを得ません。

◆失敗の経験すら消えてしまう

この章では、日本の映画産業政策の総合的な問題の一例として、文化庁の国際共同製作助成金制度と、ジャパン・フィルムコミッションの話を挙げました。

こうした現在の日本を覆う状況もあいまって、経産省の「ＡＮＥＷ設立の打診」のロジックには無理があり、その結果がどう転んでいても、国民に表明していた「一人一人が豊かさを実感」することに繋がる余地はなかったと言えます。

しかし、産業政策の重大な誤りが結果として鮮明に露呈された後も、ＡＮＥＷに対する経産省の総括は「問題はなかった」との見解で完結しています。

本来、前例の産業政策の失敗などはきちんと検証され、それも国の財産とすべきです。その政策が結果的にどうだったのか、そこからどういう教訓が得られたのか、それをどう次に活かすのか、国全体として産業政策を改善していく風土が必要だと考えます。

しかし、国は自分たちの責任逃れのために適切な総括から逃避し、途方もない言い訳を積み重ね「政策は問題ない」という官僚制度の事なかれ主義を貫いています。これにより、この国には蓄積されるべき「失敗の経験の財産」すら消失してしまっています。

次章では、この分野の施策を改善していくために、事実を歪めた経産省の「問題なし」の総括が、事実に基づく根拠を伴わない「偽り」であることを示したいと思います。

第5章
無責任すぎる経産省の総括

◆クールジャパンの責任逃れ文化

旧産活法が改正された後の現行法である産業競争強化法第１０１条第１項には、産業革新機構が支援決定を行う時に大臣が意見を述べるのと同様に、投資案件の株式の処分に際して経産大臣が意見を述べることが定められています。

ＡＮＥＷの株式がただ同然で処分された際にも、当時の世耕経産大臣は次のような意見を述べています。

本件の課題を踏まえ、支援案件全体としての収益性の確保に努められたい
（平成29年5月29日20170518経第8号　株式会社産業革新機構の処分決定について）

経産省は日本のクリエイティブ産業の現場で働く人には一向に機能しない政策を実行し、今回のＡＮＥＷの惨状を招きました。

また、ＡＮＥＷ設立の打診を産業革新機構との密談で行い、政策遂行にあたっては、財務省が「本来やってはいけないはず」との見解を示した不適切な経営体制について、筋の通らない記載で法律に基づく評価報告書を作成し、適正なチェック体制があるかのように不都合な事実

経済産業省

２０１７０５１８経第８号
平成２９年５月２９日

株式会社産業革新機構
代表取締役社長　勝又　幹英　殿

経済産業大臣　世耕　弘成

株式会社産業革新機構の処分決定について

平成２９年５月１８日付けをもって意見照会のあった株式会社産業革新機構が保有する株式会社Ａｌｌ　Ｎｉｐｐｏｎ　Ｅｎｔｅｒｔａｉｎｍｅｎｔ　Ｗｏｒｋｓの株式の処分については、産業競争力強化法（平成２５年法律第９８号）第１０１条第１項の規定に基づき、下記のとおり意見を述べます。

記

本案件の課題を踏まえ、支援案件全体としての収益性の確保に努められたい。

世耕大臣の意見が述べられた文書

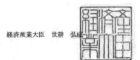

を隠していました。

さらに、こちらも法律に定められた支援基準の将来見通しが早々に破綻すると、今度は契約すら存在していない映画企画を元に、国会でありもしない収益化の目処を語るなどし、早々に立ち行かなくなっていたＡＮＥＷの経営実態を覆い隠しています。

このような筋の通らない官製映画会社ＡＮＥＷの株式処分ですが、所管大臣の意見は簡易な一文で幕引きとなっています。法律に則り、大臣意見を出す手続きを形式的には踏んでいますが、失敗の財産としてすら価値のない陳腐な意見の公表をもって、国民に何を説明しているつもりなのでしょうか？　そもそも、そんなＡＮＥＷに投じられ、ほぼ全損した22億２０００万円もの公的資金は、本当に適正な投資だったのでしょうか？

前にも登場した日本維新の会の清水議員は、特にＡＮＥＷに対する11億２０００万円もの２回目の追加投資を問題視し、２０１８年６月26日、国会で国の見解を問う質問を行っています。

この質問に対する経産省の見解は、次のとおりです。

（1）産業革新機構から株式会社 All Nippon Entertainment Works に対する出資については、当時の産業活力再生特別措置法の30条の25に基づき、支援基準に従って、社会的ニーズへの対応、成長性、革新性の観点から産業革新機構が評価し出資決定したものと認識。

（2）追加出資が行われた平成26年当時、株式会社All Nippon Entertainment Worksでは、平成24年に企画開発が始まった1本に加えて3本の企画開発が行われており、追加出資後の平成27年にも新たに3本の企画開発が開始したものと承知。

（3）また、一般論として申し上げれば、映画の海外におけるリメイクを行うための企画開発に当たっては、企画立案や関係者の権利関係の調整のほか、上映先の市場に合わせた脚本の制作などに、相当程度の年月を有するものと認識。（したがって、平成26年の追加出資当時、平成24年の第1号案件でさえ、その企画開発の評価を行うには、時期尚早だったものと推察。）

（4）いずれにせよ、産業革新機構は、民間ファンドがリスクを取りにくい案件を中心に投資を行っており、個別の投資が失敗に終わったからといって、直ちに投資が不適切であったということにはならないと考えている。

（5）産業革新機構の投資については、リスクの程度等が異なる様々な案件の組み合わせで、全体としての収益を確保することを目指しており、平成30年1月末現在で投資額の2・2倍の回収を行っており、機構全体の収支はプラスを維持している。

（平成30年6月26日　清水議員の質問3に対する答弁資料）

これらの見解を見ると、責任を問われた国が、再び事実を大きく捻じ曲げる荒唐無稽（こうとうむけい）な言い逃れを展開し、「投資は適正だった」と結論づけていることが指摘できます。

私の印象では、経産省はその時々で責任逃れのための嘘やでたらめの答弁を繰り返しているため、今では自分たちでも何が真実かわからなくなっているようにみえます。ここでも、責任が及ばぬよう練りに練った回答を用意したように思われますが、いずれの理由にも、事実に基づく合理的な根拠は伴っていません。

経産省の見解の最大の問題点は、なぜＡＮＥＷは失敗したかを理解していないことにあります。この時、国会答弁に立った経済産業省吉田審議官は、次のような説明を行っています。

一般論として申し上げますと、映画の海外におけるリメークの企画開発、やはりどうしても時間が掛かるということがございますので、そういう点も考慮しなければならないかと思っております。

（内閣委員会会議録第二十一号　平成三十年六月二十六日）

そして、こうも続けました。

同社は全体で七本の、産業革新機構が出資している間に七本の企画開発を行っておりますが、やはり権利処理の、あるいは整理ということに時間が掛かりまして、そのうち共同開発契約を締結した第一号というのが二十八年十月ということで、やっと一本出た状況でございます。そういう形で一つの成果が上がった段階で産業革新機構としてはエグジットをする判断をしたということかと思っております。

（同右）

このように、吉田氏は映画製作の一般論において、著作権の処理と整理に時間がかかることから、ＡＮＥＷの7作品が何一つ実現しなかった結果はやむをえないものだったと説明しています。

しかし、ＡＮＥＷの映画企画が開発の初期段階から進展せず、資金調達が未達成に終わり撮影にすら至らなかったという失敗の事実と、著作者人格権等の権利処理や整理に時間が掛かったという理由との間には、何ら因果関係はありません。

◆ごまかしの「著作権処理と整理」

なぜ「権利処理と整理」は「映画企画開発に時間が掛かる」ことの理由にならないのか。それには、映画化権契約の基本条項が関係しています。

海外映画化権では、契約に記載してある取り決めが全てとなります。よって、契約の段階で想定される、あらゆる条件を文面化してまとめる必要があります。

第3章（◆1円の投資も生んでない）にて記したとおり、経済産業省メディア・コンテンツ課課長補佐の説明では、ＡＮＥＷは知的財産所有者である日本側の企業7社に映画化権料を支払っていることになっています。つまり、映画化権という知的財産がこれらの企業からＡＮＥＷに移動し、その代わりにＡＮＥＷが日本の企業へ金銭を支払っています。そうなると、当事者間には映画化に関する契約が存在していると考えるのが当たり前です。

通常、映画プロデューサーが知的財産の所有者と結ぶ映画化権契約には、「表明、保証および補償の条項」（REPRESENTATIONS, WARRANTIES AND INDEMNITY）という誓約条項が含まれます。

この条項は、映画化のために購入する知的財産が確かにオリジナルのもので、他の知的財産を侵害していないことを表明し、保証させるだけでなく、契約を締結するにあたり契約相手が確かに本契約を締結できる全権を有している事実も表明、保証させる取り決めになります。

加えて、この条項には「補償」という言葉が付いています。これは、契約相手の表明と保証が事実でなかった場合、そのことによって生ずる損害を知的財産所有者側が補償することを誓約させる条文になります。

この条項のポイントは、「契約締結をできる全権」の部分です。

例えば、もし映画プロデューサーや映画製作会社が「映画化権」を購入したものの、契約を交わした相手以外の第三者が映画化権に関わる権利を所有している、もしくはその第三者との合意が取れていない、または契約相手が契約を全権にわたって締結できる立場にない場合、映画化権契約の効力が及ばない部分に紛争が生じ、それが映画製作の進行や映画の公開に支障を来たし、映画プロデューサーの正当な利益を損うおそれがあります。

映画プロデューサーはこういった問題が起こらないよう、契約相手側が契約にあたり全権を有していることを誓約させると同時に、契約違反によって損害が発生した場合、それを契約相手に補償させる条項を契約書に盛り込み、不備のない契約を締結するのが極めて初歩的な常識になります。

ＡＮＥＷが発表した「ハリウッド映画化」の場合も当然、契約相手となる東映アニメーション、フィールズ、松竹、ウィルコ、幻冬舎、日本テレビ、バンダイナムコピクチャーズの各社と、この誓約条項を結んでいることが前提になければなりません。

つまり、ＡＮＥＷの７作品は企画への着手が開始された時点で、各社が契約締結にかかる全権を持っていることを保証し、契約締結されていることを意味します。企画開発着手の事後になって「権利処理と整理」が発生することは、契約法務上あってはならないことなのです。

仮に吉田氏の説明が、ＡＮＥＷは一定期間内に20本程度の作品の企画開発を行う計画だったのに対し、映画化権契約を締結する前段階の権利整理が整っていない、いわば「売れる状態」にない知的財産が多かったため予定より少ない７本しか着手できなかったというものであれば、これは正当な理由になりえるでしょう。

しかし、単にＡＮＥＷが資金を集められるだけの脚本制作や、監督や主演俳優のキャスティングなどの映画企画ができなかった事実に対し、企画開発着手の「前」の要素である「権利処理と整理」を持ち出し、「一般論では映画企画が進展しなかったのはやむをえない」とする吉田氏の答弁は、著しく正確性を欠きます。

そもそも「著作権処理と整理」とは、ＡＮＥＷと契約を締結した日本側の企業と、著作者など第三者の権利者とが取りまとめるものであり、ＡＮＥＷが法外なコストと時間をかけて何かしらの業務を行う性質のものですらありません。

◆著作者人格権の主体

例えば、吉田氏は先ほどの清水議員とのやりとりで、次のように発言しています。

この権利処理におきましては、既存作品の原作者とか脚本家における著作権、著作者人格権の権利処理が必要になりますので（以下略）

ここで吉田氏が挙げている「著作者人格権」ですが、この権利の主体は知的財産所有者ではなく、あくまでも著作者になります。日本テレビとの企画『藁の楯』の場合、著作者人格権は日本テレビではなく、小説の著作者である木内一裕氏に帰属します。

したがって、日本テレビがＡＮＥＷと映画化権の契約にかかわる全権を有すると表明、保証するためには、同社が木内氏との間で契約、もしくは合意を得てこれをクリアにしている必要があります。

日本テレビは過去に同作の日本語版を映画化していますので、この契約の際に英語劇リメイクを作る「独占的後続プロダクション製作権」等の取り決めをしていれば、それに基づいて「英語リメイク権」を保有していることになりますので、ＡＮＥＷとハリウッド映画化権の契約を締結することができます。

もし、日本テレビが日本語版の映画化権の契約をした際に、「独占的後続プロダクション製作権」条項が盛り込まれていなかった場合、もしくはその権利を行使していなかった場合、あるいは木内氏との合意のないまま日本テレビがＡＮＥＷと契約していた場合はトラブルが発生するおそれがあります。ただし、それはＡＮＥＷと契約を締結する前に、日本テレビと木内氏の間で解決すべき問題となります。

仮の話ですが、木内氏の合意がないまま日本テレビが英語版の映画化権契約を締結した結果、ＡＮＥＷの英語版『藁の楯』の製作に支障を来す紛争が発生した場合、日本テレビが契約締結できる「全権」を有していなかったことになるので、ＡＮＥＷは同社に対して賠償を請求できます。

また、もし日本テレビが英語劇の映画化権の権利を有していない場合、日本テレビが購入した日本語版映画化権はＡＮＥＷがこれから作る英語版の製作権には干渉しないため、ＡＮＥＷは「英語版映画化権」について、木内氏と直接契約することもできます。

私は、アメリカの著作者が持つ知的財産の映画化権の交渉を複数経験し、実際に私の会社でも映画化権を購入したことがあります。私の経験したケースでは、映画化権の契約相手はいずれも著作者本人で、その交渉窓口として著作者の代理人である映像化権専門エージェント、もしくはエンタテインメント専門の弁護士がいました。

映画化したい原作の著作物が本である場合、著作者は出版権と映像化権を分けた契約をしていることが多く、出版権しか持たない出版社などは、映像化権を契約できる全権を有する立場にないのです。

例えば、私が購入したアメリカの児童文学の場合、まずは本の出版元に問い合わせをしました。すると、その出版社から著者のエージェントに連絡するように言われました。

続いてそのエージェントに連絡を取ったのですが、この人は出版契約の権利を専門とする代理人で、映像化権については専門外でした。著作者の利益を最大化するための契約について交渉することができないという理由から、最終的に私との交渉に当たったのが、ハリウッドの準大手エージェント会社でした。

著作者は当然「映画化権」の契約締結に係る全権を有していますので、本人との契約であれば「権利処理や整理」が問題になることは特段ありません。

◆『DRAGONBALL EVOLUTION』のトラウマ

また、映画化権の契約において著作者人格権が影響する大きな部分に、「同一性保持権」が挙げられます。この同一性保持権とは、原作の内容などを著作者の意に反して勝手に改変されない権利になります。

ただし、多くのハリウッド実写映画化などの発表を見ると、しばしば「フィルム・アダプテーション」（Film Adaptation）という言葉が使われています。これは、映画プロデューサーが原作を翻案し、映画という別の創作物を作ることを意味します。

映画プロデューサーとは、映画の企画立案から、創作、収支までの責任を負う存在です。また、映画プロデューサーが映画化権を購入したいと考える時には、その物語をどう解釈し、それを2時間余りの映像でどう伝えるかの構想まで持ち合わせているのが一般的です。さらに言うと、「映画化」とは創作的にもビジネス的にも、必ずしも原作そのままの構成やキャラクターで実写化すれば成り立つものでもありません。

「映画化」とは基本的に、その物語を解釈するプロデューサーや監督のビジョンによって翻案された、原作とは別の創作物と考えていいと思います。

したがって、映画化権の契約では、映画プロデューサー側が原作のタイトルからキャラクター、ストーリーライン、プロットに及ぶ内容を翻案できる権利を条文に盛り込む場合があります。

もちろん、翻案を嫌う著作者もいるかと思います。これについては、日本では特に『ドラゴンボール』のハリウッド実写化として２００９年に公開された『DRAGONBALL

EVOLUTION』のトラウマが根強く影響していると思います。

以前、集英社の関係者が「鳥山先生は、二度と実写映像化の許可は出さないと思う」と話したのを聞いたことがあります。いくら映画は別の創作物と考えるといっても、『ドラゴンボール』は日本の知的財産のハリウッド映画化において、著作者の意に反する翻案が発生した事例に当たる作品だったように思えます。

このような作品もあることは事実ですが、映画の収支等に責任を持つ立場でない原作の著作者に、脚本の承認権など創作にかかわる最終意思決定の権利を契約で認めさせるケースは、私は聞いたことがありません。

映画プロデューサーは制作した脚本を元に、主演俳優や監督の確約をとりつけたり、資金調達を完了したりする必要があります。このようなアジェンダを達成するためにプロデューサーは創作をコントロールする必要があるのですが、映画の専門ではない著作者の意向をその都度汲んでいたら、映画製作の実現そのものが叶わなくなるおそれがあります。

とはいえ、映画プロデューサーが翻案する映画脚本が優れたものでなければ、そもそも映画企画に資金が集まる可能性も低いでしょう。この場合、前述で説明した「権利の帰還」条項などを定めておけば、一度売った映画化権でも一定期間を経て著作者に権利が戻ってくるので、創作面ではなく契約面から著作者の権利を守ることができます。

また、仮に不出来な映画が作られ興行的にも成功しなかった場合、「続編」に資金が集まる可能性は極めて低いと考えられます。「独占的後続プロダクション製作権」等の取り決めを契約で結んでおけば、権利の失効をもって、「映画化権」は再び著作者の元に戻されることになります。

何度も言いますが、知的財産とは活用されて初めて富を生むものです。映画が作られなければ、そもそも著作者に富をもたらすことはなく、議論は取らぬ狸の皮算用となります。

ですので、どうしても著作者が映画の創作において防衛策をとりたいのであれば、創作のコントロールではなく、権利の帰還などの契約条項によって自己の知的財産を守る方が賢明だと、個人的には思います。

私が交渉したハリウッドエージェントやエンタテインメントを専門とする弁護士らの場合、いずれのケースにおいても、映画化権の購入に際して企画書の提出など創作面で問われることは一切ありませんでした。ここでの話し合いのメインは、様々な形で想定される著作者の収益の利益参加を何パーセントにするか等、数字のせめぎ合いでした。

もし著作者が映画化での翻案を嫌うのであれば、その時は保持されるべき条件を書面化し、契約を結ぶ「前」に取り決める必要があるかと思います。

あるいは、どうしても原作の著作者が、自分で思い描く映画化しか認められないのであれば、他人に映画化権を譲渡するのではなく、自身の手で映画化するしか解決策はないように思えます。

◆製作のコントロール

「権利処理や整理に時間が掛かった」ことがANEWの失敗の理由になりえない、もう一つの根拠があります。それは、公的資金投資を引き出している最中のANEWの説明です。

この頃のANEW経営者が語っていたことは、吉田氏の「ハリウッド映画開発に時間が掛かるのはやむをえない」というような言葉とは相反する、「時間が掛からないハリウッド映画製作」でした。

経産省の伊吹氏と共に出席したコンテンツ強化専門調査会における、ANEW黒川裕介最高執行責任者による、次の発言が記録されています。

おっしゃるとおり、一般的には日本の作品の権利をあちら側に、アメリカのプロデューサーにお渡ししている形になっておりますので、そうするとそのスピードのコントロールも含めてアメリカの方々、普通に考えられても買った方々というのはしようがないかとは思いますが、そちら側にコントロールされている。ここも私たちの方で当然コントロールしますし、今回、産業革新機構さんからキャパシティ、ケイパビリティとしていただいておりますのは、最悪、自分たちで全てを100%リードすることができるような投資あるいはコントロール力ですね。勿論私たちとしてはなるべく実現させるためにパートナーとしてのアメリカの制作会社さんを必要とはしております。ただし、最終的にはそれがいなくても自分たちでもつくるということで、ここのスピードアップ、コントロール力も図れるかと存じております。

（「コンテンツ強化専門調査会〈知的財産推進計画2012策定に向けた検討　第10回〉議事録」　2012年5月15日　首相官邸HP）

このように、少なくとも2012年には「時間が掛からないハリウッド映画製作の実現が可能」と語っていることからも、当時のANEWには「一般論では著作権処理と整理にどうしても時間が掛かる」という理由すら存在していなかったことがわかります。

過去に「時間が掛からないハリウッド映画作り」を説明していたにもかかわらず、2018年になり吉田氏は「一般論では時間が掛かるのはやむをえない」と矛盾する後付けの理由で、同社の失敗の妥当性を説明していることになります。国の見解に一切合理的な理由が備わっていないことは明白です。

◆駆け込み発表による追加投資

ＡＮＥＷは設立後１年２カ月もの間、何の目立った活動も見られませんでした。

２０１２年12月に第１弾の『ガイキング』を発表しましたが、第２弾作品の『ソウルリヴァイヴァー』が発表されたのはさらに１年７カ月後の２０１４年７月なので、ＡＮＥＷの経営が始まって２年９カ月もの間、『ガイキング』のみが唯一の成果でした。

とはいえこれも、クールジャパンの成功を装うための嘘で塗り固められたものかつ、アメリカ主導の企画へ後乗りしたものだったと考えられるのは、既に述べたとおりです。

しかし、この虚構の投資運用実績のみを根拠に２０１４年11月、ＡＮＥＷへ２回目の11億２０００万円となる追加出資が実行されました。

「◆クールジャパンの責任逃れ文化」にて記した経産省の見解（２）のとおり、国会で追加投資の妥当性について質問を受けた吉田氏の答弁資料には、「この時ＡＮＥＷにおいて４作品の企画開発が行われていた」との理由が挙げられています。

注視すべきは、この４作品が発表された時期です。

２０１２年12月19日に第１弾企画の『ガイキング』、２０１４年７月31日に第２弾企画の『ソウルリヴァイヴァー』が発表されました。第３弾『オトシモノ』が発表されたのは同年10

月31日、第4弾の『臍帯』に至っては追加出資実施の翌月の12月10日でした。

何が言いたいかというと、吉田氏が説明する「4作品」のうち『ガイキング』を除く3作品は、追加投資の直前と直後のたった4カ月あまりで駆け込み的に発表された作品なのです。

この時のＡＮＥＷには11億円の出資が行われていましたが、実投資のうちおよそ8億円を損失しており、そのままの経営を続ければ２０１５年の事業年度中に出資金を全て失うことが予想されていました。

つまり、追加投資直前と直後の大慌ての企画発表をもって、「ＡＮＥＷには4企画が進行中であり、11億２０００万円を追加投資する妥当な理由があった」という吉田氏の説明は、あまりにも都合の良すぎる言い訳だと言えます。これらの企画がさして実態を伴っていないことは、既にみてきたとおりです。

また、この「駆け込み発表」の裏にあるもう一つの注意点が、各企画のアメリカ側パートナーです。

第3弾企画『オトシモノ』と第4弾企画『臍帯』の2作品の、アメリカ側パートナーになっていたのがDepth of Fieldになります。この会社ですが、２０１５年8月に発表された『藁の楯』でもパートナーになっており、ＡＮＥＷ7作品のうち最終的に3作品を同社に預ける偏りとなっています。

前にも述べましたが、ＡＮＥＷが行っていた「支援」によって最も恩恵を受けるのはＡＮＥＷに経済的リスクを肩代わりしてもらうアメリカ側のプロデューサーです。映画企画が頓挫しても実害を被らない立場にいられる一方で、企画が実現した暁にはプロデューサーのクレジットを手にいれられることからも、日本の公金によるハリウッドプロデューサー支援だと言っても過言ではありません。

結果的には、アメリカ側プロデューサーも何ら実のある成果を出せなかったわけですが、そもそもなぜ、こうした美味しい「儲け話」を特定のプロデューサーへばかり持ちかけたのでしょうか？　何か１つでも作品を成功させてＡＮＥＷに大きなリターンをもたらしたのであれば話は別かもしれませんが、もちろんそのような実績はありません。

ＡＮＥＷが設立される際、法律で提出が義務付けられている経済産業大臣の意見には「特定の企業に過度に偏ることなく中立性を確保すること」と書かれていました。

もちろん、これはアメリカ側のパートナーに言及するものではなく、日本企業への支援が特定の方向へ偏らないよう注意するための意見だと考えられます。

しかし、実質的に利益供与される形となるアメリカ側プロデューサーの選定において、約半数もの企画が特定の企業に集中したわけです。これについては、公平性に関して疑問を抱きます。経産省、産業革新機構、そしてＡＮＥＷの三者にとって、法律と制度を濫用してまで作った肝いりのクールジャパン事業の失敗を先送りにするための「既成事実作り」が大事であったならば、駆け込み的発表を叶えてくれるアメリカ側のパートナーの存在は、極めて好都合だったのかもしれません。

◆2つのフェーズと30億円

これほど杜撰な組織へ22億2000万円もの公的資金投資が注がれた背景には、設立前から秘密裏に仕組まれていたカラクリがあります。

2018年度末に経産省が公表した「平成29年度産業革新機構の業務の実績評価について」には、ANEW設立が経産省からの打診であったことの他に、もう一つ重要な新事実が告白されています。

「INCJは、前年の2010年に経済産業省から企業設立の打診を受けて検討を開始し、翌2011年6月、総額60億円を上限とする投資を決定。第1フェーズとして決議した30億円のうち、一部を実行。

注目したいのが、「第1フェーズとして決議した30億円」です。この「第1フェーズ」の詳細については、２０１８年6月14日に清水議員に質問された際の、吉田審議官の国会答弁資料にも次のように記載されています。

ＡＮＥＷは平成23年10月設立。第1段階で企画開発を実施。その後第2段階に移行して収益化を実現する方針。

●第1段階：企画の立案・権利処理及び脚本制作等の開発

●第2段階：第1段階で完成した企画を販売・ライセンスすることで収入を得つつ企画開発を拡大

原作に関する著作権等の権利関係の整理プロセスが長期化するなど、当初予定していた第2段階以降へのマイルストーンについては遅延。

売却時点（平成29年5月）において、7作品について企画・開発を行っており、うち6作品については撮影開始契約に至っていない。

詳しくはこれから述べますが、この、間違いだらけの投資決議こそ、ＡＮＥＷに次々と無秩序な追加投資を許した致命的な行為だったと言えます。

◆間違いだらけの投資決議

経産省がひた隠しにしていた投資決議には大きく2点の問題が含まれています。

第一の問題点は、産業革新機構の「企画の立案・権利処理及び脚本制作等の開発」に対する「30億円」という数字の算出には、映画作りに必要な根拠が存在しないことです。

前にもお伝えしたとおり、映画の企画開発にかかわる映画化権取得および脚本制作の一般的なコストは、総製作費の2・5〜5%が目安となります。

したがって、30億円を映画の開発に費やす投資決議を行う場合、その開発コストに見合う製作費の規模は600億〜1200億円の範囲となります。

またANEWは、産業革新機構がそうであるように時限付きの会社です。そして、この投資決議と同時に「一定期間内での投資回収の高い蓋然性が認められる」という旨の支援基準についてもクリアしています。

つまり、この投資決議と支援基準の2つを実現するためには、600億〜1200億円規模の製作費資金を調達する目処を「一定期間内」に立たせられる根拠が備わっていなければなりません。

映画企画の資金を調達するためには、投資家を説得するポートフォリオが重要です。1本1

本確実に成功例を積み重ねていき、「ANEWの企画に出資すれば利益が出る」という信用を築いていく必要があるのです。反対に、興行的な失敗を招いたプロデューサーの元に製作資金は集まりにくいと言えます。

ANEWは実績のないスタートアップの立場であるにもかかわらず、「開発費」への投資だけはハリウッドの中間予算規模映画10〜20本ほどの金額となっています。資金調達の目処もないまま30億円の枠の中で製作費規模に見合わない22億2000万円の投資を実行する姿は、端(はな)から公的資金を食いつぶして破綻することが前提であるかのようです。

一応、別の形による映画化も想定できます。ANEWの第2段階の投資決議には「第1段階で完成した企画を販売・ライセンスすることで収入を得つつ企画開発を拡大」とあります。この決議が意味するのは、ANEW自らが資金調達やプロダクション運営を行わず、脚本を第三者に販売するやり方です。

このスタイルだと、前述の黒川氏が説明していた「自分たちで全てを100%リードすることができるような投資あるいはコントロール力」を持った映画製作の方法とは大きく矛盾しますが、ANEWは制作した脚本を開発にかけた以上の値段で売って利益を得つつ、その後においても配当に参加する権利を有することが可能です。

しかし、ハリウッドにはプロデュースされていない脚本が無数に存在しています。さらに、映画プロデューサーもわざわざ自分の利益シェア分からANEWに余計な配当を分配する方法を取らずとも、自分たちで企画開発をできる人たちばかりです。「クールジャパンは宝の山」と念仏を唱えるだけで、映画投資の市場においてANEWの脚本が特段に優位な地位を得ることはできません。

いずれにせよ、「第1段階で完成した企画を販売・ライセンスすることで収入を得つつ企画開発を拡大」という手法は、東京の虎ノ門とロサンゼルスオフィスの家賃を払いながら自分たちへの報酬だけは「ハリウッド超大作級」である放漫経営とは両立不可能です。そうなると、ANEWにはそもそも、経営の持続可能性が備わっていなかったと言えます。

◆切り離せない映画の「企画」と「販売」

第二の問題点は、映画ビジネスにおける「企画開発」と「販売」を切り離していることです。これにより、投資回収に重要な「収益化」の考えが完全に後回しとなっているだけでなく、「映画企画開発をしている」と発表さえしていれば、30億円まで引き出せる仕組みが作られていました。

経産省の伊吹氏は、ANEWの運営にあたり、再三「設立3年で成功例を」という内容を口にしています。

しつこいようですが、映画のコスト管理とは本来、製作規模に合わせて１本１本個別に計画しなければいけないものです。

もし一般的な映画ファンドが、３年ないし一定期間の投資フェーズを定めるのであれば、その期間にどの程度の予算規模の映画を、年間に何本製作していくかというスケジュールであるスレート（Slate）を示して、投資を運用します。そして、実際に製作された映画の１本１本の成績をもとに投資の運用実績を評価して、製作拡大を図る「次の投資フェーズ」に移行するものです。

しかし、ＡＮＥＷへの投資決議の第１フェーズにある映画の企画開発は、製作資金を調達し、映画を完成させ、適切にマーケティングし、販売し、利益を生み、配当を得る映画ビジネスの各工程が、まるで他人事のように切り離されています。

後ほど「◆体たらく経営」で紹介する長田取締役のインタビュー中の発言に顕著なのですが、ＡＮＥＷの事業スピードは「外部の誰かがいつかやってくれるだろう」という他人任せなものであり、ＡＮＥＷへの投資決議には、一定期限内に映画投資での利益化を図る意識がなかったようです。

つまり、ＡＮＥＷの経営者たちは30億円という根拠のない金額ありきの、収益化の考えが抜け落ちた投資決議に乗じ、だらしない経営を続けたわけです。30億円の枠内でお金を使ってさえいれば投資運用の実績になるかのように履き違えていたと察せられます。

既述のとおり、事業が失敗に終わるまで公表されてこなかったこの途方もない投資決議には客観的な外部評価が存在せず、投資決議を行った産業革新機構のＡＮＥＷ立ち上げチームの上司と部下がＡＮＥＷの代表取締役と社外取締役を務める関係でした。

さらに、経産省は法律に定められた報告書に事実と異なる経営体制を記述し続けただけでなく、職員を出向させた監督官庁である自身が事の発端を打診していたことを今になって明かしたわけです。国民は国家主導の「日本を元気にするクールジャパンの処方箋」とやらに、まんまとしてやられた格好になりました。

ちなみに２０１９年度のカンヌ国際映画祭で、ニュージーランドが同国のパートナーとの、国際共同製作の企画開発支援を発表しました。これはニュージーランドフィルムコミッションが運営にあたり、同年６月１日から施行されている制度で、年間予算は40万ニュージーランドドル（２８００万円　※１ドル＝70円）となっています。

もちろんＡＮＥＷとは事業規模が異なるものの、最終脚本を完成させる企画開発の政府支援とは、このように数十億円の公的資金をかけなくとも制度化している国が存在しています。

◆情報公開法の裁量逸脱による黒塗り

ちなみに、私が経産省へ情報公開請求を行った際には、産業革新機構からＡＮＥＷ設立手続き時に提出された20ページに及ぶ「日本コンテンツの海外展開推進会社設立について」という説明資料を、表題と機構のロゴ以外の全てを「産業革新機構の正当な利益を損ねる恐れがある」との理由で黒塗り開示とする処分を下されています。

今回公表されたＡＮＥＷへの２段階の投資方針は、機構が国に対してＡＮＥＷ設立に関する説明をする上で重要な情報であると考えられます。よって、この投資決議の内容は、私が請求した説明資料の中に存在していた可能性が極めて高いと推察できます。

ただ、今になり情報開示に至った「２段階の投資決議」に関する情報が黒塗り資料に含まれていたとしても、それ自体は極めて抽象的な情報に過ぎません。仮に模倣されたところで、機構およびＡＮＥＷの正当な利益を損ねる恐れのある「ノウハウ」には当たらないと思われます。

つまり、経産省は自分たちが主導して立ち上げた会社の設計段階での欠陥を隠すために、不開示にする必要のない当該投資決議の情報をわざわざ黒塗りにし、情報公開の法律の裁量を逸脱、濫用して不開示処分を下していた可能性が高いと言えます。

◆何をしにフィルムマーケットへ

吉田氏の「権利処理、整理に時間が掛かった」という説明が事実ではない理由が、他にもあります。それは、ＡＮＥＷの活動状況を見るとわかります。

ＡＮＥＷは２０１２年にアメリカンフィルムマーケット、２０１３年にトロント映画祭のフィルムマーケットに参加しています。映画プロデューサーがフィルムマーケットへの参加する一般的な目的は、投資家や配給会社などへ企画を売り込み、製作資金を調達することです。配給会社などと資金調達の契約をする場合、ＡＮＥＷが著作権者に対して権利関係がクリアになっていることを表明させるのと同様、今度はＡＮＥＷ側が資金提供者に対し、保証ならびに補償する誓約条項を結ぶことになります。

もしこの時、ＡＮＥＷ作品に「権利処理と整理」の問題による契約の不備が生じた場合、フィルムマーケットで出会った配給会社や投資家などと資金調達に関する契約を交わすことはできません。

要は、意味もなく海外のフィルムマーケットに参加したのではない限り、権利処理、整理が済んでいない作品をフィルムマーケットに持ち込んで売り込むことはありえないわけです。

また、ＡＮＥＷは、サンフォード・Ｒ・クライマンＣＥＯ、髙橋真一取締役ら日米の役員、スタッフ総出で２０１５年10月に開催されたニューヨーク・コミコンに参加し、『TIGER&BUNNY』の発表を行っています。「著作権処理や整理」が終わっていない企画をこのような場所で発表することも、常識的には考えられません。

仮に吉田氏の説明のとおり、ＡＮＥＷが企画開発着手の後になっても「著作権処理や整理」が必要な映画化権契約を締結し、映画化権料を支払っていたのが事実なのであれば、ＡＮＥＷと産業革新機構は、実現するはずもない不備を抱えているのを承知で「ハリウッド映画化」を掲げ、次々と追加投資を引き出していたことになります。そうだとすれば、極めて問題のある経営実態と投資判断だったと言えるでしょう。

加えて、経産省は11億２０００万円の追加投資を行う時の判断において、「平成24年の第１号案件でさえ、その企画開発の評価を行うには、時期尚早だったものと推察」と説明しています。

「推察」という言葉が使われていますが、経産省は正に『ガイキング』企画開発が行われていた最中、職員をＡＮＥＷに出向させています。彼らは『ガイキング』について「推察」ではなく、進捗状況を直に知る立場にいました。

またこの時、経産省の伊吹氏は『ガイキング』について映画の資金調達の契約が一切存在しない中、架空の「製作実現」の説明を繰り返し、ＡＮＥＷの収益化にかかわる重要な情報をごまかした国会答弁書を作成しています。

このことからも、経産省の「投資判断には時期尚早だったと推察」との白々しい説明は、誤りだと言えます。国が投資判断に関する重要部分において作り話を流し、11億2000万円もの公的資金投資を引き出していたことをごまかすための、でたらめの答弁でしょう。

また、ANEWは時限付きの映画会社として計画されていたことから、エグジットのためには一定期間内に自社IPのライブラリーを構築する必要がありました。もし、ANEWの事業が本当に「革新的」だったなら、国籍を選ばず映画資本がこぞって集まってきたはずです。しかし実際のところ、製作資金の調達を完了する契約は皆無でした。

◆CJエンタテインメントの戦略

例えば2020年の第92回アカデミー賞で作品賞ほか4部門を受賞した『パラサイト 半地下の家族』を製作した韓国映画会社大手のCJエンタテインメントが、2018年6月にANEWと同じようなコンセプトのハリウッドリメイク戦略を発表しています。

CJエンタテインメントはこの時、日本でもリメイクされた『サニー 永遠の仲間たち』『怪しい彼女』を含めた自社IPのハリウッドリメイクなど、10作品の企画開発を発表しました。

そして同年11月には、『サニー　永遠の仲間たち』『怪しい彼女』にハリウッドスタジオが参加することが発表され、『サニー　永遠の仲間たち』はユニバーサル・ピクチャーズが共同製作、世界配給の提携をすることが決まりました。さらに、アメリカの有名コメディアンのケヴィン・ハートがプロデューサーとして参加し、アマゾンスタジオやＨＢＯのヒットドラマの脚本を手がけるエイミー・アナイオビが脚本を担当することが発表されています。

また、『怪しい彼女』のリメイクは、『ジェームズ・ボンド』シリーズなどを製作するアメリカ老舗スタジオのメトロ・ゴールドウィン・メイヤー（ＭＧＭ）が提携し、俳優でありながら映画監督、脚本家としても名を馳せているタイラー・ペリーがプロデューサーとして参加すると発表されています。

２０１９年４月には、こちらもユニバーサル・ピクチャーズとの共同製作で、２０１９年１月に公開され韓国歴代１位の興行収入を記録したコメディ映画『極限職業』を、ケヴィン・ハート主演で英語劇リメイクすることが発表されました。

ＣＪエンタテインメントの「ハリウッド映画化」がＡＮＥＷのそれと大きく違う点は、創作に携わるクリエイティブ面、製作を実現するための資金調達面、収益化を図る配給面と、映画づくりの全工程を通して根拠が伴っていることです。

ＣＪエンタテインメントが示した映画企画開発の違いとして、同社は、ターゲットとする作品の製作費規模を明確に設定しています。

同社の場合、狙いとする作品規模は最大で３５００万ドル（38億５０００万円）に設定していています。ハリウッドの中間規模の中でもややリスクの低い製作費規模の設定だと思います。当然、企画開発コストにかけられる金額も、そこから算出可能です。

製作費規模の設定はその映画をどのように作り、売るかまで影響するため、映画を企画する段階で必ず考慮すべき要素になります。例えば、配給会社との交渉を含む映画の資金調達の場では、開口一番に「あなたの映画企画ですが、予算規模はいくらになりますか？」と質問されます。

一方、明確な製作費の規模も示さないＡＮＥＷの映画企画開発においては、青天井に膨らんだ異常なコストに対する適切な投資評価すらできず、損失の拡大を生んでいます。駆け込み的に発表した3作品を除けば、ＡＮＥＷは実質的に『ガイキング』１作品のみの開発段階で8億円を失っていたわけですが、経産省は法律に基づく毎年の業績評価において、このことを特段に問題視していませんでした。

この時の8億円という損失額は、製作費規模で言えば１６０億〜３２０億円規模の映画を製作する時の開発費になります。大まかに言えば、２０１９年公開の『ライオン・キング』『アラジン』などディズニーの超大作映画に相当する、もしくはそれ以上のコストになります。

『ガイキング』と低予算映画のみの発表をもって8億円もの金額を損失していたANEWを評価するのであれば、即座に異常事態と判断すべき状態でした。追加投資を実行するなど、もってのほかです。

◆「テントポール映画」へのミスリード

経産省の業績評価にはもしかすると、1本の映画さえ実現すればこれまでの損失を一気に清算でき、持続的経営が可能になるという一発逆転のシナリオがあったのかもしれません。

伊吹氏の発言には、こうした誤った映画ビジネスの認識を裏付けるかのような内容も見て取れます。

始まったばかりなので、課題が何かということなのですけれども、恐らく従来の一番の課題は、１５００億のマーケットに対して、お金も含めてリスクをとってチャレンジしてこなかったのが一番の課題で、それを乗り越えるためにこういう組織をつくりましょうということで、これをつくったわけです。

（「コンテンツ強化専門調査会〈知的財産推進計画２０１３策定に向けた検討　第4回〉議事録」２０１３年4月17日　首相官邸ＨＰ）

	作品名	公開年	配給会社
24	ロード・オブ・ザ・リング/王の帰還	(2003)	ニューラインシネマ
25	スパイダーマン:ファー・フロム・ホーム	(2019)	ソニー
26	キャプテン・マーベル	(2019)	ディズニー
27	トランスフォーマー/ダークサイド・ムーン	(2011)	パラマウント
28	007/スカイフォール	(2012)	ソニー
29	トランスフォーマー/ロストエイジ	(2014)	パラマウント
30	ダークナイト ライジング	(2012)	ワーナー・ブラザース
31	トイ・ストーリー4	(2019)	ディズニー
32	ジョーカー	(2019)	ワーナー・ブラザース
33	トイ・ストーリー3	(2010)	ディズニー
34	パイレーツ・オブ・カリビアン/デッドマンズ・チェスト	(2006)	ディズニー
35	ローグ・ワン/スター・ウォーズ・ストーリー	(2016)	ディズニー
36	アラジン	(2019)	ディズニー
37	スター・ウォーズ/スカイウォーカーの夜明け	(2019)	ディズニー
38	パイレーツ・オブ・カリビアン/生命の泉	(2011)	ディズニー
39	怪盗グルーのミニオン大脱走	(2017)	ユニバーサル
40	ジュラシック・パーク	(1993)	ユニバーサル
41	ファインディング・ドリー	(2016)	ディズニー
42	スター・ウォーズエピソード1/ファントム・メナス	(1999)	20世紀フォックス
43	アリス・イン・ワンダーランド	(2010)	ディズニー
44	ズートピア	(2016)	ディズニー
45	ホビット 思いがけない冒険	(2012)	ワーナー・ブラザース
46	ダークナイト	(2008)	ワーナー・ブラザース

出典:https://www.boxofficemojo.com [2020年1月31日時点]

過去の10億ドル映画　（順位は売上額）

	作品名	公開年	配給会社
1	アベンジャーズ/エンドゲーム	(2019)	ディズニー
2	アバター	(2009)	20世紀フォックス
3	タイタニック	(1997)	パラマウント
4	スター・ウォーズ/フォースの覚醒	(2015)	ディズニー
5	アベンジャーズ/インフィニティ・ウォー	(2018)	ディズニー
6	ジュラシック・ワールド	(2015)	ユニバーサル
7	ライオン・キング	(2019)	ディズニー
8	アベンジャーズ	(2012)	ディズニー
9	ワイルド・スピードSKY MISSION	(2015)	ユニバーサル
10	アナと雪の女王2	(2019)	ディズニー
11	アベンジャーズ/エイジ・オブ・ウルトロン	(2015)	ディズニー
12	ブラックパンサー	(2018)	ディズニー
13	ハリー・ポッターと死の秘宝 PART2	(2011)	ワーナー・ブラザース
14	スター・ウォーズ/最後のジェダイ	(2017)	ディズニー
15	ジュラシック・ワールド/炎の王国	(2018)	ユニバーサル
16	アナと雪の女王	(2013)	ディズニー
17	美女と野獣	(2017)	ディズニー
18	インクレディブル・ファミリー	(2018)	ディズニー
19	ワイルド・スピードICE BREAK	(2017)	ユニバーサル
20	アイアンマン3	(2013)	ディズニー
21	ミニオンズ	(2015)	ユニバーサル
22	シビル・ウォー/キャプテン・アメリカ	(2016)	ディズニー
23	アクアマン	(2018)	ワーナー・ブラザース

ここで伊吹氏は「1500億のマーケット」と表現しています。これは、当時の為替レートで語っている「世界興行収入10億ドル」映画のことを指しています。10億ドルという数字は、ハリウッド映画の大ヒットのマイルストーンと言われる興行収入額になります。

例えば、2019年に公開された映画で「10億ドル映画」の仲間入りをしたのは、マーベル・コミックスが原作の『アベンジャーズ：エンドゲーム』に続き、『キャプテン・マーベル』『スパイダーマン：ファー・フロム・ホーム』『アラジン』『ライオン・キング』『トイ・ストーリー4』『ジョーカー』『アナと雪の女王2』『スター・ウォーズ/スカイウォーカーの夜明け』と、ソニー・ピクチャーズの『スパイダーマン』とワーナー・ブラザースの『ジョーカー』以外は全てディズニー作品が占めています。

もちろん、伊吹氏が「ヒットすれば世界興行収入1500億円が見込める市場にチャレンジする」と意気込むのは勝手ですが、実際問題「10億ドル映画」は現在まで46作品しかこの世の中に存在していません（2020年1月31日時点）。しかも、そのほぼ全てを占めているのは、大手ハリウッドスタジオが長期にわたってブランドを確立した知的財産を元にした作品です。

また、これらは「テントポール映画」と呼ばれる巨額の製作費がかけられた超大作映画で、その製作費は多いもので200億円超え、R指定映画で史上初の達成となった『ジョーカー』

を除けば、少ないものでも80億円の規模になります。

ＡＮＥＷはこうした「テントポール映画」を製作、販売する大手ハリウッド映画スタジオのような製作資金も配給網も持たない、独立系の映画会社になります。残念ながら、これらの「10億ドル映画」とは映画製作の定義が根本から異なるのです。

伊吹氏の「10億ドル映画に挑戦する」かのような説明は、達成される可能性が限りなく低く、ＡＮＥＷの見通しをミスリードさせているとも言えます。

◆体たらく経営

もちろん、投資においては全てが成功するものではありません。ですから、私はＡＮＥＷの事業が失敗し、出資金がほぼ全損した結果だけに焦点を当て「違法である可能性が高い事業ではないのか」と弾糾（だんきゅう）しているわけではありません。ＡＮＥＷの経営が、一定期間内での映画製作の実現を放棄したような体たらくだから批判しているのです。

これについては、ＡＮＥＷ取締役のインタビューを見るとよくわかります。

長田：弊社の仕事の進め方としては、日本側の企業さんとお話しさせていただいたものを社内で検討し、実際にこれは可能性があるのではないかというものについて、アメリカ側のプロデューサー――弊社がおつき合いさせていただいている、複数のプロデューサーさんといろいろな形でお話をさせていただき、その中で関心がある、ぜひ進めていきたいという話になってきたものを進めていくという形です。ですから、弊社内の事業で進むスピードが決まっているというよりは、多分に外部とのお話の過程で進むスピードが決まっているということかなと思っています。そういったプロセスを経て進めて来ています。

（月刊「文化通信ジャーナル」2013年4月号 p35-p36 文化通信社）

長田取締役は、そもそもANEWの事業の進め方は「弊社内の事業で進むスピードが決まるものではない」ということを言っています。ANEWの事業を進めるスピードが、アメリカ側のプロデューサーの興味次第、つまりは他力本願だったのであれば、一定期間内で投資を回収する任務における最低限の努力すらしていないことになります。ANEWには主体的に映画企画開発を行う能力が備わっていなかったと言えるでしょう。

映画プロデューサーとは本来、映画を通して伝えたい物語があり、その動機から計画的に企画開発を行うものです。それを、どんな映画を作るかは「外部の関心次第」とするのは本末転倒です。伝えたい物語があるからではなく公金の枠組みができたからやるという映画作りの姿勢では、そこに資金を出す世界の映画金融人も、映画観客も興味を持つはずがありません。A

ＮＥＷの散々な結果が物語っているように、真に映画を作りたいと願う人ではなく、こんな考えの経営者に日本発展のためのお金を託すのがそもそもの間違いです。

また、この発言をした長田氏とは、経産省の打診を受けて産業革新機構内のプロジェクトチームでＡＮＥＷ事業を設計し、その後はＡＮＥＷの経営者の職に就いた、いわば事業の張本人です。よって、この発言は一個人による単なる誤った考えでは片づけられません。

ＡＮＥＷの経営者が「映画企画開発は弊社内の事業で進むスピードが決まらない」と言っていることを踏まえると、同社は決して計画倒れから結果的に投資に失敗したのではありません。クールジャパン政策の功績を何としても残したい経産省の介入で始まった、法律でやってはいけない杜撰な投資を無秩序なガバナンスの官民ファンドが遂行した結果、世に出しても通用するはずのない官製映画会社が、むしろ「計画どおり」に失敗し、巨額損失を招いたに他なりません。

この事業設計者の発言は、ＡＮＥＷは事業計画の時点から、法律が規定している「成長性‥一定期間以内に株式等の譲渡その他の資金回収が可能となる蓋然性が高いと見込まれるか」という支援基準を満たしていない、問題のある投資案件だったことを証明していると言っていいでしょう。

◆得られた「ノウハウ」とは？

ＡＮＥＷの杜撰な経営が国の誤った考えに基づいて行われていたなら、未来への発展に繋がる本当の成果など得られるはずもありません。

しかし経産省の吉田氏は、前述の清水議員との国会でのやりとりの中で、ＡＮＥＷには「一定の成果はあった」と主張しています。

清水：ということは、投資が二十二億、三千四百万円で売ったということは、もうほぼほぼ二十二億円弱の損失が出たということですね。何か成果が生まれていたらいいんですけど、結局、映画は七本作ると言ってこれは一本も作られていないということです。

何か意義があったんですか、この会社のこの事業はとこの前お聞きしたら、権利処理等のノウハウ蓄積など一定の成果はあったという答弁をされました。権利処理の蓄積、ノウハウ、どんなものなんでしょうか。

吉田：お答えいたします。国内コンテンツの海外におけるリメークに際しては、既存作品の権利の整理、処理が必要であります。株式会社オールニッポン・エンタテインメントワークスの投資事業の中でこうした権利関係の調整、整理を行うことで、海外のリメークを実施する際の経験、ノウハウが蓄積されたものと認識しております。

清水：それは二十二億円出して手に入れる必要のあるノウハウなんでしょうか。

吉田：こういう面で一定のノウハウの蓄積はあったと考えておりますが、私どもとしても、投資としてはうまくいかなかったものとは認識してございます。

清水：その権利関係のノウハウは、その後、今後どうやって生かしていくんでしょうか。

吉田：同社が、産業革新機構が出資している期間中に企画開発を行った案件が複数ございます。そこに我が国の企業というのも参加してございますので、そういう中でそのノウハウが生かされることになると考えております。

清水：それは同じような話なんですか。日本の映画をリメークして外に出す、それは同じ、今回蓄積したノウハウが生かせる、同じようなことが次に生きてくるという話になるんですか。

吉田：映画の海外におけるリメークに際しましては、まず企画立案をして、そこからまず権利処理をして、それで権利を使える形にした上で、そこから今度は脚本制作、そしてそれを販売ライセンスをして、その販売先で制作するというような流れになってございます。そのうち、この権利処理におきましては、既存作品の原作者とか脚本家における著作権、著作者人格権の権利処理が必要になりますので、その点におきましても、もちろん個別の作品において様々なケースがあるかと思いますけれども、ノウハウというのは活用できるものと考えております。

（内閣委員会会議録第二十一号　平成三十年六月二十六日）

経産省が主張するＡＮＥＷの成果は、東映アニメーション、フィールズ、松竹、ウィルコ、幻冬舎、日本テレビ、バンダイナムコピクチャーズの7社が「著作権処理のノウハウ」を得たことであるとなっています。

映画化権の原理などを詳しく知らない一般の人からすれば、著作権処理という一見すると専門的で難しい内容が織り交ぜられており、もっともな内容に見えてしまうかもしれません。

ですが、何度も言うように「権利処理や整理」とは、映画化権の契約交渉にあたって著作権所有者との当事者間で「海外映画化権」についての取り決めを行いましょうという、映画企画開発の前段階の話になります。これは簡単な法務相談で得られる知識です。ANEWの存在によって何らかの「革新的なノウハウ」が日本の産業に広く還元された事実はありません。

本来成果として語るべきハリウッド映画製作のノウハウの蓄積とは、企画立案から、資金調達、撮影、ポストプロダクションの効率的運営、創作からマーケティング、販売など映画ビジネス全体から得るものです。企画開発の初期段階でことごとく終焉した法外な「ハリウッド映画化ごっこ」に対して、経産省が責任逃れのための強引な理屈で生み出し、唯一の拠り所にした「権利処理と整理ノウハウ」は、自分たちの政策目的だった日本の産業の行き詰まりや深刻さを解消することには何ら有益に働きません。

◆どぶに捨てられた大金

また、経産省はANEWへの政策的および投資的な失敗を「民間ファンドがリスクを取りにくい案件を中心に投資を行っており、個別の投資が失敗に終わったからといって、直ちに投資が不適切であったということにはならない」「産業革新機構の投資については、（中略）全体としての収益を確保することを目指しており、平成30年1月末現在で投資額の2・2倍の回収を行っており、機構全体の収支はプラスを維持している」と結論づけています。

「機構全体の収支はプラスを維持している」とする部分ですが、同機構の主な利益は2013年度にジャパンディスプレイを救済した後の再上場で出した利益になります。すなわち、同機構の本来の設立趣旨であるベンチャー支援による成果ではありません。

また、こちらも経産省の肝いりで誕生したジャパンディスプレイは、2019年3月期連結決算で5年連続の最終赤字を計上。負債が資産を上回る債務超過寸前に陥っており、2019年5月には中国・香港の企業連合の傘下になることが決まりましたが、その後、従来の支援の枠組みから中国ファンドが離脱するなど混迷を深めています。

ジャパンディスプレイを再上場し、産業革新機構が大きな利益を得たのが2014年3月のことです。そして、ANEWに11億2000万円もの2回目の追加投資が行われたのが同年の11月になります。

「機構全体が儲かっている」との理由をもってしても、映画製作が成立する根拠に著しく欠けた作品を「撮影準備中段階に来ている」「一定期間内の収益化の目処だ」と主張し、22億円を引き出しどぶに捨てた公金投資の判断を、不問で終わらせていいはずがありません。

「著作権処理」などという筋の通らない理由を持ち出し、事業失敗の妥当性と政策成果の正当性を説明する経産省の姿勢から分かるとおり、ANEWとは決して「リスクの高いベンチャー投資に挑戦した故の失敗」ではなく、産業政策や映画ビジネスのあらゆる点を間違った経産省が旗を振るクールジャパンありきの、「虚業」だったと言っても差し支えないと思います。

経産省が主張する「直ちに不適切とはならない」とは、監督する国による官民ファンド事業への客観的な外部評価とは到底言えません。自らが主導した政策に対して事実を歪曲して「我々に責任は及ばない」と言い張ろうとする、主観的な自己評価に他ならないのです。

国が自ら民間への投資事案を企て、それを自分たちで評価するという自作自演の歪んだ公的資金運用に、健全なチェック体制が期待できるでしょうか？　そして、そうした構造の中に60億円もの公的資金投入を決定したら、どんな未来になるでしょうか？　想像してみてください。それこそが、私たちの知る現在の姿になっているわけです。

スコットランド政府は２０１５年６月、自国の施策が国際競争に負け投資を獲得できず、映画産業の振興がうまくいっていないとの批判を受け、特別委員会を設置し立て直しを図ることを発表しています。

しかし、日本ではどうでしょうか。産業政策が明らかに間違っていても、国は国会で整合性の伴わない事実やありもしない適当な「政策成果」をでっちあげ、自らの責任逃れに終始しています。このままでは、この国の産業政策を立て直すために必要な「失敗の財産」すら得ることはできません。

事実、ここまでくどいように解説してきたANEWの事例は、日本のクリエイティブ産業政策の誤りの「氷山の一角」に過ぎません。「クールジャパン支援ツール」と呼ばれる枠組みに約1000億円もの税金や公的資金が費やされてきたクールジャパン政策の全てが、日本の産業現場で働く人を無視する共通の誤った考えに拠って実行され、「同じことの繰り返し」が起きています。

第6章

クールジャパン機構の迷走

◆「クールジャパンツール」1000億円の闇

産業革新機構のサブファンドとしてANEWが作られたのと同じ時期から、経産省は官民ファンドや補助金基金など、数百億円単位の枠組みを立て続けに作っていきました。当時、政府はこれらの制度を「クールジャパン支援ツール」と呼び、その総額は1000億円にも達しました。

この「クールジャパンツール」の整備と普及を掲げた経産省は2013年11月、当初500億円までの政府出資を可能にする官民ファンド、株式会社海外需要開拓支援機構（通称「クールジャパン機構」）を設立します。その後、同機構への政府出資は2019年9月の時点で756億円となっています。

2012年の補正予算で成立した「コンテンツ海外展開等促進事業費補助金」および「情報通信利用促進支援事業費補助金」、通称J－LOPと呼ばれる経産省と総務省との共同の間接補助金の基金では、155億円（経済産業省123億円、総務省32億円）が投じられています。

その後も、経産省の単独基金として2014年度補正予算の「地域経済活性化に資する放送コンテンツ等海外展開支援事業費補助金（J－LOP＋）」に60億円、2015年年度補正予算「地域発コンテンツ海外流通基盤整備事業費補助金（JLOP）」に67億円、2016年度補正予算「コンテンツグローバル需要創出基盤整備事業費補助金（ＪＬＯＰ４）」に60億円、２０１８年度補正予算「コンテンツグローバル需要創出等促進事業費補助金（Ｊ－ＬＯＤ）」に30億円と、毎年のように名称を微妙に変えながら、これまで３７２億円の税金がコンテンツ海外展開支援に投じられています。

しかし、この「クールジャパンツール」１０００億円のうち、日本のクリエイティブ産業を支える現場の「人」へは、文字どおり1円たりとも支援されることはありませんでした。

経産省が懸命に整備に努めた「クールジャパンツール」は、官民ファンドは「民間企業」、間接補助金は「民間事業」と位置付けられるため、民間であることを盾に情報公開を拒否できるよう設計されています。その結果として無駄遣いや不正の温床となったと言えるでしょう。

◆「アニメーターの皆さんへは……」

クールジャパンが全般的に成果の乏しい、公的資金の無駄遣いとなっている問題の根幹には共通点があります。それは、目的と必要性が曖昧なまま「クールジャパン」という標語を何とか予算化に繋げたい「政策ありき」のよこしまな考えです。

その結果、これらの事業は日本のクリエイティブ産業が抱えている課題に対して本当に必要な政府支援とはなっておらず、数十億～数百億円のクールジャパンツールを無理やりこじつけた活用法で使うことが「成果」とされています。

クールジャパンにお金を与えるという「手段」が目的化している顕著な例に、クールジャパン機構の活用が挙げられます。

当初、500億円の政府出資の枠組みとして設立されたクールジャパン機構。産業革新機構が法律に基づき設立されたのと同様に、株式会社海外需要開拓支援機構法という法律に基づき設立された、官民ファンドです。

しかし、その法案審議の過程やその後の活用議論に対する国の説明には、目的と役割が曖昧なまま巨額公的資金の運用の枠組みというツール作りにのみ注力した経産省の、一貫性のなさが如実に表れています。

まず、クールジャパン機構の役割は関連法案の段階から明確に、「産業現場への支援策」ではないことが宣言されていました。

2013年5月24日に行われた第183回国会の経済産業委員会における、当時の経産大臣政務官だった自民党の平将明議員（現在はクールジャパン戦略担当の内閣府副大臣）の発言を見てみましょう。


アニメーターの皆さんが日本のクール・ジャパン、特にアニメを支える極めて重要な皆さんであるという認識はありますが、しかしながら、この出資金が直接アニメーターの皆さんの所得に補填する形で行くことは当然ありません。
（第１８３回国会　経済産業委員会　第14号　平成二十五年五月二十四日）

平議員はここで、クールジャパンの中でもアニメ産業を例に挙げています。そして、政府はアニメーターがクールジャパン、特に日本のアニメ産業を支える「極めて重要」な人たちである認識を持っているものの、５００億円のクールジャパンツールにおいては、その人たちの所得を支援するものは「当然ない」と述べています。

もちろん、限られた公的資金の活用において、政府が国内産業の担い手となる「極めて重要な日本のアニメーター」たちの所得を優先せず、５００億円をクールジャパン機構に回す選択肢があること自体は理解できます。

しかし、日本で働くアニメーターへの支援を後回しにして作られたクールジャパン機構の活用について、経産省の説明は全くもって首尾一貫していません。都合のいい言い訳をその都度語り、必要性のない官民ファンドを無理やり正当化しているように思えます。

２０１３年5月17日に開かれた衆議院では、当時の民主党の岸本周平議員から、ＡＮＥＷと未来のクールジャパン機構の役割分担についての質問が出ました。

この岸本氏は、ANEWを設立した民主党・国民新党政権下でクールジャパンを推進していた議員になります。

岸本議員：あわせて、他の官民ファンドとの関係についてお尋ねします。政府では、2009年から産業投資特別会計出資2660億円と、民間からの出資も受け、官民ファンドとして産業革新機構を設立しております。同機構は、国内の企業及び個人が保有するコンテンツの海外展開を支援する、オールニッポン・エンタテインメントワークスに対し、既に60億円の出資を行っております。

同社は、本法案による機構とも同様の目的を担っておりますが、産業革新機構との役割分担をどのようにお考えでしょうか、屋上屋を重ねているのではありませんか。経済産業大臣の御見解をお伺いいたします。

（2013年5月17日 衆議院会議録第二十五号）

この質問に対し、当時の経済産業大臣だった茂木敏充議員は、経産省が作成したと思しき原稿に終始目を落とし、原稿を棒読みする形で次のとおり回答しました。

茂木大臣：産業革新機構との役割分担についてでありますが、議員御指摘の産業革新機構については、オープンイノベーションを通じた生産性向上等を目指す事業活動の支援を目的としており、成長性、革新性等の支援基準を満たす事業の支援を行うこととしております。他方、クール・ジャパン推進機構については、革新性というより、日本の魅力の発信や生活文化の特色を生かした需要獲得が見込まれる事業で、収益性が一定程度見込まれるとともに、単なる海外展開にとどまらず、他企業や他産業の波及効果が見込まれる事業に出資することを想定しており、両機構の果たす役割は異なるものと考えております。（同右）

おそらく茂木議員は内容を深く理解せず、用意された大臣答弁を読み上げたものだと推察しますが、経産省はここでも、新たな「別の財布」設立のために支離滅裂な論理を展開しています。

同省は、60億円のコンテンツファンドの枠組みとして設立されたＡＮＥＷについて、この時まで一貫して「ＡＮＥＷはクールジャパン政策の成果」と説明してきました。

経産省がＡＮＥＷをクールジャパン戦略の一環として推進していたことを、数ある証拠の中から一つ示したいと思います。２０１２年７月に同省クリエイティブ産業課が作成した、その名も「クール・ジャパン戦略」という政策資料文書です。この資料では「コンテンツ海外展開支援と発信ルート」の一つとして、ANEWを紹介しています。

しかし、新たな500億円の官民ファンドを作る際にその役割について問われると、今度は「クールジャパンの重要政策成果と位置付けられたANEWは、クールジャパンとは異なるため、クールジャパン機構は必要だ」という矛盾する論理で説明しています。

この茂木大臣が棒読みで読み上げた答弁資料の作成者は、商務情報政策局生活文化創造産業課（現在のクールジャパン政策課）の課長（当時）だった岸本道弘氏です。商務情報政策局とは、伊吹英明氏が課長を務めていたメディア・コンテンツ課と同じ部局になります。さらに言えば伊吹氏は同課課長を務めた後、この商務情報政策局生活文化創造産業課に作られた海外需要開拓支援機構準備室に渡り、クールジャパン機構の設立準備に当たっています。

要するに、ANEWとクールジャパン機構の役割の違いについてどう考えても矛盾する説明は、経産省の同じ部署が強引に捻り出したものだったわけです。

その後、クールジャパン機構法案は辻褄の合わない論理ながらも可決、成立しました。経産省はクールジャパンツールとして、新たな「別の財布」を手に入れたことになります。

◆山本大臣が絶賛した米中共同製作の『トランスフォーマー』

しかし、いざ役割の異なるはずのクールジャパン機構が運営を始めると、今度は同機構を活用したハリウッド映画事業に取り組むという、再び道理の合わない議論が政府内に発生します。

これについては、２０１３年12月12日に開催された知的財産戦略本部の検証・評価・企画委員会で、当時の知的財産戦略担当大臣の山本一太議員が次のような発言をしています。

この間、ロサンゼルスのクールジャパン表彰というのがあって、私にとって「目から鱗（うろこ）」だったのですが、『トランスフォーマー』や『パシフィック・リム』などのプロデューサーや監督にクールジャパン表彰を授与したと。もちろん『トランスフォーマー』も日本のキャラクターが元になっているとわかっていますし、『パシフィック・リム』も確かに日本の特撮技術は活用されているのだと思うのですけれども、この表彰を受けさせることによって、これが日本のクールジャパンなのだということを発信するという方法、こういうやり方があったのかと思いました。こうした発信の仕方も、一つの知恵として考えていくべきなのかなと思います。

山本議員はハリウッド映画を通したクールジャパンの発信について語った後、こうも続けています。

それから、トーマス・タルがプロデューサーをやっている『ゴジラ』が、いよいよハリウッドで来年公開されると。ハワイで撮っていて、オリジナルの『ゴジラ』に近いですね。そこに坂野さんという日本人のプロデューサーが入っていて、やはりああいうヒットメーカーのところに直接入り込んでいく人、つまりエベレストとか富士山をど真ん中から登っていく人がいてもいいのではないか、と思いました。ブロードウェイで頑張っている友人を見ながら、そういった方法も一つ戦略として考えるべきであると思った次第です。

この発言からも、一国の担当大臣が、既に別の官民ファンドで取り組んでいた官製事業のANEWについて何ら把握しておらず、政府はクールジャパン戦略の新たな取り組みとしてハリウッド映画事業を考えるべきなどと認識していることがわかります。

また、山本議員が「目から鱗」と大感激していた日本の知的財産に由来のある、もしくは日本に関係のあるハリウッド映画のプロデューサーや監督に対して日本政府のクールジャパン表彰を授与することですが、その一つに『トランスフォーマー』があります。

しかし、表彰直後の2014年に公開されたハリウッド実写版『トランスフォーマー』の第4弾『トランスフォーマー：ロストエイジ』は、中国との共同製作で製作されています。

しかも、この作品の世界プレミアイベントは映画のロケ地である香港にて行われ、中国人俳優も出演しています。さらには、中国の銀行や電気製品企業らがプロダクトプレイスメント（映画内で企業のロゴや製品を自然なかたちで出す、広告手法の一種）を行いました。

映画におけるクールジャパンの効果とは、一般の観客の普通の視点で映画を鑑賞した時にどう感じるかという客観性を基準に考えるべきです。

米中共同製作の『トランスフォーマー』を見た一般の観客が、映画公開と全く関係ない時期に日本政府が同作を表彰したからといって、この作品からクールジャパン的なイメージを強く感じることはないでしょう。ましてや、日本へのインバウンド効果に繋がると考えるのはあまりにも的外れだと言えます。

ちなみに、この「検証・評価・企画委員会」には経産省の伊吹氏も出席していました。

前述のとおり、伊吹氏は同じ内閣府知的財産戦略本部の有識者会議「コンテンツ強化専門調査会」で、契約の存在しない『ガイキング』をもって収益化の目処があるなど偽りの事業成果を熱弁し、懸命にANEWを推進していました。この「検証・評価・企画委員会」は、ANEWの真実を直視し「検証、評価する」機会だったわけです。

この日、私は、「検証・評価・企画委員会」を傍聴していました。会議の中では、委員の一人からＡＮＥＷの検証を求める意見が出ていたのですが、伊吹氏はこの意見を無言で聞き流し、回答することはありませんでした。

◆中村座長と御用会議

また、「検証・評価・企画委員会」の座長を務めたのは中村伊知哉氏でした。この方はＡＮＥＷに言及した著書『コンテンツと国家戦略』を、内閣府知的財産戦略本部員である角川歴彦氏が会長を務める角川書店から出版しています。

この中村氏ですが、２００９年頃から内閣府知的財産戦略本部での会議の座長を務め、ＡＮＥＷを推進した「コンテンツ強化専門調査会」でも座長を務めています。ＡＮＥＷを推進した委員が、「検証・評価」を仕切っているのです。

加えて、２０１６年末に内閣府に組織された有識者会議「映画の振興施策に関する検討会議」通称「映画の振興施策に関するタスクフォース」でも、中村氏は座長を務めています。この有識者会議では、官民ファンドを活用したリスクマネーの供給を講じることがまとめられていて、正に第二のＡＮＥＷともいえる施策が決められています。

民間有識者会議とは本来、政府の政策に客観的な意見を取り入れようとする意図で行われるものです。しかし私が傍聴したり議事録を読んだりする限り、現実は官僚たちの「私たち、こんなことにお金使いました」の発表会で終わっているように見えます。

なおかつ、こうした会議の委員は政府に近い「いつもの人たち」になることがしばしばで、結局は政府が進めたい無駄事業にお墨付きを与えるための御用会議となっているようにも思います。

また、最近ではこうした政府会議の政策提議が絵に描いたような我田引水（がでんいんすい）に繋がっている事案まで発生しています。「映画の振興施策に関するタスクフォース」の座長を務めた中村氏ですが、この会議が始まる半年前の２０１６年６月に吉本興業の社外取締役に就任しています。

この「映画の振興施策に関する検討会議」では、海外展開を支える国内の環境整備策として、「中小制作会社等の海外展開促進に向け、最適な資金調達手法の確立を目指し、検証事業を実施」することが取りまとめられました。

これについては後の章でもう少し深く解説しますが、映画産業施策の提議を受けて、２０１8年8月にクールジャパン機構は日本のコンテンツ制作支援のための50億円のフィルムファンドを設置しています。この50億円のフィルムファンドにはファンド運営会社が別に作られており、ここに吉本興業が絡む座組みが組まれ、取締役に吉本興業の岡本昭彦社長が名を連ねています。

ちなみに、「映画の振興施策に関するタスクフォース」は、吉本興業会長の大崎洋氏が委員を務めています。中村伊知哉氏は、2019年11月19日にアゴラに掲載された「吉本興業、次の100年に向けた挑戦」という自らの寄稿の中で、2009年に知財戦略本部の座長に就任した時に「吉本興業の大崎氏に委員に入ってもらった」と語っています。*

要するに、政府の戦略会議で運用を決めた公益性の高い公的資金の運用が、会議の座長が経営に関与する、特定の企業の利益に還流していることになります。

また、こういった有識者会議に、日本の制作現場の声を反映する委員はほとんどいません。代わりに多数を占めるのはテレビ局や映画会社の社長など、制作現場の利益とは反対側にいる人たちです。制作現場へ働く有効な支援策が整備されず、それが緊急性の高い重要な課題であるという議論が生まれない原因には、政策の意思決定に影響を与える委員の構成にもあるように思われます。

◆国民を騙すクールジャパン標語

こうした理解のない知的財産戦略担当大臣の意見や、御用会議のお墨付きを受けてなのでしょうか。内閣府知的財産戦略推進事務局は2017年5月に発行した「知的財産推進計画2017」の中で、「映画産業の基盤強化のための取組」における経産省の施策として、「官民ファンドの活用等により、特に資金需要の強い企画開発や製作段階においてリスクマネーを供給する方策を検討する」ことを取りまとめています。

「官民ファンドの活用」という記述ですが、産業革新機構はこの時点ではまだＡＮＥＷを運営している最中ですので、ここで経産省が語る所管の官民ファンドとは、実質的にクールジャパン機構を指していると言えます。

つまり、経産省は破綻への道が見えてきたＡＮＥＷのでたらめ事業が舌の根も乾かぬうちに、今度はクールジャパン機構を使って同一の事業を行うという、正に「屋上屋を架す」政策方針を打ち出したのです。

さらに、呆れて物も言えないのはこの政策に付けられたコピーです。この政策には「日本を輝かせるコンテンツ力の強化」というコピーが付けられました。

覚えていますでしょうか？　第１章の冒頭で書いたように、ＡＮＥＷが設立された時の政策は「日本を元気にするコンテンツ総合戦略」になります。

「日本を元気にする」から「日本を輝かせる」へと陳腐に政策コピーを変換し、官民ファンドを産業革新機構から、本当は役割が異なるはずのクールジャパン機構に付け替え、「同じこと

＊　原文のまま、正しくは「﨑」

の繰り返し」が画策される。それが「クールジャパン政策の成果」にされてしまう構造があるわけです。もはや、経産省にとっては、官民ファンド設立に公的資金を添付する手段さえ達成できれば、目的や役割など何でも構わないことがわかります。

所管する役所の説明がコロコロ変わるクールジャパン機構ですが、2018年4月に公表された会計検査院の「官民ファンドにおける業務運営の状況について」によると、2017年3月31日時点で同機構は310億円の投融資で赤字が約44億円まで上っていることが報告されています。

◆クールジャパン機構の統合議論

クールジャパン機構を活用したアニメ産業支援でいえば、同機構は海外アニメ配信サイトに出資しましたが、この事業も失敗に終わっています。さらに、経営幹部らが女性従業員へのセクハラで提訴される事態も起こっており、度重なるトラブルを抱えたクールジャパン機構は、産業革新機構との統合が議論される顛末になっています。

産業革新機構と役割が異なるから必要だという大義名分のもと設立されたクールジャパン機構ですが、いざ投資の失敗が顕著になると今度は統合を語り出す政府の行為は、国民を愚弄するものです。

また、そこにはＡＮＥＷに見た大きな危険を含んでいます。

もし２つの機構が統合されたら、何が起こるでしょうか？

経産省は、産業革新機構のサブファンドだったＡＮＥＷの損失について「産業革新機構全体が儲かっているので特段に問題はない」と総括しています。

クールジャパン機構が統合された場合、同省は「個別の損失は公表しない」「機構全体が儲かっているので問題ない」という言い訳を再び駆使し、杜撰な投資判断や酷い損失を招いた投資案件をうやむやにすることでしょう。

第7章

カンヌ映画祭と疑惑のクールジャパン補助金

◆カンヌの格式を無視した「くまモン」

前の章ではクールジャパン機構の不都合を見てきましたが、この章ではそれとは異なる「クールジャパンツール」の例を紹介します。

私がこの事件を調査するに至ったのは、熊本県のPRマスコットキャラクター「くまモン」が2015年のカンヌ国際映画祭に設置されるジャパン・パビリオンにて「KUMAMON DAY」という催しを行うとの報道からでした。

この報道を読んだ時、私は自分の目を疑いました。国の行うべき支援ではなく、度を超えたいたずらの事業だからです。

当然「くまモン」がお好きな方もいると思いますが、それとは話の次元が違います。どうしてこの事業が不適切であると直ちに判断できるのか。それは、カンヌ映画祭とジャパン・パビリオンという場所の性質にあります。

まず、毎年5月にフランスのカンヌで開かれているカンヌ映画祭ですが、私たちが一般的に想像するような映画祭とは大きく異なります。

カンヌ映画祭が映画界にとって特別な場所である理由は、映画祭に参加できる人を、映画産業に携わるプロフェッショナルたちに限定している点にあります。

同映画祭へ参加するには、事務局への事前登録が求められます。この時「Accreditation Badge」という入場証を購入する必要があり、そのための資格が「映画産業に携わる者に限る」となっているのです。

「映画産業に携わる者」とは、俳優や俳優のエージェント、プロデューサー、監督、脚本家、作家、映画化権を売りたい出版社や出版エージェント、映画館経営者、大使館や国の公的映画機関、映画の宣伝や広報、配給会社、フィルムコミッション、映画祭運営者、映画金融関係者、映画学校および映画科の学生、映画音楽関係者（作曲家、音楽プロデューサー、音楽出版社）、報道機関および記者、セールスエージェント、映画機材メーカー、テレビ局、ネット配信局……など、これらの業界カテゴリーに当てはまる人になります。

カンヌ映画祭が世界中の映画業界人から映画産業にとっての特別な場所として尊敬されている「格式」とも呼べるものは、参加者を業界関係者に限定したことによる、ある種の閉鎖性によってもたらされています。

また、カンヌ映画祭といえば、公式上映作品の鑑賞にドレスコードがあります。

例えば夜の上映の場合、男性はブラックタイ、女性はイブニングドレスがドレスコードと決められています。この公式作品の鑑賞に必要なチケットも入場証が求められるので、参加者は当然、映画業界関係者のみになります。

このように、カンヌ映画祭とは決して地元の映画ファンが集ったり、広く一般に開放されたりするような映画祭ではありません。

また、映画祭では「Marche du Film」という映画の見本市の会場が併設されています。ここでは映画会社がバイヤー向けに新作映画の試写会を行ったり、ブースを借りて映画の権利売買の商談などが行われたりします。

カンヌ映画祭のフィルムマーケットに参加すると、CINANDOというデータベースに登録することができます。このデータベースに、自分がどのような目的でカンヌ映画祭に来ているか、どういった人たちに会いたいかなどを登録しておくことで、世界中の映画金融関係者やクリエイターと出会ったり、その他のビジネスミーティングを設けたりできます。また、データベースを基に、自分の会いたい人にアポイントを取ったりすることも可能です。

さらに、同映画祭には公式上映会場や、フィルムマーケットの民間商業ブースが集まる会場とは別の区画があります。それが、2015年に日本がジャパン・パビリオンを出展した「ビレッジ・インターナショナル」（Village International）になります。

「ビレッジ・インターナショナル」は、日本語に訳すと「国際村」となるとおり、政府機関やフィルムコミッションなど世界の国や都市の公的映画機関がカンヌに集う世界の映画人に対し、自国の映画産業をプロモーションする場所です。いわば、その国や都市の映画産業の代表窓口が集まる区画になります。

例えば、各国や都市のパビリオンが海外のプロデューサーに対して、自地域へのロケ誘致を売り込みたいとします。その場合、その国や都市にあるロケ資源だけでなく、その土地でのロケにより得られるプロダクション・インセンティブ等の政府支援の紹介、撮影許可や滞在に必要な便利な情報、地元の撮影所や制作会社、クリエイティブ人材などの情報を提供します。また、中には地元人材と海外映画人とのネットワーキングイベントを開催する国や都市もあります。

もちろん、ビレッジ・インターナショナルの入り口にはゲートが設けられ、入場証を提示しないと立ち入ることはできません。

このように、公的な機関が集うカンヌ映画祭の国際ビレッジのパビリオンの役割とは、自分の国や都市をプロモーションすることで外国からの投資を呼び込み、地元の雇用に繋げることなのです。

◆世界的な流れに反するジャパン・パビリオン

２０１５年のカンヌ映画祭へのパビリオン出展は、日本としては5年ぶりのことでしたが、とにかく派手な税金の使いぶりが目立つ印象を受けました。

カンヌ映画祭フィルムマーケットのメイン会場の正面玄関にある階段や、現地で配られる海外エンタテインメント紙の表紙に、ジャパン・パビリオンの広告が躍っていました。また、「カンパイ・ナイト」と称した日本パビリオン主催のパーティーが開かれ、日本食や酒などが盛大に振舞われていました。

しかし、この盛大な広告宣伝を使って日本がパビリオンの目玉と紹介していたのは、くまモンの他に、「美少女アンドロイドＡＳＵＮＡちゃん、アスナちゃんがお待ちしています！」「コップのフチ子、ガチャガチャを体験していただけます！」というものでした。

この「コップのフチ子」という人形の展示ですが、短いスカートの事務制服を着た女性キャラクターが、逆立ちや開脚をして下着を見せているものでした。この玩具は、２０１８年に内閣府知的財産戦略推進事務局が取りまとめた「日本語り抄」と称するクールジャパン戦略資料の中でも紹介されていることから、政府を挙げて特段にプロモーションを注力されているようです。

近年のカンヌ映画祭は常に、映画産業の多くのリーダーたちによって女性のエンパワーメントや男女の機会均等が発信されています。

同映画祭で行われている議論には、決して銀幕の中の俳優だけでなく、カメラの向こう側で働く女性の監督や映画クルーの地位も含まれます。特に、映画産業のジェンダー研究を通じた女性の著しい雇用機会の不均等の是正や、産業の意思決定部分における女性不足が影響する女性のレプレゼンテーションに関するメッセージが、世界に先駆けて呼びかけられているのです。

例えば２０１８年、同年の映画祭で審査員長を務めたケイト・ブランシェットら82人の女優、女性監督、プロデューサーらが手を繋ぎ、映画業界の男女機会均等、賃金平等、セクハラの撲滅を訴えるために黒のドレスでレッドカーペットを歩きました。

これはMe Too運動のきっかけとなった、ハリウッドの大物プロデューサーであるハーヴェイ・ワインスタインの性的非行を受けて、映画界の安全な労働環境と機会均等を訴えるための団結をも示すものでした。

またこの年のカンヌ映画祭は、２０２０年までに映画産業の男女平等の実現や多様性を取り入れる取り組みである「5050x2020」憲章に調印しました。

この機会均等の取り組みは、映画祭や映画の意思決定に関係する上層部の構成を男女同数にすることに向け、実現に向けた具体的な達成日程を定めています。そして、この憲章はカンヌ映画祭の調印後に他の映画祭へも波及し、ヴェネツィア、ベルリン国際映画祭に加え、北米最大のトロント国際映画祭、フランスで行われる国際アニメ映画祭のアヌシー国際アニメーション映画祭などでも調印されています。

こうした映画業界の男女雇用機会が叫ばれるのには、映画内の女性のレプレゼンテーションが背景にあります。

例えば、アメリカにおいては女性を主人公にした映画、もしくは映画内で台詞のある女性の役がハリウッド映画全体の3割程度と低水準であることが、アメリカの複数の大学等による映画、TVのジェンダー研究で明らかになっています。

また、単に映画内の女性キャラクターが少ないだけでなく、そのキャラクター性も複雑な描写が少なく、反対にセクシャライズされ、ステレオタイプを押し付けられた場合が多い傾向にあることも指摘されています。

では、多様な女性の姿が反映されていないキャラクターを「誰が作っているのか?」という議論になった時、ハリウッドではそのほとんどが白人男性によるものでした。これは製作にグリーンライトを出す映画会社等の企業幹部だけに留まらず、監督、プロデューサー、脚本家といった創作の中枢に及ぶ役職が男性にほぼ独占されている状況で、女性や多様な人種のクリエイターが映画の意思決定部分に雇われていないことが問題であるとされています。

2009年に設立された女優のジーナ・デイビス率いるジーナ・デイビス・メディアにおけるジェンダー研究所(Geena Davis Institute on Gender in Media)は2014年1月、世界規模のメディアにおける女性のイメージについての研究結果を発表しています。それによると、商業映画の調査では、銀幕に映る俳優だけでなく、その映画を作る創作の意思決定部分に関しても、女性の雇用が著しい機械不均等状態にあることが指摘されています。

例えば、女性映画監督の雇用でいえばその数字はたった７％でした。ちなみに、この調査対象には日本も含まれていて、日本においてもクリエイティブの業界における女性の機会均等は共通の問題であるとされています。

アメリカの映画業界における男女雇用の不均等については、アメリカ連邦政府の雇用機会均等委員会（Equal Employment Opportunity Commission）も２０１５年頃から調査に乗り出し、２０１７年には「ハリウッドメジャースタジオが不当に女性監督を雇用していないのは雇用差別に当たる」とし、現状の是正を実行することを盛り込んだ国との和解に応じない場合は訴追すると勧告を出しています。

こうした映画産業の世界的風潮が２０１５年当時既にあった中、世界の公的機関が集まる区画で、短い制服のスカートをはいた女性が逆立ちして下着を見せたり、足の間にクローバーを掴み開脚していたりする人形を「目玉」として展示したら、どう思われるでしょうか？

カンヌ映画祭には、世界中から多様な文化的背景を持つ人たちが集まります。そういった場所でこのような人形を国の代表窓口で公に展示することは、特定の文化を背景に持つ人たちを不快にさせる可能性すらあります。

あるいは、日本のパビリオンで「私は顔しかないので、将来の夢はセクシーボディーを手に入れること」などと発言する美少女アンドロイドを見て、この国へ投資をしようと思う映画人は何人いるのでしょうか？

◆空回りする日本の「SUGOI」

経産省からの開示文書によると、ジャパンデイ プロジェクトの企画書には「一番効果的な場所とタイミングで日本コンテンツのPRをオールジャパンで実施する企画」という事業コンセプトが記載されていました。

しかし、カンヌ映画祭とは参加者を映画業界の人に限定した特別なイベントで、かつジャパン・パビリオンとは、一般商業ブースとは別の区画に位置する、自国の映画産業プロモーションを狙う公的組織が集まる場所になります。

そこに参加する映画業界関係者には当然なにがしかの目的と期待があり、それに対して公的機関の区画で特定の商業製品を展示することは明らかに場違いかつ不適切です。「一番効果的な場所とタイミング」でないことは、火を見るよりも明らかです。

私は「コップのフチ子」の展示について、当時のカンヌ映画祭フィルムマーケットのエグゼクティブディレクターであったジェロム・ピラード氏に、主催者側の見解を問う質問をしました。

すると、ピラード氏は「ご心配は理解しますが、ただこの展示はほとんど人目に触れることはなかった」と説明しました。つまり、日本が用意したパビリオンの「目玉」は全くの的外れかつ、無駄な展示だったわけです。

ジャパン・パビリオンでは、日本の映画産業への公益とは無関係の「日本のＳＵＧＯＩ」という冊子が持ち込まれていました。「日本のスゴイを世界のスゴイに」などの広告コピーは、政府に雇われたクールジャパン関連の広告代理店がしばしば使用する文句でもあります。

ジャパン・パビリオンの運営事務局はこの時、カンヌ映画祭でのイベントの盛況ぶりを語る自作自演の海外向けプレスリリースをＰＲ会社に流していたのですが、これをまともに取り扱う海外紙の報道はほとんどありませんでした。

時と場所を履き違えたこれらの展示を「一番効果的な場所とタイミングのクールジャパン発信」と認識していることから、ジャパン・パビリオンは日本の映画産業を本当に振興する意識のない人間によって企てられていたことは明白でした。

こうした光景を見て、私の脳裏に浮かんだ次の疑問は「一体誰が、わざわざ巨額の税金を使ってまで日本の映画産業の公益を損なうイベントを主催したのだろうか？」でした。

その答えはすぐに見つかりました。

このイベントには、「本プロジェクトは、経済産業省の支援を受け、実施いたします」との一文が添付されていたからです。

◆作成なし、取得なし、保有なし

私は当然、経産省に対する情報公開請求によって答えが得られると思い、このカンヌ事業に関する情報公開請求を行いました。

すると、開示期限である30日後、ＡＮＥＷの時と同じ部署である経済産業省メディア・コンテンツ課から驚きの決定書が届きました。

該当する行政文書は、作成も取得もしておらず、保有もしていない。

「経済産業省支援事業」と発表し、税金を活動資金として受け取る側の経産省をクレジットすることは、同省から税金が出ていることを意味します。ところが、情報公開請求をすると、経産省には「一切のこの事業に関する公文書は存在しない」という驚きの処分が下されたのです。

では、この年のカンヌ映画祭事業は、一体どこから税金が出ていて、それはいくらだったのでしょうか？　これも経産省へ電話をし、真相を尋ねました。

すると、このような回答が返ってきました。

お答えできません

なぜ「経済産業省支援事業」にもかかわらず、経産省に領収書など一切の公文書がないのかと尋ねても、「担当者が不在」との理由で回答を得ることはできませんでした。

この年の日本が行ったカンヌ映画祭事業には、当時の経済産業省メディア・コンテンツ課の柏原恭子課長と、同課の板橋優樹統括係長が出張していました。よって、少なくともこの方たちの出張に関する行政文書が存在しないはずがありません。

すると、その翌日に経産省の職員から折り返しの電話がありました。その職員の説明によると、経産省に一切の該当公文書がない理由は、私の情報開示請求が「カンヌ映画祭」と記載されていたため、「カンヌ国際映画祭は、フランス文化省、カンヌ市、フランスの地方団体および企業により運営されており、日本の経済産業省は運営に出資していないため運営費に係る文書は入手しておらず、保有もしていない」と解釈し、不開示処分を行ったためとのことでした。

一般的な常識として、日本の役所に対し、海外映画祭の運営費について情報開示を請求するはずもないことは、わかりそうなものです。また、経産省は万が一請求文書から該当文書の特定が困難な場合、請求人に問い合わせたり、場合によっては請求書の補正を命じたりすることができます。

しかし、この時の情報公開請求では経産省の解釈によって、私は開示手数料と開示期限の30日を無駄にしました。

経産省の「カンヌ映画祭はフランス政府の事業」という言葉尻を捉えた情報不開示決定には私も一本取られ、再請求をせざるをえないと理解しました。ただ、カンヌ映画祭への出張に関する文書までも不存在とする処分は承服できませんでした。

この出張の件について、電話をしてきた職員に問うと「この時の出張はカンヌ映画祭だけに出張した訳ではないので、開示請求書にある『カンヌ映画祭』と限定したあなたの請求に対する該当文書はない」と回答されました。

後日、私はこの経産省の不開示処分に対し、不服申し立てを行いました。私が不服申し立てを行う背景には、経産省に理由を説明させ、担当者によって二転三転する自分たちの行為を公文書に残させる目的もあります。

その後、情報公開個人情報審査会は「経済産業省職員の渡航費用に係る文書は、本件の対象文書に該当すると認められる」とした上で、経産省の情報公開の姿勢について「本件請求書に限定的な記載がないことから、法1条及び3条の趣旨に照らし、不適切といわざるを得ない」とし、「開示請求の趣旨に疑義がある場合には、開示請求者にその趣旨を確認するか請求文言の補正を求めるべき」と今後の対応を是正するよう要望する答申を出しています（情個審第2014号）。

経産省はこの答申を受け、本件の不開示決定の全てを取り消す決定に至っています。

その結果、当該出張に関する文書が新たに開示されました。見てみると、この時カンヌ映画祭に出張した二人の職員はそこへのみ滞在しており、「私たちはカンヌ映画祭だけに出張したわけではないので、その請求では該当文書は存在しない」との説明が全くの嘘だったことも判明しています。

◆消された名前

この頃、私は「ジャパン・パビリオン事業」についていくつかの事実を把握できました。

この年のカンヌ映画祭で行われたプロモーション事業は「ジャパンデイ プロジェクト」という総合事業の一つで、この事業は5月の「カンヌ国際映画祭」の他にも、7月のパリ「Japan Expo」、8月の「台湾漫画博覧会」、10月に再びカンヌで行われるコンテンツ見本市「MIPCOM」、さらに10月の東京でのイベント開催が計画されていました。

そして、このジャパンデイ プロジェクトを主催したのが、広告代理店の株式会社クオラスと株式会社アサツー・ディ・ケイ、そして第4章のロケーションデータベースの所で紹介した特定非営利活動法人映像産業振興機構（ＶＩＰＯ）で構成された「ジャパンデイ プロジェクトコンソーシアム」という企業連合でした。

また、ジャパンデイ プロジェクトのプロデューサーには、くまモンの生みの親として知られる小山薫堂氏が就任しており、主な事業として東京国際映画祭を運営している公益財団法人ユニジャパン出身の森下美香氏がブランディングマネージャーに就いていました。

私は、経産省に対する情報公開請求から情報が得られなかったため、当事者である同プロジェクトのホームページから、今回のカンヌ映画祭の事業費について問い合わせました。するとと、事業主体だと名乗る映像産業振興機構の市井三衛事務局長より、次の返事が届きました。

ジャパンデイ プロジェクトのＷＥＢページよりお問い合わせ頂きました内容について、本事業の実施主体であるＶＩＰＯの事務局長である私より回答させて頂きます。

経済産業省からの支援についてのお問い合わせですが、現時点において精算が完了しておらず、確定額ではありませんが、約１・02億円となる予定です。

このように、事業主体の事務局長も当初は「経済産業省からの支援」と述べており、その金額も確定前の概算で１億２００万円であると回答しています。

しかし、補助金を受け取る側が「経産省からお金が出ている」と答えているにもかかわらず、税金を出している側の同省は「ジャパンデイ プロジェクトは、経済産業省事業ではなく、税金に関する公文書は存在しない」と、辻褄の合わない行政処分を下しているのです。

また、ジャパンデイ プロジェクトには海外向けの英語版プレスリリースも作られており、そこには経産省のロゴが使用されていただけでなく、「This project is supported by the Ministry of Economy, Trade and Industry（METI) of Japan.」と「経済産業省支援事業」であることが明確に謳われています。

もし、経産省が主張するとおり同省が無関係であるならば、どこかの民間企業が勝手に政府ロゴを使用し、政府の支援という嘘を記載して事業を行ったことになります。

私は、ＡＮＥＷなどの映画産業施策に関する問題点をしばしばツイッターに投稿しています。この頃、カンヌ映画祭事業の問題点を立て続けに投稿したところ、千数百件のリツイートがありました。

私のツイッターには一定の反響が生じると、メディア関係者からの取材の問い合わせが届くことがあります。この時も、「週刊文春」と「ＦＲＩＤＡＹ」の週刊誌２誌がこの問題に興味を持ち、取材を受けました。また、両誌の記者は経産省に対して質問を行っています。

週刊誌が取材を始めるのと時を同じくして、ジャパンデイ プロジェクトが慌ただしく動きます。それまでホームページに記載されていたイベント主催者のクオラス、アサツー・ディ・ケイ、映像産業振興機構の名前だけでなく、イベントプロデューサーの小山薫堂氏の紹介ページも削除されました。そして、「経済産業省支援事業」の文字も消えました。週刊誌が突き出したタイミングで、一斉に関係各位の名前が公から消えたのです。

その後、「MIPCOM」と「東京イベント」の表記も削除されました。この削除を受けた私は、市井氏に次の内容の問い合わせをしました。

●ジャパンデイ プロジェクト主催の映像産業振興機構、クオラス、アサツー・ディ・ケイの企業名、及び小山薫堂氏の名前は、どのような経緯で削除したのか？
●補助金は事前の計画を申請し、支給決定を受けていると思うが、大々的に発表したイベントを何の通知もせずに変更した理由は何なのか？

すると市井事務局長からは、次のとおりの返事が届きました。

●コンソーシアムの構成員やプロデューサー等に関する調整が必要となった為、正確を期する観点から暫定的な措置としてウェブサイトから削除したものです。
●近日中に決定する予定ですので、改めてウェブサイトに掲載する予定です。

しかし、その後「台湾漫画博覧会」イベントも削除され、暫定措置と説明していた変更が掲載されることなく、結局ジャパンデイ プロジェクトは２０１５年の7月、カンヌ映画祭とパリのJapan Expoのイベントの終了をもって途中で打ち切られました。ですが、カンヌ映画祭で「経済産業省支援事業」として実施したイベントが、後で表記を消したからといって時間を遡ってその事実までなくなるわけではありません。

ただし、経済産業省メディア・コンテンツ課の説明は少しずつ真実へ近づいてきました。

それまでは「経済産業省のロゴの件も、市井事務局長の説明も省として承知していない」「カンヌ映画祭でのイベントはあくまでも経済産業省事業ではない」との見解を貫いていたのですが、問い合わせを続けているうちにようやく、この事業のお金の出所を述べるに至りました。

この時、電話で対応した同課の課長補佐の職員から、カンヌ映画祭でのイベント事業のお金は「コンテンツ海外展開等促進事業」であるとの説明がありました。

「コンテンツ海外展開等促進支援事業」とは、２０１２年度補正予算で成立した経産省の「コンテンツ海外展開等促進事業費補助金」と、総務省の「情報通信利用促進支援事業費補助金」による155億円の共同基金になります。この基金は「ジャパン・コンテンツ ローカライズ&プロモーション支援助成金」（J－LOP）と名付けられ、その名が示すとおり、日本のコンテンツの海外展開にかかるプロモーションやローカライズの経費を最大で50％助成する補助金制度として運用されていました。

◆自分で自分に補助金を

J－LOPの補助金は「間接補助金」です。つまり、補助を受ける事業者が経産省もしくは総務省に補助金を直接申請するのではなく、基金設置法人が補助金の申請や支払いに関する運営を間接的に行う仕組みになります。そして、経産省と総務省からこの事業を委託されていたのがカンヌ映画祭でのイベントを主催したコンソーシアムのひとつであった映像産業振興機構（VIPO）になります。

ただしこの時点では、カンヌ映画祭事業がJ－LOPの補助制度を利用したという事実にも、いくつかの疑問が残ります。

経産省と総務省は、基金設置法人の設置の募集を行う際に、事業実施の条件を定めた「コンテンツ海外展開等促進事業実施要領」を公表しています。

別表1

事業費用の区分

区　分	内　容
ローカライズ事業費	ローカライズ事業に要する経費
プロモーション事業費	プロモーション事業に要する経費
事業管理費	労務費、募集説明会等費、外注費、会議費、旅費、通信運搬費、物品費、消耗品費、システム運用費、調査費、事務所維持費、光熱水料、賃借料、印刷費、図書費、謝金、一般管理費他

（経済産業省　コンテンツ海外展開等促進事業実施要領　20130228財情第５号）

別表1

事業費用の区分

区　分	内　容
ローカライズ事業費	ローカライズ事業に要する経費
事業管理費	労務費、募集説明会等費、外注費、会議費、旅費、通信運搬費、物品費、消耗品費、システム運用費、調査費、事務所維持費、光熱水料、賃借料、印刷費、図書費、謝金、一般管理費他

（総務省　コンテンツ海外展開等促進事業実施要領　平成25年3月8日総情作第２４号）

実施要領

両省の各実施要領には次の条件が定められています。

事業費の区分は別表1のとおりとし、他の区分に流用してはならない。

この「別表1」ですが、経産省の実施要領を見ると、事業費の区分は「プロモーション事業費」「ローカライズ事業費」「事業管理費」、総務省の実施要領には「ローカライズ事業費」「事業管理費」と定められています。155億円の基金を預かる基金設置法人である映像産業振興機構が自らジャパンデイ プロジェクトのようなイベント事業を主催することは、実施要綱が定める「プロモーション事業費」「ローカライズ事業費」、映像産業振興機構への「事業管理費」のいずれにも該当しないため、そもそも流用が認められていません。

もし基金設置法人が自分で自分に「プロモーション事業費」を支出して構わないのであれば、明らかに公平性を欠く補助金の運用だと言えます。これについては、経産省も「自分で自分への補助金の支給はやってはいけないこと」との見解を語っていました。

また、J－LOPの運用規定では、透明性を確保する観点から、補助金を受給した事業者名とその事業内容が公表されることになっています。しかし、映像産業振興機構はジャパンデイプロジェクトについて、J－LOPを受給した事業者として公表していません。

さらに、Ｊ－ＬＯＰの運用規定では、Ｊ－ＬＯＰから助成を受けた事実を刊行物に可能な限り表記することが求められています。プロモーション事業費の記述例は、「助成：Ｊ－ＬＯＰ」もしくは「本事業は、コンテンツ海外展開等促進事業助成金（Ｊ－ＬＯＰ）の助成を受けております。」、クレジットに所管庁を含める場合は「本事業は、経済産業省によるコンテンツ海外展開等促進事業助成金（Ｊ－ＬＯＰ）の助成を受けております。」となっています。

しかし、ジャパンデイ プロジェクトにおいては、「経産省支援事業」の表記のみで、コンテンツ海外展開等促進事業助成金のＪ－ＬＯＰから助成を受けた事実が伏せられていました。

映像産業振興機構は補助事業者に対して、こうしたルールの徹底を指導、監督する立場で事業を請け負っているわけです。自分たちへ補助金を流用する時にだけ受給事実を非公開にして刊行物に適切なクレジット表記を行わないなど、不透明に基金を流用したのなら辻褄が合いません。

◆異動間際の海外出張

Ｊ－ＬＯＰを巡る映像産業振興機構（ＶＩＰＯ）への疑問は、ジャパンデイ プロジェクトへの不透明な補助金流用だけではありません。この補助金制度には予算要求の段階から、経産省とまだ入札するかもわからない映像産業支援機構との構造的な問題があったことも指摘すべきでしょう。

経産省がJ－LOP予算の概算請求を行った時に作成した「コンテンツ海外展開等促進事業費補助金」という資料の事業説明には、事業の委託先として「VIPO等を想定」と記されていました。

当たり前ですが、国が公共事業を入札にかける際、あらかじめ委託先の意思表示をすることは談合に当たります。独占禁止法の中の「入札談合等関与行為の排除及び防止並びに職員による入札等の公正を害すべき行為の処罰に関する法律」第二条は、次のようなことを「入札談合等に関与する行為」と定めています。

二　契約の相手方となるべき者をあらかじめ指名することその他特定の者を契約の相手方となるべき者として希望する旨の意向をあらかじめ教示し、又は示唆すること。

経産省はその後、この資料が不適切であったと気づいたのか、「VIPO等を想定」の一文を削除しています。

ただ、委託先の入札結果を見ると、3件の応募から経産省の「想定どおり」に映像産業振興機構（VIPO）が受諾しています。その後に作られたJ－LOP＋の60億円、2015年年度補正予算のＪＬＯＰの67億円、２０１６年度補正予算のＪＬＯＰ４の60億円、２０１８年度補正予算のＪ－ＬＯＤの30億円と、総額３７２億円もの同種の経産省事業において、その全てを映像産業振興機構が受託しています。

予算要求の時点から採択事業者の意思表明をしていた経産省と映像産業振興機構との深い関係は、カンヌ映画祭のイベント事業にも影を落としていました。

同省メディア・コンテンツ課の柏原課長の出張は、映像産業振興機構の「来賓」として招かれたものと説明していました。また、後に開示された「出張報告書」によると、経産省の出張の目的をこう記しています。

世界の映画祭・同併設見本市の中でも映画産業が最も重視しており、政府支援も手厚いとされる、カンヌ映画祭・同マーケットを視察するとともに、コンテンツを所管する各国政府の担当者が集う機会を捕まえ、各国の政府担当者と意見交換を行い、他国のコンテンツ産業支援策について聴取することで、今後の我が国のコンテンツ支援策の検討において参考とするための情報収集を行うことも、重要な目的の１つとして設定した。

経産省からの開示文書などの情報からわかっていることは、この時柏原課長は、現地でカンヌフィルムマーケットのディレクター、スペイン文化省に属する映像産業支援組織であるEl Instituto de la Cinematografía y de las Artes Audiovisuales（ＩＣＡＡ）のマーケティング部長、カナダの政府系映像産業支援組織 Telefilm Canada の宣伝部長の3名と意見交換をしたということです。

この3名をジャパンパビリオンに招いた意見交換の場を調整し、経産省に伝えていたのはジャパンデイ プロジェクトのブランディングマネージャーで、映像産業支援機構所属の森下氏だとわかっています。

つまり、経産省職員の出張は自らまとめた出張報告にある「重要な目的の1つ」すら自発的なものではなく、同省の補助金を受け取る側の映像産業振興機構によってお膳立てされたものだったと言えます。

そして、この柏原課長ですが、カンヌ映画祭への出張直後すぐに異動となっています。柏原氏の出張後、日本にはカナダやスペインのような制作現場に向いた支援策が生まれていないことからも、異動間際の課長が補助事業者に接待されるような形でカンヌに出張してパーティーに参加する必要性があったのか、個人的には大いに疑問を感じます。

◆職員との戦い

ジャパンデイ プロジェクトに話を戻すと、経産省はその準備段階から映像産業振興機構（ＶＩＰＯ）と密接にやりとりしていたこともうかがえます。

経産省は当初、週刊文春の記者と私に対し、同省がジャパンデイ プロジェクトのプロデューサーに小山薫堂氏を推薦したと説明していました。そこで私は、経産省に対し小山氏の推薦の件についても情報公開請求を行いましたが、「推薦した事実はない」と説明を変えられ、文書は不存在との行政処分を行っています。

その後再び、経産省職員は電話で「推薦はしていないが、映像産業振興機構に『小山氏はどうでしょうか？』と意見を聞かれ、『いいと思います』と答えた」と説明を変更しています。

いずれにせよ、映像産業振興機構が経産省の了承を伺うなど、経産省との事前のやりとりを経てジャパンデイ プロジェクトが実施されたことに変わりはありませんが、この方はクールジャパン展示について次のような見解を語りました。

経済産業省としてはカンヌ映画祭を知り尽くしている日本の大手映画会社も今年のカンヌでのアトラクションが日本の映画産業の振興に意味のあるものだと判断いただいておりま

す。したがって日本の映画産業のためになっているとの認識です。

経産省がゆるキャラのダンスや女性が下着を見せて逆立ちする玩具などの展示を「日本の映画産業のためになっている」と認識しているのは、カンヌ映画祭がどのような場所であるのかを理解しておらず、国のパビリオンの役割を一般商業展示ブースと混同しているからかもしれません。

前述した課長補佐の職員は、ジャパン・パビリオンについて「国際ビレッジは一般の商業ブースであり、あなたの認識こそが間違いである」と議論を挑んできたことがあります。そして、自身の主張が正当である理由として「クールジャパン製品の展示を、会場を貸すカンヌ映画祭主催者側が許可したからだ」とまで説明していました。

ですが、カンヌ映画祭の主催者がジャパンデイ プロジェクトを許可したのは、映像産業振興機構という日本の公的な映像産業支援の組織が「経済産業省支援事業」として申請したからです。一般の民間事業者が商業製品を紹介するのであれば、別の建物で行われている民間ブースを借りるよう指示されるでしょう。

ちなみに、私はその職員に対し「あなたは私の認識が間違いだと言いますが、あなたはカンヌ映画祭に行き、国際ビレッジがどういう場所なのか御自分の目で見たことがありますか？」

と尋ねたところ、「ない」と回答されました。もちろん、私はカンヌ映画祭に参加した経験があります。

カンヌ映画祭の国際ビレッジがどういう場所であるかは、映画祭の公式ホームページを見れば詳しく説明されています。私は、同職員へ即時にホームページを確認して認知するよう要望しましたが、「結構です」と断られました。税金を使う側の国は、そういった確認作業すら怠り、補助金を受け取る側の事業者と密になって準備に当たり、出張していたことになります。

◆背後にいる広告代理店

カンヌ映画祭での不適切なイベント事業費が賄われたとされるＪ－ＬＯＰの補助金基金ですが、事業を請け負った映像産業振興機構（ＶＩＰＯ）には広告代理店との密接な関係も存在しています。

カンヌ映画祭が発行した出展者名簿によると、国際ビレッジのジャパン・パビリオンを借りた事業者であるジャパンデイコンソーシアムには、シニアプロダクションマネージャーの肩書きでフジサンケイグループの広告代理店である株式会社クオラスの社員、外丸智弘氏の名前が記載されています。

Ｊ－ＬＯＰの補助事業の公式ホームページには「j-lop.jp」というドメインが使われていた

のですが、登録情報をみると、このドメインは２０１３年3月11日に取得されたとの記録がありました。そして、このドメインの取得者として登録されていたのが外丸氏になります。

さらに注目すべきは、このドメインの取得日です。経済産業省がＪ－ＬＯＰの公募結果を公表したのは同年3月14日です。これは同氏がドメインを取得した日の３日後になります。なお、経産省からの開示文書によると、同省が映像産業振興機構から補助金の交付申請書を受け付けたのが3月11日で、交付の決裁日と施行日が3月12日となっています。

したがって、外丸氏は補助金交付が経産省内で決裁され制度として施行されるよりも１日早く、補助金基金の正式名称となる「Ｊ－ＬＯＰ」という公式ドメインを取得していたことになります。

映像産業振興機構は、経産省と総務省の公募結果発表と同日の２０１３年3月14日に事業を受託したことを告知するプレスリリースを発表しています。そこには「※本事業の詳細につきましては、後日、3月19日よりウェブサイト（www.J-LOP.JP）にてご案内致しますので、しばらくお待ちください。」と記載されており、さらに「本件・リリースに関するお問い合わせ先」の連絡先として「ＮＰＯ 法人 映像産業振興機構　ジャパン・コンテンツ海外展開事務局 Question@J-LOP.JP」と記されています。

つまり、外丸氏が、経産省が決裁し、制度が施行される前に取得、管理していたドメインは、映像産業振興機構が基金管理事務局を設置する告知を行うと同時に採用され、なおかつメールを受信できる設定が済んでいたことになります。

今回の「コンテンツ海外展開等促進事業費補助金」において、補助金適正化法上で定義される「補助事業等を行う者」である「補助事業者」に当たるのは映像産業振興機構です。なぜ、法律上「第三者」に定義される広告代理店の一社員が、業務の一部であろう補助制度の公式ドメインを取得及び管理するに至ったのでしょうか？

前に述べました「コンテンツ海外展開等促進事業実施要領」には、次の要件が規定されています。

事業の実施体制等　基金設置法人は、本事業の円滑な実施のため、以下の対応を適切に行うための体制を整えなければならない。

（１）事業の公募及び説明会の開催
（２）当該事業の交付決定に係る業務（交付申請書の受理・交付決定通知書の発出等）
（３）当該事業の進捗状況管理、確定検査、支払手続及び事業に関する問い合わせ
（４）事業の周知徹底
（５）本事業に関する問い合わせ、意見等への対応

（6）その他の事業管理に必要となる事項についての対応

つまり、公式ドメインの取得と管理は、実施要領によって定められた業務の一部に当たります。そうなると、映像産業振興機構がＪ－ＬＯＰの交付を受ける際の条件である「本事業の円滑な実施のための体制」の中に、第三者の外丸氏もしくはクオラスが組み込まれていたと考えられます。

一般論では、補助事業者が補助事業の業務の一部を勝手に第三者に委託するような行為は認められないでしょう。ちなみに、Ｊ－ＬＯＰの第二弾であるＪ－ＬＯＰ＋の交付要綱には次の条文が制定されています。

第10条、補助事業者は、補助事業の一部を第三者に委託し、又は第三者と共同して実施しようとする場合は、実施に関する契約を締結し、大臣に届けでなければならない。

私は、映像産業振興機構が外丸氏もしくはクオラスと契約を締結し、それを経産大臣に提出しているのかを確認するため、情報開示請求を行いました。しかし経済産業省の処分は、映像産業振興機構はいかなる第三者との間にも、補助事業の委託もしくは共同実施についての契約に関する文書は「作成も取得もしていない」との理由で存在しない、というものでした。

果たして、貴重な税金で運営する補助金事業の一部を大臣に無届けで第三者に委託してよいものなのでしょうか？

Ｊ－ＬＯＰの１５５億円の補助金交付決定においても、法律に基づき省の長である経産大臣と総務大臣が補助金交付要綱を制定し、映像産業振興機構に通知しています。

ただし、経産大臣が制定した交付要綱を見てみると、第三者との契約についての規約が定められていませんでした。それればかりか、民間の契約では常識的な条項と言える「債権譲渡の禁止」や「暴力団排除に関する誓約」などもなく、経産省拠出分の１２３億円もの補助金を交付するに当たり、極めて「緩い」交付要綱となっています。したがって、外丸氏の補助金管理事務業務への参加は、経産省の交付要綱のもとでは特段問題とは言えません。

しかし、Ｊ－ＬＯＰは経産省と総務省の共同基金です。Ｐ３０３に掲載した実施要領を見てわかるとおり、経産省と総務省の「事業管理費」の定義が全く同じであることから、公式ホームページのドメイン取得及び管理に係る「事業管理費」の部分においては経産省交付分と総務省交付分のお金が区別できないため、総務省の交付分に係る交付要綱も適用されると考えられます。

総務大臣が制定した交付要綱には、経産省の交付要綱が定めていない「契約」に係る制約条項が次のように定められています。

第16条　補助事業者は、補助対象経費の遂行に係る契約をする場合には、一般の競争に付さなければならない。ただし、補助事業の遂行上一般の競争に付すことが困難又は不適当である場合においては、指名競争に付し、又は随意契約によることができる。

すなわち、もし映像産業振興機構が外丸氏もしくはクオラスに、業務の一部であるドメイン取得と管理を委託する契約を行う場合、原則はこの交付要綱に沿って一般競争入札にかけなければなりません。しかし、映像産業振興機構が業務の一部を競争入札にかけた痕跡はどこにも見当たりません。

そもそも、外丸氏がドメインを取得した日は、交付決定が下されて制度が始まる前であることからも、一般競争はおろか指名競争を経ていたとは到底考えられません。したがって、この部分において、公平かつ公正な税金の使い道を定めた交付要綱に違反している疑いが発生しているものと考えられます。

仮に、世間の目につかないところで競争入札を経ていたとしても、外丸氏は制度開始前に基金名称のドメインを取得していることから、入札前に何らかの情報を取得し、映像産業振興機構と話をしていたと考えるのが自然で、交付決定の2日後には事務局で運用されていた事実を見ても、即日公募、翌日採択のようなプロセスでない限りあり得ないでしょう。

唯一、法律及び補助金交付要綱において外丸氏の行為が適切である理由になり得る条件があるとするならば、公式ドメインの取得と管理という業務の一部が「補助事業の遂行上一般の競争に付すことが困難又は不適当である場合の随意契約」に該当する場合でしょう。しかし、ドメイン取得、管理という事業管理業務の委託契約が一般競争に付すことが困難かつ不適当で、どうしても同氏もしくはクオラスに随意委託しなければならない特段の理由など果たしてあり得るのでしょうか？

この件に関して所管の総務省情報流通行政局情報通信作品振興課は、映像産業振興機構から補助対象経費の遂行にかかわる第三者との契約についての報告は一切受けておらず、関連する公文書についても「作成も保有もしていない」と回答しています。

このように、J―LOPには、補助金の交付要綱に照らし合わせると適切性を示す根拠が見当たらない、広告代理店による補助金基金の管理業務参加が確認できます。結果的に、そのお金の一部が、映像産業振興機構とクオラスらで組織されたコンソーシアムが執り行うジャパンデイ プロジェクトに流れ、外丸氏はシニアプロダクションマネージャーの肩書でこの事業を取り仕切っていたわけです。

ジャパンデイプロジェクトの公式ホームページのドメインには「japanday.jp」が使用されていたのですが、登録情報を確認すると、これもまた2015年1月9日に外丸氏個人の名前で取得、管理されていたものでした。

私は、J－LOPの基金運営とジャパンデイプロジェクトの業務に携わる同氏について確認すべく、映像産業振興機構に電話で問い合わせを行いました。しばらく待たされたあと、カンヌ映画祭のイベント事業の担当者を名乗る事務局員が電話に出ました。しかし、私が尋ねると「ここにはたくさんの人が働いているため、外丸という人物は知らない」と回答しました。

しかし、こう回答した事務局員は、カンヌ映画祭の出展者名簿のジャパンデイプロジェクトコンソーシアムに登録されていた森下氏、外丸氏を含む四人のスタッフのうちの一人で、役職も外丸氏と直属の関係にある、プロダクションマネージャーと記されていました。

国際ビレッジのパビリオンというそれほど広くない空間で、四人しか登録されていない同僚スタッフについて「ここでは大勢働いているので外丸という人物は知らない」と答えたのはなぜでしょうか。

ちなみに、補助金適正化法第5条1項の規定に基づき提出された、映像産業振興機構の補助金交付申請書には、業務実施として「本事業に関する問合せ、意見等への対応体制を整備する」と書かれています。つまり、法律に基づいて承認された業務についての約束事が、公の金を受け取った後に蓋を開けてみると、異なる業務実態に成り代わっていたことになります。

私は、映像産業振興機構の事務局長の市井氏に外丸氏について尋ねる問合せを電子メールで送りましたが、回答が届くことはありませんでした。

さらに、経産省にも外丸氏について尋ねました。すると、経産省メディア・コンテンツ課の課長補佐の職員から、同氏は映像産業振興機構と業務提携の関係であると説明を受けました。実は、この後に経産省の別の職員がもう一度外丸氏についての説明を変更しています。その職員は「外丸氏を知っているとも、知らないともコメントしない」と答えました。

ちなみに、この時電話口に立っていた職員は、カンヌ映画祭に出張し、外丸氏が仕切るジャパンデイ プロジェクトに参加した板橋氏になります。

なお、私が外丸氏について経産省と映像産業振興機構に問い合わせをした後くらいでしょうか、Ｊ－ＬＯＰおよびジャパンデイ プロジェクトの公式ドメインの登録が同氏から、映像産業振興機構の英語の略称であるＶＩＰＯに変更されました。

私は、本書を執筆するに当たり、外丸氏が所属するクオラスにも以下の内容の質問状を送り、補助金の交付要綱違反の疑いが拭い切れない契約形態についての真相を尋ねました。

●経産省が説明した業務提携という形は間違いないか？　また、その時期と期間は？

●「j-lop.jp」ならびに「japanday.jp」のドメインを取得、管理した経緯は？
●「j-lop.jp」ならびに「japanday.jp」のドメイン管理をＶＩＰＯに変更した経緯は？
●外丸氏は経産省の決裁および補助事業制度の施行前に関係情報を入手していたのか？

これに対し、クオラスから以下の回答書が届きました。

ご回答

弊社は民間の事業会社であり、お取引先様との間で締結している取引基本契約により、その内容には守秘義務がありますことをご了承ください。

今般いただいた質問は、弊社とお取引先様との取引に関するものであり、その内容については弊社としてはご回答することができませんことをご理解ください。

以上

上記、ご査収のほど、よろしくお願い申し上げます。本回答を記事等で再利用する場合は段落や文章を切り取らず全文掲載すること、個人情報は記載しないことを条件とさせていただきますので、なにとぞご了承ください。

この回答は、私の質問に含まれる外丸氏のドメイン取得、管理の部分においても、クオラスは映像産業振興機構と取引基本契約を結んでおり、守秘義務によりその取引の内容に関して回答はできないと言っていると解釈することができます。

一方で、前述のとおり、経産省と総務省とも、補助金交付を認めたＪ－ＬＯＰの事業管理業務において、クオラスだけでなくいかなる第三者との契約についても映像産業振興機構から報告を受けておらず、契約に伴う公文書も存在ないと決定しています。まして、総務省の交付要綱には第三者との「契約」について明確に規定した条文が制定されています。この点は、私が取得した国側の説明と公文書との整合性において腑に落ちないと感じます。

このクオラスですが、Ｊ－ＬＯＰとの結びつきが強い広告代理店です。映像産業振興機構が公表したプロモーション支援を受けた「Ｊ－ＬＯＰ交付決定事業者一覧」にその名前があることから、同社は映像産業振興機構が管理する民間への補助事業費から補助を受けていたことがわかります。

さらに、Ｊ－ＬＯＰのお金は東京国際映画祭を運営する公益財団法人ユニジャパンにも流れていて、その金額は２０１３年で１億９０００万円、２０１４年で６１００万円となっています。

これについては、２０１５年10月10日発行の雑誌「プレジデント」へ私が寄稿した「なぜ東京国際映画祭は世界で無名なのか」でも触れましたが、クオラスは２０１０年から２０１４年の少なくとも5年間、東京国際映画祭の広報宣伝事業を独占的かつ連続的に請け負っています。同映画祭には文化庁、経産省、東京都らから毎年巨額の税金が注がれ、特に首相官邸と経産省から「クールジャパンとの連携」の号令が掛かった２０１４年には税金投入が11億円にも跳ね上がりました。ユニジャパンからの東京国際映画祭の委託事業を通して、クオラスはここでも間接的にＪ－ＬＯＰの金を獲得していたことが推察できます。

繰り返しになりますが、経産省は予算の概算請求を行った際に「ＶＩＰＯ等を想定」と、予め委託先の意思表示を行っています。そして、国の想定どおりの公募結果として映像産業振興機構（ＶＩＰＯ）が間接補助金事業を受託したわけです。さらに、交付決定前から広告代理店の社員が動き、その後も基金管理団体と密に、補助金適正化法に定義された「補助業等」を、法律に則って作られた交付要綱に原則として定められた適切な競争を経ずに取り仕切っています。

◆経団連の要望

このように広告代理店との関係が深いＪ－ＬＯＰですが、その予算成立と事業受注に大きな影響を与えたと思われる団体が存在します。それは経団連です。

外丸氏がオープニングイベント統括を務めた２０１２年の第25回東京国際映画祭のトップで

あるチェアマンだったのが、経団連エンターテインメント・コンテンツ産業部会部会長で、映像産業振興機構の幹事理事である依田巽氏になります。

この経団連エンターテインメント・コンテンツ産業部会とは、2012年12月28日に「わが国コンテンツの海外展開支援策に関する緊急要望」と題し、J－LOPの元となる予算を緊急要望する政策提言を行った団体です。要するに、J－LOPはこの経団連の予算要望に端を発する制度でした。

経団連は補助金への予算要望だけでなく、その事業を請け負う映像産業振興機構の設立にも深く関与しています。

そもそも、映像産業振興機構は映像産業全般の振興を推進するアメリカの公的支援組織のアメリカン・フィルム・インスティチュート（AFI）やイギリスの政府機関であったUKフィルムカウンシル（現在のブリティッシュ・フィルム・インスティチュート、BFI）[*]のような機関をモデルに掲げ、2004年3月に経団連が映像産業全般の振興を推進する機関の設置を

＊　UKフィルムカウンシルは2000年に設立されたイギリスの政府機関。イギリス政府は2011年3月31日をもって同機関の廃止を決定、多くの支援行政の機能をブリティッシュ・フィルム・インスティチュートに引き継ぎ、組織は消滅した。

提言し、内閣府へのNPO法人化の申請と承認を経て、2005年6月に設立された組織です。

そして、経団連は選挙において自民党支持を表明している団体でもあります。当時の経済再生担当大臣だった甘利明議員は、知財立国の推進をテーマに行われた、雑誌「月刊ニューメディア」2013年8月号での依田氏との対談中で、2013年に依田氏が社長を務めていた映画配給会社の作品『そして父になる』が第66回カンヌ映画祭で審査員賞を受賞した際、「帰国した依田さんがすぐに私のところに報告に飛んできてくれた」と語っています。このことからも、予算提言を行なった経団連幹部で、それによってできた事業を受託した映像産業振興機構の理事と、知財政策分野の自民党の重要閣僚とが非常に近い間柄だったこともうかがえます。

J－LOPを巡る一連の流れを整理すると、こうなります。

自民党の支持母体である経団連が自民党政権に予算要望を行い、その政策提言を受けて予算が成立し、そうしてできたクールジャパン補助金事業の運営は、これまた経団連が設立設置を提言した組織に受託されます。

その過程では、事業を所管する経産省が事前に委託先の意思表示を行い、短期で行われた公募も実際にそのとおりの結果になり、その組織の理事を務める経団連幹部に近いかつ経団連に所属するTV局を保有する巨大メディア企業の広告代理店に勤める社員が、補助金基金の公式ウェブサイトのドメインを経産省の決裁日の前日に個人で取得、管理するなど、業務の一部を法律に則って作られた交付要綱で原則行うと定められた競争を経ずに執り行い、公的補助金制度の運用に深く関わっていたことになります。

◆蜜月の継続

２０１９年５月には、内閣府知的財産戦略推進事務局が１億８０００万円の予算を組み、大型予算の映画やテレビドラマ誘致を目的とした「外国映像作品ロケ誘致プロジェクト」の試験事業を実施しています。

これを報じた海外エンタテインメント紙によると、この事業の受付窓口は映像産業振興機構（ＶＩＰＯ）となっていて、日本のクルーの無償残業を売りにしてロケ誘致をＰＲしていたジャパン・フィルムコミッションも事業に参加しています。

しかし、このプロジェクトの実施状況にはいくつかの不可解な点が見受けられました。

先ほどの海外紙の報道によると、事業の応募は２０１９年5月20日〜6月10日という短期間になっていたのですが、それはともかく、応募に関する情報が内閣府をはじめ映像産業振興機構、ジャパン・フィルムコミッションのホームページに見当たりませんでした。

これについて内閣府へ問い合わせたところ、確かにこの事業は実施されていて、その情報は映像産業振興機構の「事業内容」をクリックし、一番下までスクロールするとようやくたどり着けるところに掲載されていました。ロケ誘致がもたらす公益のために、広く応募をかけるべき事業なのは言うまでもありません。

なぜ主だった告知がないのか、別の海外紙の記者が映像産業振興機構を取材したところ、同機構の広報は「我々はホームページ上、および日本の産業系ニュースを扱う『文化通信』を通し告知を行っている」と回答しました。

しかし、映像産業振興機構の広報が語る「文化通信」とは有料購読が必要な媒体で、かつこのニュースが掲載されたのは5月30日のことでした。また、同機構がホームページのトップページに応募についての告知を掲載したのは5月31日でした。同機構が主張する「告知」は、応募期間が半分ほど過ぎた後から行われていたわけです。

私はまるで秘密裏に実行されているロケ誘致事業に違和感を抱き、内閣府に対し情報公開請求を行いました。すると、さらに驚きの事実が明らかとなりました。

本事業は「J－LOP」と同質の「間接補助金」による運営になるのですが、これを受注した元請けは、J－LOPで映像産業振興機構と深く関わっていたクオラスだったのです。

今回のケースはJ－LOPの際の補助金の流れとは逆で、クオラスが受託した事業の補助金基金運営の業務を、映像産業振興機構に再委託させていました。

クオラスが内閣府に提出した開示文書「再委託申請書」には、「総額３７１億円の補助金運営の深い知見」という文言があります。あのカンヌ事業を含む映像産業振興機構の補助金運営が、新規の公共事業入札において「経験と能力」として評価されてしまっていました。

映像産業振興機構を取り込んだクオラスは、入札の際の技術評価において「地域経済の振興等に資する外国映像作品の誘致に活用する組織体制、ネットワーク」の項目において加点を得ており、「A」評価と判定されています（内閣府開示文書参照）。

また、2019年6月6日付の「ハリウッドレポーター」紙の記事によると、ある一定額の政府の仕事を受注するための資本金規定を理由に、本事業をクオラスが受注し、映像産業振興機構、ジャパン・フィルムコミッションに再委託する必要があったとされています。私は外丸氏について尋ねる質問とあわせて、クオラスに本事業の再委託の経緯についての質問を送りましたが、回答は前で紹介したとおりです。

開示文書によると、この事業の競争入札は、クオラスの1件のみで決まっています。

国のロケ誘致事業に関して、運営のほとんどが税金でまかなわれている映像産業振興機構と国の代表窓口であるジャパン・フィルムコミッションの二者を取り込んだクオラスに「競争」できる、他の事業者など存在しえないでしょう。この入札は極めて出来レースに近いものだったように思えます。

今回はあくまで試験事業になりますが、今後はJ－LOPのように巨大な補助金基金へ拡張することが想定されます。その時、今回の試験事業を受託したクオラスは税金で映像産業を支援する目的のNPO法人との実に親密な「ネットワーク」と「経験と深い知見」を有することから、事業受託の第一候補になりうるでしょう。

日本ではこのように、クリエイティブ産業に関する「公的」な支援を行うための補助金制度が作られる時に、フジサンケイグループという、テレビ局を持つ巨大メディア企業体に属する広告代理店がこれを取り仕切る実態となっています。他国のような制度作りが議論されても、日本では制度の運営において極めて異常な仕組みがまかり通っているのです。

◆不都合な第三者検証

経団連は映像産業振興機構の設立提言を行う際に、アメリカン・フィルム・インスティチュートやUKフィルムカウンシルの日本版だと説明していました。ですが、米英のこうした組織の公益意識は、日本とは雲泥の差です。

例えば第4章でも説明しましたが、英国のブリティッシュ・フィルム・インスティチュート（BFI）であれば、産業政策の成果数値を、国内産業現場の雇用と、そこでの経済に回った製作消費で測っています。これに加え、BFIはジェンダー研究も盛んに行っていて、イギリスの映像産業における男女機会均等の問題を広く公表しています。日本はBFIをモデルとして公的な映像産業の支援機関を組織していますが、クールジャパンイベント事業に精を出す一方、こういった面は一切参考にしていないようです。

もちろん、これらの機関が特定のメディア企業との癒着を見せたら間違いなく大問題になります。まして、公的補助金の運用業務の一部を広告代理店に任せたり、映画産業の支援を名目にカンヌ映画祭で効果の薄いイベントに巨額の税金を使ったりすれば、瞬く間に厳しい批判にさらされることでしょう。

一方で、日本版は「外国のような支援組織を」「外国のようなロケ誘致制度を」といい、いざそのような箱が作られても、産業支援の根本を理解していない利権絡みの組織や制度になっています。加えて、国も問題を問題として理解していません。こうした無駄な補助金の受け皿となる法人の存在は、日本の映画産業において制作現場が支援されない元凶とも言えます。

経団連は第1弾のＪ－ＬＯＰの後も、毎年のようにコンテンツ海外（展開）支援の継続と拡充に関する緊急要望を続けており、その都度新しい予算が組まれ、事業が行われていきました。

その中の一つである２０１５年11月30日発表の政策提言には、次のような説明があります。

Ｊ－ＬＯＰを通じて、82カ国に向けた３８１５件の海外展開事業が採択され、Ｊ－ＬＯＰ利用事業者の海外売上総額は２０１２年から２０１５年にかけて約１２５０億円増加するなど、具体的な成果が出ており、産業界としても高く評価している。

このように、経団連は数字を用いてJ－LOPには具体的な成果が出ているとし、制度の継続を訴えています。

しかし2018年、この予算要望とは矛盾する第三者検証の結果が公表されました。

この年、総務省がクールジャパンの推進に関する政策について、総体としてどの程度効果を上げているかなどの総合的な観点から評価を行い、検証結果を公表しました。

その報告書によると、J－LOPは約半数近くが必要性の乏しい企業に補助金を支出しているとあり、総務省は経産省に対して改善勧告を行っています。

すなわち、映像産業振興機構はJ－LOPという補助制度の有無に関係なく、元から海外展開をしていた企業らに補助金を支出し、新規の海外展開案件が推進されていませんでした。そうした実態がありながら、経団連は「具体的な成果が出ていて、産業界も高く評価する」と説明し、予算の継続と拡充を訴えていたことになります。

総務省からは無駄の多さゆえに改善を勧告された補助金運用ですが、一体どのような論理で、予算の継続と拡充を訴えるための「成果」が出ていたとしたのでしょうか？

経団連が主張する「成果」の根拠とされる「2012年から2015年にかけて約1250

億円増加」という数字は、同団体の予算要望によって事業を受託できる映像産業振興機構が発表した数字に過ぎません。この評価は客観性に欠けるでしょう。

そもそも、比較対象となっている２０１２年の為替レートが平均１ドル＝80円であるのに対し、２０１５年は１ドル＝１２１円です。同じものを同じだけ海外に販売しても、それだけで51％の為替差益が発生し、日本円建ての売上高は増加します。そのため、売上高が１２５０億円増加したという数字だけをもって、この成長が純粋にクールジャパン補助金制度によって生まれたものであるとは言えません。

ところが結局、額面通りに受け取ることのできない成果を根拠にした経団連の予算提言を受けて、第１弾の１５５億円に続いて60億円、67億円、60億円、30億円という予算が経産省によって次々と組まれていき、今日まで総額３７２億円の税金事業が全て映像産業振興機構に流れているわけです。

映像産業振興機構は、Ｊ－ＬＯＰ終了時に経産省に対して「コンテンツ海外展開等促進事業費補助金実施状況報告書」を提出しています。そこには、使い切った税金額の表とともに「基金事業の効果」がこう謳われています。

民間事業者等が行う優れたローカライズ及びプロモーションを行う事業を助成することで、

日本のコンテンツの海外展開を促進し、日本ブーム創出に伴う関連産業の海外展開の拡大、観光等を促進した。

今となっては半数近くが必要性のないものだったとわかっている155億円のクールジャパン政策の効果検証が、何ら具体性を示さない簡単な一文のまとめで終わっているのです。

第8章

J-LOPの不都合な真実

◆不可解な20億円の契約変更

カンヌ映画祭での事業に端を発した調査から、改善勧告が出される事態になったＪ－ＬＯＰの、背後に経団連を介した構造や、基金管理法人と広告代理店の強すぎる繋がりが姿を現したわけですが、私は翌事業年度に取得した公文書によってさらなるＪ－ＬＯＰの不都合な真実を目の当たりにします。

第7章の「◆自分で自分に補助金を」で触れた補助金実施要領が定めているとおり、補助事業者である映像産業振興機構（ＶＩＰＯ）が、自分で事業主体を担い広告代理店らとカンヌ映画祭でのイベントのようなプロモーション事業に補助金を使うことは、補助金適正化法の下において認められていません。事実、２０１３年の交付申請時に、映像産業振興機構が経産省に提出した事業計画においても、補助金を自分たちによるイベント事業の目的に流用することは示されていません。

経済産業省メディア・コンテンツ課課長補佐の職員は、カンヌ映画祭という個別の事業についての情報はないが、Ｊ－ＬＯＰ事業の終了後には総合的な行政文書が存在すると説明していました。そのため、私はＪ－ＬＯＰ事業の終了を待って、再び情報公開請求を行うことにしました。

この時に取得した公文書によると、映像産業振興機構は補助金基金１５５億円のうち４億円を「事業管理費」、残りの１５１億円を民間事業者に分配する「補助事業費」とする内訳の事業計画を提出して事業を受託していました。当然、この時承認された４億円では、通年の基金管理の事務費を賄いながら、カンヌやパリでド派手なイベントを打ち上げることなどできないでしょう。

「補助金等に係る予算の執行の適正化に関する法律」の規定では、映像産業振興機構は、経産大臣または総務大臣の承認なしに補助金の経費区分や目的を勝手に変更することはできません。ただ、経産省と映像産業振興機構は、非公表で補助金の使い道を大きく変えるルール変更を行っていました。

同機構は２０１４年１月22日に「事業管理費」の金額を大幅に変更する変更申請を経産省に提出しています。実は、この変更申請こそが、カンヌ映画祭イベント事業の経費を捻出したカラクリでした。

この変更申請では、経産省交付分の民間への補助事業費を23億４１０６万円減額し、映像産業振興機構が自分たちの事務費として使える「事業管理費」へと転嫁する申請が行われました。その結果、映像産業振興機構の「事業管理費」の総額は28億２５００万円となり、競争入札の際に承認された４億円から７倍以上に跳ね上がりました。

急騰した「事業管理費」の中で、特に増額が顕著だった経費区分は「広報費」で、計画時の1255万円から20億2800万円もの流用が承認されていました。

例えば、クールジャパン海外展開補助金の第2弾「J－LOP＋」で同機構が会計報告にて計上した広報費は200万円となっています。その実績内訳は、助成金公式サイトの運営、メールマガジン、冊子作成です。つまり、補助金基金管理の本質である補助事業の制度を認知してもらうための「広報」であれば、数百万円単位の金額で行うことが可能ということです。20億円を費やす広報活動とは一体何なのだろうか？　妥当な理由が見当たらない私の脳裏には大きな疑問が浮かびました。私はさらに公文書を追うことにしました。

この変更申請に際し、映像産業振興機構は「コンテンツ海外展開等促進事業費補助金に係る基金事業契約 変更承認申請書」という文書を経産省に提出しているのですが、変更目的の内容について「別紙計画書のとおり」と記しています。

私は、手書きで「別紙」と書かれた事業計画書と思われる文書の全てに目を通しました。すると、その中に「コンテンツ海外展開等促進事業 契約書 新旧対照表」という文書があり、今回の契約の変更点が示されていました。この文書には唯一の変更点として「事業者と一体化した広報型プロモーション事業の実施（別紙）」と記されていました。

実は、この「事業者と一体化した広報型プロモーション事業」こそ、広告代理店らと一体化したカンヌ映画祭のイベント事業の正体でした。経産省は後に、情報公開・個人情報保護審査会でのやり取りの中でこの事実を認めています。

基金管理法人は、上記の事業管理費を活用し、平成27年度における日本映画のＰＲ事業を、特定事業をコンソーシアムに委託しており、カンヌ映画祭でのイベントは、このＰＲ事業（特定事業）の一部であった。

（情個審第２０１４号　理由説明書　経済産業省　平成27年9月24日）

◆実態なき変更計画と大臣承認の矛盾

補助金の交付申請について、補助金適正化法第5条にはこう記されています。

第五条　補助金等の交付の申請（契約の申込を含む。以下同じ。）をしようとする者は、政令で定めるところにより、補助事業等の目的及び内容、補助事業等に要する経費その他必要な事項を記載した申請書に各省各庁の長が定める書類を添え、各省各庁の長に対しその定める時期までに提出しなければならない。（補助金等の交付の決定）

また、続く同法第6条は、各省各庁による審査について次のように定めています。

第六条　各省各庁の長は、補助金等の交付の申請があつたときは、当該申請に係る書類等の審査及び必要に応じて行う現地調査等により、当該申請に係る補助金等の交付が法令及び予算で定めるところに違反しないかどうか、補助事業等の目的及び内容が適正であるかどうか、金額の算定に誤がないかどうか等を調査し、補助金等を交付すべきものと認めたときは、すみやかに補助金等の交付の決定（契約の承諾の決定を含む。以下同じ。）をしなければならない。

映像産業振興機構が提出した20億円の流用変更申請に記された目的の「事業者と一体化した広報型プロモーション事業の実施」は、単なる経費区分の金額の変更ではなく、交付申請時にはなかった全く新しい補助金の利用目的になります。当然、国民から徴収された税金その他の貴重な財源で賄われる補助金が公正かつ効率的に使用されるための法律的観点からも、国は、突如湧いた20億円の流用目的においても「内容」を提出させ、それが適性であるか、金額が妥当であるか等を審査すべきと私は考えます。

例えば、映像産業振興機構がフランス、台湾、日本で行う5回の総合イベント事業だったジ

ャパンデイ プロジェクトを想定して「事業者と一体化した広報型プロモーション事業の実施」という目的に20億円もの「広報費」の流用変更を申請したのであれば、ジャパンデイ プロジェクトの具体的な「内容」の準ずる資料が提出されて然るべきで、経産省もその内容、金額を審査し、承認したと考えるのが普通でしょう。

しかし、結論から申しますと、映像産業振興機構から具体的にどのような「事業者と一体化した広報型プロモーション事業」を行うのかに関する内容の提出がないまま、当時の茂木経産大臣は20億円もの巨額流用を承認する決定を下しています。

Ｊ－ＬＯＰ交付の際に経産大臣が定めた「コンテンツ海外展開等促進事業費補助金交付要綱」の第五条の３に、次の条文があります。

補助金の交付の決定を受けた後の事情の変更により基金事業計画書（様式第２）の内容を変更して事業を行う場合には、速やかに変更した基金事業計画書（様式第２）を経済産業大臣又は両大臣に提出しなければならない。

交付要綱に添付されている（様式第２）を見ると、そこには「その他、基金事業の内容等を確認するために必要な資料」を添付資料として提出することが求められていました。

映像産業振興機構が提出した申請書に書かれていた「別紙計画書のとおり」に該当する「別紙」にはさらに、「事業者と一体化した広報型プロモーション事業の実施（別紙）」と書かれていました。このことから、私は当然、この別紙の別紙に当たる「(別紙)」に、20億円の流用に相当する理由が載った事業計画書があるものだと思っていたのですが、どこを探しても該当するような文書は見当たりませんでした。

私は、経産省が開示文書の全てを特定せずにこの「(別紙)」を隠蔽したのではと思い、情報公開・個人情報保護審査会に不服申し立てをしました（情個審第2330号）。

すると、経産省は理由説明書の中で、ある1枚の「別紙」を「事業者と一体化した広報型プロモーション事業」に係る「(別紙)」だと言い張ってきました。しかし、同省が説明した「別紙」とは、一部黒塗りで全てを知ることはできませんが「有識者の専任について」という半ページの極めて端的な文書で、交付要綱第五条の3が規定するような、「事業者と一体化した広報型プロモーション事業の実施」の具体的な変更の内容を説明するものには見えません。

つまり、茂木経産大臣は、自ら制定した交付要綱で規定した「内容等を確認するために必要な資料」を求めずに、映像産業振興機構が自分たちで使える20億円の「広報費」枠を承認するという、理解しがたい矛盾した決定を行っていたことになります。

（添付資料）

コンテンツ海外展開等促進事業 計画書

新旧対照表

P.6 その他の実施業務

旧	新
その他、本事業の円滑な実施のため、以下の業務を実施する。また、これら業務の実施に必要な体制についても、併せて整備する。 ①事業の公募及び説明会の開催 ②当該事業の進捗状況管理、確定検査、支払手続及び事業に関する問い合わせ ③事業の周知徹底 ④本事業に関する問い合わせ、意見等への対応 ⑤その他の事業管理に必要となる事項についての対応	その他、本事業の円滑な実施のため、以下の業務を実施する。また、これら業務の実施に必要な体制についても、併せて整備する。 ①事業の公募及び説明会の開催 ②当該事業の進捗状況管理、確定検査、支払手続及び事業に関する問い合わせ ③事業の周知徹底 ④事業者と一体化した広報型プロモーション事業の実施（別紙） ⑤本事業に関する問い合わせ、意見等への対応 ⑥その他の事業管理に必要となる事項についての対応

以上

映像産業振興が提出した契約書の新旧対照表

（別紙）

審査委員会において以下の観点から適当と認められる有識者を選任し、コンテンツ海外展開等促進事業費補助金（以下、「補助金」という。）の助成を円滑かつ効果的に行う上で必要に応じ、具体的事例に対する助言を求めることとする。

１．有識者選任について

[redacted]

上記、①及び②の条件に該当する者を有識者として、審査委員会が選任する。

以　上

経産省が主張する「広報型プロモーションにかかわる別紙」

経済産業省

20140130財情第1号
平成２６年２月１４日

特定非営利活動法人映像産業振興機構
　理事長　松谷　孝征　殿

経済産業大臣　茂木　敏充

コンテンツ海外展開等促進事業費補助金の事業費の他の区分への流用承認通知書

平成２６年１月２２日付けで申請のありましたコンテンツ海外展開等促進事業基金の事業費の他の区分への流用については、承認することに決定しましたので、通知します。

経産省は20億円の広報費の契約変更を承認した

◆補助金適正化法の抜け穴をつくカラクリ

覚えていますでしょうか？　20億円の「広報費」流用目的である「事業者と一体化した広報型プロモーション事業」の一つが、広告代理店と一体化したジャパンデイ プロジェクトだったわけですが、この総合イベント事業は発表していた全ての事業を終える前に頓挫しています。

補助金適正化法の第7条には、承認を受けた事業を中止するという内容変更の際にも、経産大臣への届け出と承認が必要になることが定められています。

第七条　各省各庁の長は、補助金等の交付の決定をする場合において、法令及び予算で定める補助金等の交付の目的を達成するため必要があるときは、次に掲げる事項につき条件を附するものとする。

一　補助事業等に要する経費の配分の変更（各省各庁の長の定める軽微な変更を除く。）をする場合においては、各省各庁の長の承認を受けるべきこと。

二　補助事業等を行うため締結する契約に関する事項その他補助事業等に要する経費の使用方法に関する事項

三　補助事業等の内容の変更（各省各庁の長の定める軽微な変更を除く。）をする場合においては、各省各庁の長の承認を受けるべきこと。

四　補助事業等を中止し、又は廃止する場合においては、各省各庁の長の承認を受けるべきこと。

五　補助事業等が予定の期間内に完了しない場合又は補助事業等の遂行が困難となった場合においては、すみやかに各省各庁の長に報告してその指示を受けるべきこと。

映像産業振興機構の市井事務局長は、ジャパンデイ プロジェクトの一事業であるカンヌ映画祭でのイベントの事業費を１億２００万円と説明しています。また、第２弾事業のパリのJapan Expoでも、ジャパンデイ プロジェクトの広告をペイントしたラッピングバスをパリ市内に走らせるなどしています。

このことからも、映像産業振興機構が承認を得た20億円もの「広報費」には、５つの総合プロモーション事業であったジャパンデイ プロジェクト全体として相当額の経費が含まれていたと考えられます。

ただ、流用目的の根拠であっただろうジャパンデイ プロジェクトが途中で中止されたのであれば、使われることのない「広報費」が発生したと考えるのが普通です。これについては、経産省の課長補佐の職員も「ジャパンデイ プロジェクトの中止は、これ以上税金が使われないということなので、中止そのものに問題はない」と説明していました。

イベントが中止になり「承認を受けていた補助金がこれ以上使われない」状態になるということは、再び法律に則った変更申請が必要なることを意味します。私は、ジャパンデイ プロジェクトの中止に際し、大臣による計画変更の承認等が存在するか確かめるために経産省に対し情報公開請求を行いました。しかし、答えは「公文書は存在しない」でした。

経産大臣が作成した「コンテンツ海外展開等促進事業実施要領」の第五条には「その他基金の全部又は一部を継続する必要がなくなった場合」は、大臣が終了または変更を命ずることができることが書かれています。

普通に考えれば、大臣が承認した20億円の流用の根拠であろうジャパンデイ プロジェクトが中止になり、経産省が「これ以上税金が使われない」と語るまでの変更が行われた場合、これは「その他基金の全部又は一部を継続する必要がなくなった場合」に該当すると解釈できるでしょう。すなわち、この時点で、大臣は法律に基づき承認した「事業者と一体化した広報型プロモーション事業」の経費枠の残余額の取り消しを命ずる必要があったと考えられます。

しかし、補助金を請求する際に提出された会計文書「J－LOP予算実績表」によると、不可解なことに同機構は、国が「これ以上税金は使わない」と説明していた20億円の「広報費」

を全て使い切ったと記載されています。

主要イベントが中止になり、これ以上税金が使われない状況で、一体どうしたら「広報費」に20億円の経費が満額消費されることになるのでしょうか？

◆認めがたい経費請求

映像産業振興機構が使い切ったと記載した20億円の「広報費」がどのようにして経産省から支払われたのかを調べてみると、適切ではない手口で国民の税金が引き出されていた事実が確認できます。

Ｊ－ＬＯＰとはクールジャパンの海外展開促進事業費補助金を映像産業振興機構（ＶＩＰＯ）に交付したものですから、制度の本質としては、間接補助金の支援を受ける民間の間接補助事業者への「補助事業費」の申請が上限に達した時点で、事業は終了となります。

これについて、経産省の課長補佐の職員は、２０１５年7月末の時点で既に申請が上限に達しており、事業は同年12月に終了すると説明していました。「コンテンツ海外展開等促進事業費補助金交付要綱」の基金の終了等に係る第16条は、「基金を活用して行う実施要領に定める事業の支払いは平成27年12月までとする」だけでなく、「基金設置法人は、基金事業の終了時において、基金に残余額がある場合は、これを国庫に返還するものとする」と定めています。

（基金事業の終了等）

第16条　基金事業について、基金を活用して行う実施要領に定める事業の交付決定は平成27年3月まで、基金を活用して行う実施要領に定める事業の支払いは平成27年12月までとする。基金管理を行う期間は、基金を活用して行う実施要領に定める事業が終了し、その事業に係る精算が終了するまでとする。

2　基金設置法人は、基金事業の終了時において、基金に残余額がある場合は、これを国庫に返還するものとする。

3　基金設置法人は、基金事業終了後において、事業者から補助金の返還があった場合には、これを国庫に返還しなければならない。

したがって、同年12月に民間事業者への127億円の補助が全て完了した時点で、同機構の事業管理業務も終わることになります。その際に「事業管理費」の28億円の一部を消化していない場合、経産省が未使用の予算を国庫に留めるのが、適正な流れです。

実際、実施要領に定められた期限である2015年12月の直前までは相当額の「広報費」が未消化の状態でした。しかし、ここで映像産業振興機構がとった行動は「事業管理費」の駆け込み請求でした。

同機構は、民間への補助事業が終了する前月の２０１５年（平成27年）11月に１億９８６４万円、同12月には４億４１５万円の「運営費」を請求し、さらには民間への補助事業が終了し、交付要綱で制定された支払い期限を過ぎた２０１６年１月に２億４６５４万円、予算年度の最終月となる３月には３６８万円の「広報費」を請求しています。

請求を受けた経産省は、補助事業終了前後の約３カ月間だけで総額８億５０００万円以上の経費を支払っています。ちなみにこの金額は、前年の２０１４年に同機構が請求した１年間の総事業管理費の約２倍になります。

ここまで高額になった事業終了間際の事務経費の請求には３つの疑問が残りました。

一つ目は、事業終了時の短期に集中した８億５０００万円のも請求内容と金額に妥当性、必要性があったのか？

二つ目は、交付要綱に「基金を活用して行う実施要領に定める事業の支払い期限は平成27年12月までとする」とあることから、支払い期限を過ぎた２０１６年１月から３月にかけての２億５０００万円の「広報費」の支払いに適正性が備わっているのか？　ただし、交付要綱には「基金管理を行う期間は、基金を活用して行う実施要領に定める事業が終了し、その事業に係る精算が終了するまでとする」とあるので、この２億５０００万円が単純に２０１５年12月以前に実施した「事業管理費／広報費／事業者と一体化した広報型プロモーション事業」の精算活動であれば、基金管理の一環であるため支払いを受けることができたと考えられます。

ただし、私の最後の疑問は、法令に照らし合わせて致命的な行為が行われていたと捉えています。それは「運営費」経費区分への流用を示す支払い請求です。

先ほども触れましたが、補助金適正化法の第7条の1には「経費配分の変更には軽微なものを除き各省各庁の長の承認をえる」との旨が規定されています。言い換えると、経済産業大臣の承認なしに、勝手に他の区分へ補助金を流用することは「違法行為」に当たると考えられます。

経産省の開示文書によると、映像産業振興機構が補助金交付の際に承認された「運営費」への経費配分は6275万円になっています。一方で、映像産業振興機構は、2015年11月に1億9864万円、同12月にいたっては4億415万円と合計6億円を「運営費」区分に当てる支払い申請を行っており（359ページ参照）、経産省の中でも大臣官房会計課、商務情報政策局業務管理官室、商務情報政策局政策調整官室、商務情報政策局文化情報関連産業課と何重もの部署が決裁し、この6億円を支払った実績が記載されています（20151116財情第1号および20151210財情第5号）。

本来6000万円しか承認を受けていない経費区分に対して、その10倍の6億円もの補助金

J-LOP予算実績管理表(経産省)

助成金	予算(税込)
	12,695,090,000
助成金	12,695,090,000

事務費	予算(税込)
	2,824,910,000
人件費	333,160,000
契約職員	280,000,000
派遣職員/出向契約職	53,160,000
事業費	2,491,750,000
旅費	75,900,000
会議費	2,500,000
謝金	15,500,000
備品費	15,000,000
借料及び損料	3,500,000
消耗品費	7,600,000
印刷製本費	4,250,000
補助員人件費	29,700,000
通信費	2,550,000
設備費	8,800,000
図書資料費	5,200,000
事務所費	55,000,000
運営費	62,750,000
広報費	2,029,000,000
システム費	100,000,000
調査費	60,500,000
倉庫料	4,050,000
翻訳費	700,000
租税公課	750,000
振込手数料	300,000
監査料	5,200,000
諸雑費	3,000,000

基金総額	予算(税込)
	15,520,000,000

映像産業振興機構が事前に承認を受けた予算表

の支払いを請求することは、法律が許容する「軽微な変更」とは到底言えない金額であるのは明らかです。

したがって、映像産業振興機構が「運営費」の経費区分に、「事業者と一体化した広報型プロモーション事業」に目的を限定した「広報費」に充てられた6億円を流用するためには、法律に則り経費区分の変更申請を別途行う必要があり、申請を受けた経産大臣がこれを承認をしなければなりません。言い換えれば、経済産業大臣の承認なしに、無届けで約5億4000万円もの経費区分変更を実施したことを示す支払い請求で事業管理費を申請し、補助金を受け取った行為は「違法行為」に当たることが考えられます。

また、経産大臣が定めた交付要綱には次の条文が定められています。

第14条　経済産業大臣又は両大臣は、交付対象事業の全部若しくは一部を中止又は廃止する申請があった場合又は次に掲げる場合には、交付した本補助金の全部又はその一部を取り消すことができる。

一　基金設置法人が、適正化法、施行令その他の法令、本要綱又はこれらに基づく大臣の処分若しくは指示に違反した場合

二　基金設置法人が、基金をこの要綱又は実施要領に定める用途以外に使用した場合

三　基金設置法人が、交付対象事業又は基金の管理運営に関して不正、怠慢その他の不適切な行為をした場合
四　基金設置法人が、基金を活用して行う実施要領に定める事業の事業者に対して指導監督を十分に行わない場合
五　基金設置法人が、前四号に掲げる場合のほか、交付決定後に生じた事情の変更等により、基金事業の全部又は一部を継続する必要がなくなった場合

つまり、法令違反が発生した場合、補助金交付要綱の適切な運用下において「交付した補助金の取り消し」を命じるというのが規定されていると解釈できます。しかし、茂木経産大臣が映像産業振興機構への「事業管理費」の支払いを取り消す決定を行った記録は公文書を確認する限り存在していません。

どう解釈しても無届けの経費区分外の流用については適正性が見出せないのですが、経産省が法律で認められない不備のある支払い申請に対し適切に精査せず６億円もの補助金を支払っていたのであれば、国側にも極めて重大な責任があると考えます。

◆実体のない広報費

繰り返しますが、2015年12月というのは、交付要綱で定められた「基金を活用して行う実施要領に定める事業の支払い」が行える最終期限です。言い換えれば、2015年を過ぎたら映像産業振興機構は「事業者と一体化した広報型プロモーション事業」を行うことができず、この時点以降に存在する基金の残余額は国庫に返納することが、経産大臣の交付要綱によって定められているわけです。

しかし同機構は、民間への補助事業の申請が上限に達して事業が終了した2015年12月以降に合計で2億5000万円もの「広報費」を請求しています。

彼らが受託した業務とは補助基金の運営ですので、民間事業者への支援の役割を終えた後に「広報」経費が必要になるはずもありません。

補助金適正化法には、補助事業等の遂行について以下の条文が定められています。

> 第十一条　補助事業者等は、法令の定並びに補助金等の交付の決定の内容及びこれに附した条件その他法令に基く各省各庁の長の処分に従い、善良な管理者の注意をもつて補助事業等を行わなければならず、いやしくも補助金等の他の用途への使用（利子補給金にあつ

ては、その交付の目的となっている融資又は利子の軽減をしないことにより、補助金等の交付の目的に反してその交付を受けたことになることをいう。以下同じ。）をしてはならない

そもそもＪ－ＬＯＰの交付目的は、民間事業者のコンテンツ海外展開等の促進であり、映像産業振興機構は単に基金の管理事業を請け負った法人に過ぎません。もし、民間事業者への支援事業の終了後に、基金管理法人が主体となって行う「ＰＲ事業」への２億５０００万円の税金に必要性が認められ、なおかつ法令に沿った「善良な管理者の注意をもって」実施された目的に即した補助事業で処理されるのであれば、極めて本末転倒な税金の使われ方だったと指摘せざるを得ません。

何より、交付要綱には事業終了時において、基金に残余額がある場合、これを国庫に返納しなければならないと定めています。当然、この2億5000万円の交付は、２０１５年12月以前に実施した「事業者と一体化した広報型プロモーション事業」の精算に該当しない限り、国庫に戻される残余額を免れるための不正受給に該当する違反行為と解釈される可能性が高いと言えるでしょう。

そもそも映像産業振興機構と経産省によるルール変更で生まれた20億円の「広報費」全体に

は、公平性の観点において大きな問題を含んでいると考えます。

経産省は「広報費」が使われたジャパンデイ プロジェクトの税金の使われ方について「基金管理法人が、事業管理費を活用し、特定事業をコンソーシアムに委託した」と説明しています。

しかし、ここで登場する委託元と委託先に注目ください。

この「基金管理法人」とは言わずと知れた映像産業振興機構（VIPO）のことです。さらに「基金管理法人」の業務の一部は、制度の施行前にクオラスの社員が担っていました。そんな「基金管理法人」が特定事業を委託した「コンソーシアム」ですが、参加した3社のうち2社は映像産業振興機構とクオラスを指しています。

つまり、先ほどの経産省の説明を解読すると、ほぼ「自分で自分に特定事業を業務委託した」ことになります。「基金管理法人が、事業管理費を活用し、特定事業をコンソーシアムに委託した」と一見正常であるかに読み取れる官僚論法の補助金の使われ方が公平性を著しく欠くことは、論をまたないでしょう。

◆もう一つの会計報告書

映像産業振興機構と経産省との間で行われた経費の支払いの中にはこうした数々の不都合が

存在していたのですが、同機構が提出した「もう一つの会計報告書」をもって、それらの事実がなかったことにされています。

映像産業振興機構は、２０１６年４月８日に事業終了時の収支を示す「年度報告書」という会計文書を経産省に提出しています。これは、補助事業期間中に毎月提出していた経産省からの支払いに関する「実績表」とは異なります。「実績表」は支払い請求時の金額なので、「年度報告書」との間で多少の調整誤差が発生することは理解できます。

しかし、ここで言及する「年度報告書」は、調整誤差では済まない全く異なる会計文書として存在していました。

例えば「年度報告書」では、違法な区分外の請求により支払われた「運営費」の６億円が、２０１５年11月の請求で２４０万２３９６円、同年12月の請求では３０７万８０００円と合計でたった５５０万円弱、請求時の１００分の１以下に書き換えられています。一方、請求時の実績表で０円と記載されていた「広報費」については、同年11月で２億円、12月で６億４５２１万４２４７円と書き換わり、あくまでも法律に基づき承認を受けた区分のとおり「広報費」で経費を請求し、処理されたことになっています。

民間への支援業務が終了して基金管理法人の役割を終えた後の、２０１６年１月と３月の「広報費」の約２億５０００万円もの請求と支払いは、あくまでも交付要綱に定める２０１５

年11月もしくは12月に実施した事務管理事業の未清算分であったと処理され、民間の補助事業終了と同時の2015年12月をもって広報事業を終え、期日内に経費を使ったことになっています。

すなわち、経産省と映像産業振興機構の理屈では、交付要綱で制定した事業実施期限終了の直前2カ月に8億5000万円をかけ、交付決定時のルールを自分たちで変更してまで作った「事業者と一体化した広報型プロモーション事業」を実施し、国庫に返還すべき残余額を残さず補助金をきれいに使い切ったことになります。

実は、2014年1月22日に映像産業振興機構から20億円の「広報費」流用の区分変更届けが提出される直前の2013年12月18日に、茂木経産大臣は実施要領の改正を行っています。そこには、「事業費の区分は別表1のとおりとし、他の区分に流用してはならない」という条文に加え「但し、大臣の承認を得た場合はこの限りではない」という条文が追加されていて、これによって同機構が元来の交付要領では認められない流用へ区分変更を行うことが可能になっていたわけです。

◆国民の知る権利の限界

ちなみに、こうした区分変更や実施要領の改正は公表されていません。したがって、カンヌ

支払い申請時（実績表）

J-LOP予算実績管理表

助成金	2015/11	2015/12	2016/01	2016/02	2016/03
	1,157,639,000	1,735,246,000	0	0	0
助成金	1,157,639,000	1,735,246,000	0	0	0
	2,187,984,921	2,617,101,970	2,893,519,580	2,905,606,216	←実績

事務費	2015/11	2015/12	2016/01	2016/02	2016/03
	243,538,565	429,117,049	276,417,610	12,086,636	96,440,143
人件費	21,771,067	16,510,222	17,389,289	7,227,921	38,598,054
契約職員	13,043,225	10,198,410	17,389,289	7,227,921	36,743,586
派遣職員/出向契約職	8,727,842	6,311,812			1,854,468
事業費	221,767,498	412,606,827	259,028,321	4,858,715	57,842,089
旅費	214,896	6,065	4,704	340	0
会議費	24,840	24,840	3,240	0	0
謝金	0	0	101,280	0	200,000
備品費	309,717	300,110	343,139	244,518	852,037
借料及び損料	2,594,424	2,594,424	2,475,624	923,400	5,008,648
消耗品費	218,891	198,886	143,310	211,256	549,725
印刷製本費	0	0	0	0	0
補助員人件費	291,052	81,000	1,147,500	135,000	2,391,607
通信費	93,169	197,492	173,328	94,979	266,669
設備費	2,290,140	0	0	0	1,318,000
図書資料費	144,318	114,453	110,997	192,188	216,552
事務所費	4,256,106	3,766,764	3,776,151	2,467,934	639,341
運営費	198,646,898	404,150,643	3,078,000	0	40,575,000
広報費	0	0	246,544,000	0	3,698,000
システム費	836,700	1,095,900	966,300	577,500	2,126,510
調査費	11,771,676	24,840	0	5,400	0
倉庫料	0	0	0	0	0
翻訳費	0	0	0	0	0
租税公課	11,200	0	0	0	0
振込手数料	63,471	51,410	160,748	6,200	0
監査料	0	0	0	0	0
諸雑費	0	0	0	0	0

基金総額	2015/11	2015/12	2015/01	2015/02	2015/03
	1,401,177,565	2,164,363,049	276,417,610	12,086,636	96,440,143

年度報告書

2.添付書類
（2）基金の入出金
J-LOP予算実績表

	2015年11月	2015年12月	2016年1月	2016年2月	2016年3月	合計
助成金	1,157,639,000	1,735,246,000	0	0	0	8,167,546,893
ローカライズ支援	696,266,000	884,983,000	0	0	0	3,855,235,000
プロモーション支援	461,373,000	850,263,000	0	0	0	4,312,311,893
管理事業費	226,619,774	666,352,038	11,819,793	8,974,921	45,097,923	2,310,051,709
人件費	15,452,631	10,682,724	3,277,675	3,102,666	4,087,460	414,673,952
契約職員	9,499,311	9,963,235	2,508,151	2,387,198	3,673,644	273,836,402
派遣職員	5,953,320	719,489	769,524	715,468	413,816	140,837,550
事業費	211,167,143	655,669,314	8,542,118	5,872,255	41,010,463	1,895,377,757
旅費	49,258	1,030	0	775	0	35,428,496
会議費	28,080	0	0	0	0	2,841,766
謝金	0	101,280	0	0	0	11,440,852
備品費	283,250	251,344	44,949	345,343	668,532	28,429,807
借料及び損料	1,773,624	1,654,824	1,279,740	1,347,024	1,347,024	21,384,436
消耗品費	198,886	161,843	108,645	108,645	139,443	6,662,739
印刷製本費	0	0	0	0	0	177,345
補助員人件費	1,201,500	13,500	71,607	67,500	67,500	16,101,997
通信費	167,395	167,415	75,786	235,586	280	3,086,189
設備費	0	0	0	0	588,060	10,938,057
図書資料費	114,453	110,997	192,188	74,520	163,191	5,318,685
事務所費	3,776,151	3,776,186	2,854,503	2,856,162	2,849,415	75,565,781
運営費	2,402,396	3,078,000	3,078,000	0	32,400,000	152,015,656
広報費	200,000,000	645,214,247	0	0	0	1,399,417,808
システム費	1,095,900	966,300	836,700	836,700	1,166,802	86,029,178
調査費	24,840	5,400	0	0	0	30,589,533
倉庫料	0	0	0	0	0	0
翻訳費	0	0	0	0	0	0
租税公課	0	0	0	0	0	201,230
振込手数料	51,410	166,948	0	0	216	727,074
監査料	0	0	0	0	1,620,000	3,348,000
諸雑費	0	0	0	0	0	5,673,127

受取利息	872,145	2,256,069	0	184,007	0	40,088,410

映画祭のクールジャパンイベントに始まる、現行法や制度上こんなことが許されるのかと私が感じたJ－LOPの使い道の裏では、国と補助事業者とが自分たちにとって実に都合いい20億円を作ることができるルール変更を行っていたわけです。

では、駆け込み的に実施されたとする8億5000万円もの基金設置法人らによる自主プロモーション事業が補助金の会計制度上問題ないとするのであれば、理解に苦しむ壮大なプロモーション事業の中身は一体何だったのか？ 率直な疑問でしょう。

しかし、残念ながら私たちはこれについて知る術はありません。なぜなら国と映像産業振興機構（VIPO）はこれについて説明する必要がなく、なおかつ国に公文書の開示を求めても「存在しない」となるからです。

なお、この辻褄の合わない8億5000万円の行方について映像産業振興機構に問い合わせたところ、「ご質問頂きました内容につきましては開示範囲外」との理由で回答を拒否されました。同機構は自分たちの「広報費」を使った「事業者と一体化した広報型プロモーション事業」について、民間事業者に課している事業者名と事業内容の公表義務を適用していません。

映像産業振興機構の事業報告書や活動報告等の広報を見ても、この駆け込み請求が行われている2カ月に、映像産業振興機構が1億円と主張するカンヌ映画祭でのプロモーション事業の8倍以上となる8億5000万円に相当するような「事業者と一体化したプロモーション事業」を実施した形跡はどこにも見当たりません。仮に、ジャパンデイ プロジェクトの中止にとって代わるこの金額のＰＲ事業を他で行ったのであれば、大々的に「経産省支援事業」のクレジットが付いた刊行物を目にしてもおかしくないはずなのですが、世間には全く触れない形で経費だけが消えている事態が発生していました。

市井事務局長は、カンヌ映画祭イベントについて「事業の内容・予算については、第三者による審査委員会の承認を得ております」と回答しています。

また、「◆実態なき変更計画と大臣承認の矛盾」で紹介した、契約変更時に添付された「（別紙）」にも、「事業者と一体化したプロモーション事業」には第三者有識者の関与に関する記述があります。

したがって、「事業者と一体化したプロモーション事業」全般がカンヌ映画祭イベントと同様、第三者委員会による審査委員会の承認が必要というシステムがとられたことが考えられます。８億５０００万円の「事業者と一体化したプロモーション事業」においても、事業内容と予算が審査され、委員らの承認があったのであれば、この実態の見えない「広報費」の駆け込み的請求に問題が生じた場合、これを承認していた第三者委員会も責任を負うことになるでしょう。

また、経産省に対してもプロモーション事業の内容について尋ねましたが、「我々は、映像産業振興機構に出向き1円の税金の無駄のないことを確認しているが、8億5000万円が何に使われたのかはいちいち覚えていない。あなたは、鉛筆1本の支出まで覚えているのか？なお、経費の使われ方の適正性の確認のための立ち入り検査は目視のみであり、記録や公文書は存在しない」と回答されています。

もちろん、誰も鉛筆1本までの支出など問い合わせておらず、補助金適正化法の下で一体どんな「事業者と一体化したプロモーション事業」が行われたかを知りたかっただけです。補助事業者に20億円の新規変更区分の大部分に当たる8億5000万円もの金額を事業終了間際に請求され、実施された盛大なプロモーションイベントが存在していたのであれば、経産省の担当職員の記憶に鮮烈に残っていそうなものです。しかし、経産省は明確な証拠や根拠を一切語らず適正性のみを主張した一方で、かたくなに具体的な事業内容についての回答を避けました。

しかし、たとえ経産省が補助事業終了間際の事業内容を明かせない8億5000万円のイベント実施が妥当だったと認めるとしても、総務省が経産省に対し半数近くを必要性の乏しい支出だったと改善を勧告したJ－LOPの補助事業費全般と同様に、そのイベント事業の公益性、必要性には大きな疑問が残ると言えるでしょう。

◆腐敗を終わらせるために

これが、私が「はじめに」で述べた、クールジャパン事業が「民間事業」に位置付けられたことによる情報公開の壁になります。どんなに説明のつかない不都合が生じても、民間事業者は民間であることを盾に、情報公開を拒否できます。

同じく、国も民間事業であることを盾に「公文書は存在しない」「目視のみの立入検査でいちいち覚えていない」という説明によって、広報費に流れた合計20億円もの税金の使い道をうやむやにできてしまうのです。

このように、J－LOPという155億円のクールジャパンツールもまた、その半数近くの「補助事業費」が必要性の乏しい支出だっただけでなく、「事業管理費」についても正当性が見出せません。「とにかく予算を使いきるんだ」という官民の強い意志の下、あらゆる手口を使って補助金が引き出されていた印象です。

そして、ANEWに次々と追加投資が行われたのと同様に、ここでも辻褄の合わない「クールジャパン成果」が語られ、毎年のように巨額の補正予算が投じられていきました。

J－LOPの「間接補助金制度」とは、官民ファンドが「民間事業」と位置付けられているのと同じく、所管である経産省が積極的に公文書を作成、取得しないことにより税金の使い道を不透明にする方法がとられており、こちらもＡＮＥＷと類似しています。

日本には、実効性や中身のない「クールジャパン」「オールジャパン体制」に巨額の税金や公的資金を使っている余裕はないはずです。こうした無駄な予算作りと予算消化がこうまで繰り返されるのであれば、その公的資金投資や税金を、産業で働く「人」に向いた適切な支援に回すべきだと、声を上げざるをえません。

クリエイティブ産業への支援を考える時、決して「映画様だ、アニメ様だ、我々は支援されて当然だ」と主張するのは誤りです。公的資金投資、税金の使われ方には国民の広い理解が大前提にあるべきで、この分野の発展が日本を豊かにするために有効だという、真の成果を誠実に示す必要があります。

今すぐに、不明瞭な「クールジャパンツール」の制度を、透明性を確保して国民への説明責任をきちんと果たすことのできるものに是正しなければなりません。

第9章

プロダクション・インセンティブ

◆ネット配信サービス企業による「新しいお金」

今の日本のクリエイティブ産業政策を考える上で非常に残念かつ不幸なのは、「税金を使って何か新しい施策をやりましょう」の前にやるべきことが山積みしていることです。

これまでのクールジャパン政策は、日本のクリエイティブ産業のビロー・ザ・ラインの雇用やインフラに投資を呼び込むという概念が完全に無視されてきました。

一方で、目的が曖昧なまま整備、普及された巨額の公的資金の枠組みは、1000億円のクールジャパンツールの運用実態に見られるように、効果が見込めないだけでなく、客観的にも法律違反が疑われる行為が生じています。ところが、行政自らが自分たちのルールで「問題はない」「適正である」と、適切な評価を煙に巻いてきました。

したがって、まずは国民の信頼がおけないクールジャパン行政の制度と組織を是正することから始めないといけません。無駄遣いの温床となっているクールジャパン行政の制度的および組織的な腐敗と、クールジャパンマネーの受け皿の責任の所在を明らかにした上で、産業現場の「人」に向く政府支援制度への抜本的な改革に取り組むべきものだと考えます。

さらに、こうした枠組みには、広い国民理解を得るために必要な、透明性を確保する制度設計もあわせて必要になります。

現在、映画、テレビ、アニメ、ゲームなどの世界のクリエイティブ産業は、大きな変革期を迎えています。ネット配信など消費者行動が大きく変化したのと同時に、コンテンツ製作に資金を出すプレイヤーも様変わりしています。

例えば、ネット配信サービスの筆頭格であるNetflixは、年々コンテンツ投資を飛躍的に増加しており、また世界各国でオリジナルコンテンツを製作しています。同社の決算書によると、コンテンツへの投資が２０１３年には20億ドル（２２００億円）だったのに対し、２０１８年では１２０億ドル（１兆３２００億円）となっています。

また、ゴールドマン・サックスのアナリストの推計では、２０１９年度には１０１億ドルと1兆円を超え、２０２０年に１２１億ドル、２０２１年には１４１億ドル（約１兆５５１０億円）、２０２２年には１５９億ドル（１兆７４９０億円）に到達するとされています。

また、Amazonは２０１９年度の第１四半期決算で、映像、音楽コンテンツへの投資額を公表しています。２０１９年1月から3月の第１四半期における同社の映像と音楽コンテンツへの投資は17億ドル（１８７０億円）に上っており、このペースでいけば２０１９年のコンテンツ投資は70億ドル（７７００億円）に到達する見込みとなっています。

他にも、ディズニーが20世紀フォックスを買収したことにより、ディズニーはHuluの60％の株式を取得しています。そして、２０１９年11月より自社の配信サービスであるDisney+

（ディズニープラス）をスタートさせるだけでなく、Huluでの海外オリジナルコンテンツ製作にも力を入れていくと見られています。

それだけでなく、２０１７年末にはAppleが自社の定額配信サービス産業への参入を発表し、２０１９年11月１日にサービスが開始されました。同社はNetflix、Amazon、Huluなどのライバル社に追いつくために60億ドル（６６００億円）以上を投資する見込みであるとされています。

また、クリエイティブ人材の争奪戦にも参戦しており、「はじめに」でも触れましたが、オプラ・フィンフリーやスティーブン・スピルバーグ、映画『ワイルドスピード』シリーズのジャスティン・リン監督らとの番組製作契約を発表しています。最近では、Netflix製作で２０１９年の第91回アカデミー賞外国語映画賞に輝いた『ROMA／ローマ』の監督であるアルフォンソ・キュアロンとも複数年の番組製作契約を結び、Netflix映画での実績を持つ人材を引き抜くことにも成功しています。

さらに、世界的大ヒットドラマ『ゲーム・オブ・スローンズ』などを製作し、テレビ賞のエミー賞を数多く受賞するヒットメイカーであるアメリカのテレビネットワークＨＢＯが２０２０年5月よりネット配信サービスHBO Maxを始めることを発表し、配信向けオリジナルコンテンツ製作に着手しています。

加えて、ディズニースタジオの会長や、ドリームワークスアニメーションの共同創設者でCEOを歴任したジェフリー・カッツェンバーグが創設したQuibiが2020年4月にサービスを開始しました。Quibiとは、スマートホンやタブレット端末用向けサービスで、1話10分以下の短編ドラマ、アニメ、バラエティ番組に特化した低額配信サービスになります。Quibiはこれまでに17億5000万ドル（1925億円）の投資を調達しており、この豊富な資金でハイクオリティなオリジナルコンテンツ製作を行なっています。

このように、コンテンツ製作市場では、比較的新興といえるネット配信サービス企業によるコンテンツ投資だけでも、数兆円規模の「新しいお金」が生まれています。

第4章でも述べましたが、大手コンサルPwCの試算によると、2019年の世界の製作消費市場（production spending）は、中国やラテンアメリカなど新興市場の成長もあり、1046億2000万ドル（約11兆5000億円）に上ると推計されています。

日本のクリエイティブの制作現場を豊かにするグローバル戦略と言いたいのであれば、国際競争の中でこの11兆円の製作市場を自国へ呼び込む必要があります。

◆政府支援は「ゲームチェンジャー」になりうる

例えば、映画、テレビ、アニメ分野の投資誘致への取り組みの先進国であるイギリスは20

16年、統計開始（1994年）から最高額となる製作消費の誘致を実現しています。2017年には前年の記録をさらに更新し、2018年は17年より11％減少したものの、歴代で2番目の製作消費誘致を実現し、3年連続で極めて高い誘致の成果を見せていました。2019年は高予算テレビドラマ誘致が極めて高い成長をみせ、17年の過去最高を16％も更新しました。

第4章でも紹介した、公的映像支援機関のブリティッシュ・フィルム・インスティチュート（BFI）が発表した統計によると、2019年にイギリスの映画およびテレビ産業現場へと流れた製作消費は過去最高の36億2000万ポンド（約5249億円）となっています。

この顕著な成長を牽引した要因は、史上初めて30億ポンド（4350億円）を超えた対内投資の増加によるものでした。映画撮影消費においては、71の大型作品誘致により総額18億ポンド（2610億円）の対内投資を獲得しました。この額は、イギリス国内の総映画製作消費の89％を占めます。

他方、大きな製作費をかけるハイエンドテレビドラマ誘致は72作品となっていて、対内投資と共同製作によって過去最高の13億ポンド（1885億円）がイギリスの制作現場にもたらされました。2018年との比較では51％の大幅成長を記録していることからも、正にネット配信企業らによる本格的なハイエンドテレビドラマコンテンツ投資の時代の到来を告げる年となりました。

つまり、２０１９年のイギリスの映像産業が過去最高に成長した鍵は、海外から誘致した対内投資と共同製作による「新しいお金」であり、イギリスが世界でトップクラスを誇るプロダクション・インセンティブという政府支援によってこの成長をもたらしていることが、この統計からもはっきりわかります。

また、イギリスは２０１３年4月1日から２０１８年3月31日までの5カ年にわたる、アニメ向けプロダクション・インセンティブのプログラムを設置しています。支援制度の開始から5年目となる２０１７年には、この制度を契機とし７１００万ポンド（１０２億９５００万円）の製作消費がアニメ制作現場に流れています。

イギリス政府によるアニメ支援制度は制度導入直後から成果を出しており、２０１３年の同国のアニメ産業の仕事は、制度のなかった２０１２年と比べて３００～４００％に増加しています。当時、同じく公的支援機関であるブリティッシュ・フィルム・コミッションも「アニメ支援制度の導入によって、世界のプロダクションがイギリスで仕事をしようとなった」とコメントしています。

さらに、政府支援がアニメの制作現場の経済へ具体的にどう働いたかについて、２０１４年4月5日のAnimation Magazineにて、アニメ制作会社の経営者のコメントが紹介されています。

私たちは、14年間アニメスタジオを経営してきましたが、これまで外国投資が入ってきたことはありませんでした。インセンティブ制度は、イギリスのアニメ産業の状況を大きく変えるゲームチェンジャーになりました。

また、別のアニメスタジオ経営者は次のように、政府施策の成果を語っています。

これまでのイギリスは、共同製作における資金調達はとても困難でした。イギリスはプロダクションコストが高いことから国際競争にも勝てないでいました。しかし、アニメ向けのプロダクション・インセンティブをつかって、製作実現に不足していた予算のギャップを埋めることができ、柔軟に資金調達することが可能になりました。

政府支援設置前のイギリスは、外からの「新しいお金」や仕事が入ってこない、特に中小のスタジオなどは自国のプロデューサーが資金調達する際の選択肢が少なく共同製作や独自ＩＰの開発が難しいという、現在の日本が置かれている状況に近かったことがわかります。

しかし、政府支援の導入によって、プロデューサーに柔軟な資金調達の選択肢が増えたことで製作のお金の部分が活性化され、即効性のある効果が生まれたことがわかります。また、2017年のアニメ産業への製作費誘致金額が示しているとおり、イギリスは2013年に始めた政府支援によって、自国に資する形の共同製作の増加や、制作会社の利益を最大化するための自社IPの製作など「それまでできなかったこと」が「できるようになる」真の構造改革を生み出しています。

イギリスの映画、テレビ、アニメ等のプロダクション誘致が成功している一番の要因は、同国の政府が長期的な視野を持って、戦略的かつ持続的な「プロダクション・インセンティブ」という制度を設置し、制作現場の経済活性化と質の高い産業雇用の創出を「誘引」したツールとして機能していることに他なりません。

この「プロダクション・インセンティブ」とは、その土地での製作費消費や産業雇用への投資に対し、政府がそのコストの一定割合を助成する制度です。これまでの章でも繰り返し述べてきたように、現代の映画プロデューサーが資金調達する際のプロセスと製作意思決定において、必要不可欠な要素になっています。

イギリスの例をみても、好調なクリエイティブ産業の成長の84%が、この政府支援によって「誘引」された「新しいお金」になります。反対に、もしイギリスの創作が国内の「古いお金」だけだった場合、同国の製作経済に回る製作費消費はわずかな額になり、国内の産業雇用や賃金の上昇は図れなかったでしょう。

言い換えると、政府支援を使って呼び込む「新しいお金」の誘致こそが、国内のクリエイターたちへの質の良い産業雇用を創出し、実地を通した人材育成により経験が積まれ、インフラの成長、さらにはＶＦＸ、アニメーションおよびＶＲなどの革新的技術の開発を生む鍵となっているのです。

一方、この分野における日本の行政支援は、何年も縦割り行政による旧態依然の予算作りと執行を繰り返しているだけで、現代の製作経済の劇的な変化に対応できていません。

もしクリエイティブ産業を日本経済の牽引役にしたいのであれば、「新しいお金」を日本の製作経済に呼び込む必要があり、それにより優秀なクリエイティブ人材を育むだけでなく、研究開発や高度な制作インフラの構築へと繋げていくことが重要になります。

しかし、今の日本の施策の現状は、本書で指摘してきたとおりです。

経産省の嘘に踊らされた官製映画会社に20億円が消え、補助金基金の設置法人と広告代理店が結託し、必要性の乏しい「プロモーションイベント」にもう20億円が消えるなど、産業支援の観点からは極めて由々しき事態が発生しています。

何が問題かも理解していない日本の行政が昨今のクールジャパン熱に浮かされて無駄遣いを繰り返している間も、政府支援制度を含むこの分野の国際競争は進んでいます。

世界は決して、日本が適切なクリエイティブ産業の発展に必要な取り組みを学習し、実行に移すまで待ってくれません。今、イギリスのみならず、日本より経済規模の小さい国や都市などでも、有効な政府支援が打ち出されています。

◆世界中で取り組まれるコンテンツ誘致策

アメリカを例に出すと、２０１８年末時点で全米31の州が「プロダクション・インセンティブ」の政府支援を打ち出しています。特に潤沢な予算を持って映像制作のハブとなっている州には、ニューヨーク、カリフォルニア、ルイジアナ、ジョージアなどがあります。

これに加えカナダ、オーストラリア、ニュージーランドも戦略的な支援制度を備える、世界有数のコンテンツ投資の誘致国になります。

さらに、欧州地域で言えばイギリス、アイルランド、フランス、マルタ、イタリア、オーストリア、ドイツ、エストニア、ハンガリー、リトアニア、セルビア、マケドニア、チェコ、クロアチア、ポーランド、ノルウェー、アイスランドなどがプロダクション・インセンティブを設置し、近年は中南米のブラジル、メキシコ、コロンビアや、中東のＵＡＥ、ヨルダンや、南アフリカなどにも製作投資が集まり、その効果が証明されています。

また、アジアではマレーシア、タイ、韓国、台湾などがプロダクション誘致の支援を打ち出しています。

こうした諸外国の取り組みに対して、クールジャパンの腐敗行政に明け暮れ、国際競争力に劣る日本は世界の製作消費市場を取り込むことが難しく、今ではそれが日本の制作現場の疲弊という形で浮き彫りになっています。

日本政府は、日本のアニメーターらの就業実態調査事業を行っており、アニメーターらが困窮し、産業の担い手である次世代の若者が酷使されていることを認識しています。

２０１６年３月23日には、経済産業省経済解析室が「コンテンツ関連産業指数」についてのレポートを公表しています。この報告書によると、作り手側である「制作現場の経済」は下降傾向にあるとしています。２０１７年１月24日には、帝国データバンクが「映画・映像関連企業の業績・倒産動向調査」の結果を発表しており、一向に改善されない制作現場の経済状況が、制作会社の倒産件数増加という数値に表れています。

したがって、日本に求められる政府支援のツールとは、公的資金投資や補助金の受け皿となる組織を食べさせるためのものではなく、あってもなくても何も変わらない制度ではなく、制作現場に流れるお金や収益の流れを変えるゲームチェンジャー的な施策になります。

そして、日本の産業政策を考える上で何より大切かつ、あるべき姿とは、抽象的かつ曖昧な言葉で測られるクールジャパン効果ではなく、日本のクリエイティブ製作経済活動への効果になります。

◆プロダクション・インセンティブに見込まれる経済効果

「プロダクション・インセンティブ」を使った映画、テレビなどのクリエイティブ産業推進は、その国や都市の文化的、および経済成長の戦略として今では世界的なトレンドになっています。「ソフトパワー」とも言われるクリエイティブ産業の推進は、雇用創出だけでなく、経済成長、文化発信、知名度の向上、消費者への訴求や観光など、インバウンド効果のツールとしても認知されています。

　ただし、日本におけるプロダクション・インセンティブを考える場合、これはいかなる公的支援にも共通することですが、国民の大切な税金を使うことになりますので、広い国民理解が大前提になければなりません。

　そこで、「プロダクション・インセンティブ」が見込む広い公益性について解説したいと思います。

　プロダクション・インセンティブにより想定されるメリット

●税収

- 国内製作環境への投資の増加
- 雇用創出
- 所得の向上
- スキル開発
- 制作インフラの成長
- 文化的発信の強化
- インセンティブによる日本国内のプロダクション活動への効果

プロダクション・インセンティブへの公的資金の拠出は、決して税金のばらまきや単なる支出という性質ではなく、こういった公益を呼び込むためのきっかけとなる、公的投資の考え方が強いものになります。

プロダクション・インセンティブを使い「新しいお金」を呼び寄せることで、制作現場への直接消費や波及する間接消費が生まれ、経済の発展に繋がっていることについては、既にいくつかの国で研究結果が示されています。

その一つに、2018年にブリティッシュ・フィルム・インスティチュートが初めてまとめた、映画、テレビ、アニメ、ゲーム産業支援の経済効果を分析した報告書「イギリスの映像産業経済」（UK Screen Sector Economy）があります。

第4章でも記しましたが、この報告書によると、イギリスの施策で行った映画、高額予算テレビドラマ、アニメ、ビデオゲーム、子供向け番組の各ジャンルのプロダクション・インセンティブは、いずれにおいても税金拠出額の数倍以上となる粗付加価値のリターンがあったことを示す統計結果が出ています。

例えば、2016年度の映画誘致のプロダクション・インセンティブでは、税金拠出の1ポンドあたり7・69ポンドという粗付加価値のリターンが生まれています。また、高額予算テレビドラマ向け支援においては、『ザ・クラウン』を始めとするNetflix企画や、Amazon企画の誘致件数の増加もあり、税金拠出1ポンドにつき6・10ポンドのリターンがありました。

さらに、アニメ向け支援においては1ポンドにつき4・44ポンド、ビデオゲーム支援では1ポンドにつき4・00ポンド、子供向けコンテンツ支援では1ポンドにつき2・73ポンドと、いずれも税金拠出以上の大きなリターンが生まれているとわかります。

プロダクション・インセンティブによる経済効果には、産業雇用の成長も挙げられます。イギリスにおける映画、高予算テレビドラマ、アニメの3分野のフルタイム当量は、2013年の7万3960人と比べ、2016年には12万6580人に上昇、雇用数も62％アップしたと示されており、この4年間の推移を見ても、政府支援が雇用を押し上げているとわかります。

また、２０１７年のオランダフィルムファンドの発表によると、プロダクション・インセンティブを導入した２０１４年以降の3年間でオランダの産業雇用は26％上昇しています。プロダクション・インセンティブによる経済効果や産業雇用の成長からは、税収の増加を見込むことができます。この制度において広く一般的に知られていないこととして、税金拠出に対する税収面での独立採算性が備わっている点が挙げられます。

例えば、２０１８年にニューヨーク州経済開発局が公表した「ニューヨーク州における映像産業による経済効果２０１７年－２０１８年版」（Economic Impact of the Film Industry in New York State - 2017 & 2018）によると、同州が映画やテレビのプロダクション・インセンティブに拠出した税金1ドルあたり、税金の拠出額を上回る１・08ドルの税収が生まれています。また、コンピュータで作るＶＦＸなどのポストプロダクション支援においては、１ドルにつき0・86ドルの税収となっています。

さらに、欧州評議会が公表した、ヨーロッパにおけるプロダクション・インセンティブ効果の分析をまとめた「Impact analysis of fiscal incentive schemes supporting film and audiovisual production in Europe」によると、映像産業支援を長きにわたって行っているフランスでは、１ユーロあたり12・８ユーロの経済効果を生んでおり、税収面においては税金拠出額の４倍の税収を生んでいるともまとめられています。

このように、プロダクション・インセンティブへの公的支出は、実に費用対効果の高い支援だと言えます。

仮に日本で作るプロダクション・インセンティブ制度の助成率を、国内製作消費の20％に設定したとします。この場合、日本は20％の公的支援によって産業現場に「新しいお金」を呼び込んで経済活動を活性化させ、間接消費なども生じるだけでなく、質の高い国内産業雇用の創出などから税収を生み、ここまで挙げてきた国や都市と同じような高い経済効果を見込むことができることでしょう。

◆「製作委員会」以外の選択肢を

また、プロダクション・インセンティブが生み出す重要な要素として、制作現場レベルの成長効果があります。

日本のクリエイティブ産業の行き詰まりを解決するためには、製作へのお金の流れとその選択肢に変化を生むことが必要です。そして、プロダクション・インセンティブは、資金調達の選択肢を増やすことで、収益化に関するビジネスモデルの多様化を促すことができます。

日本の映像製作は、日本国内のみの資本構造の中で行われることがほとんどで、一般的には「製作委員会方式」が採用されるケースが多いです。

この「製作委員会方式」とは、リスク分散の観点などから、複数の企業が一つの作品に出資するスタイルです。出資者はテレビ局、映画会社、制作会社、広告代理店、商社、出版社、新聞社、通信会社、レコード会社、ビデオソフト制作会社、芸能事務所、玩具メーカー……などの企業から構成されます。

この方式は法的には任意組合ですが、前例にならい「出資率＝所有率」となるのが慣習です。したがって、製作委員会に参加した複数のオーナーが製作したＩＰを所有する形になり、配当も出資した金額によって決まります。また、二次使用においては慣習的に監督や脚本家へ一定率のロイヤリティの取り決めこそあるものの、プロデューサーは作品やマーチャンダイジングなどの収益の流れと所有権をコントロールできない場合が多いです。

そして、日本の制作現場がなんとか製作の仕組みの打開策を探ろうとしても、現状では「製作委員会方式」以外の方法で、個々のプロデューサーや制作会社が資金調達を達成することは極めて難しいです。

今ではNetflixなどのネット配信企業らが、日本のローカルプロダクションへの投資を行なっています。Netflixに限らず、海外のエンタテインメント金融の仕組みですと、例えば、ＩＰの所有権を複数のオーナーが所有するのではなく、所有権はプロデューサーに留めたまま、一定期間の配信権のみを購入者に譲渡するといった資金調達方法を図ることができます。

しかし、目の前に各自の出資金の現金があり製作に取り掛かれる「製作委員会方式」の枠組みと違い、仮にプロデューサーが映画配給会社やネット配信企業などとの間で契約を交わし、この枠組み外で製作を行おうとする場合、その先には作品を完成させるまでのプロダクション運営という、資金繰りの面における極めて大きな課題が残ります。

一概に資金調達に必要な契約と言っても、作品の権利のどの部分をどの期間販売するかによって多種多様な契約の形態が存在しますが、大まかに言うと作品の完成前にその作品を公開する権利を売る契約のことを「プリセール契約」と呼びます。

この「プリセール」では、前に紹介した「ネガティブ・ピックアップ・ディール」と呼ばれる、作品を納品した後に契約金が支払われる契約形態を選択する可能性が高いです。つまり、ネット配信企業などは、制作期間に支払わなければならないクルーの賃金やその他制作費用の運転資金や、制作期間中のプロデューサーの利益を、作品の納品前に前金で支払うことはありません。したがって、プロデューサーは作品を完成させて入金されるまでの期間における、制作運転資金を何らかの方法で調達する必要があります。

しかし、日本では、諸外国のようにエンタテインメント金融が発展していないため、独自の資金調達は難しい状況にあります。例えば、日本の金融機関が作品の完成前に運転資金を提供することはなかなかできません。

特に資本力に乏しい中小の制作会社では、運転資金を独自に捻出することが難しく、自社IPを開発して新しい収入の道筋を作ることが困難な状況に置かれています。

そういった制作現場の金融面に作用するのが、プロダクション・インセンティブになります。仮に、我が国で同制度が設置され、国内雇用などで国内における制作コストの20％なりが助成されることになれば、制作運転資金の調達に新しい選択肢が開拓され、それが多様な道筋へと繋がることになります。

例えば、アニメ制作会社が単独の資金調達で自社IPを確立できれば、作品の知財管理やマーチャンダイジングをコントロールするなどし、従来の「製作委員会方式」では得られなかった収入源への道筋を手に入れることができます。ビジネスモデルの多様化は、日本が直面している緊急の課題である、国内のアニメーターや産業現場のクルーの待遇改善など、構造的な変化を生みやすい環境を生み出すことになります。

もちろん、プロダクション・インセンティブの支援対象はビロー・ザ・ラインのクルーの賃金になるので、クールジャパン機構設立の思想にあった「作業現場で働く人の賃金を支援するものでは当然ない」とは真反対の、産業現場の賃金の活性化を直に行う施策になります。

◆「完成保証」とつなぎローンの提供

本来であれば、プロダクション・インセンティブに加え、公的フィルムファンドからの完成保証や、プリセールの事前契約を元に制作期間の運転資金を貸し出すローンなどがあれば、日本のプロデューサーにとって、さらに多様な資金調達の選択肢とチャンスが生まれます。

完成保証とは、簡単に言うと銀行などから制作資金を借りる時や、投資家から投資を受ける時に、作品完成までの保証人になってもらう制度のようなものです。

例えば、プロデューサーがネット配信企業らとプリセール契約したものの、何らかの理由で制作が中断し、作品が完成しなかったらどうでしょう？

当然、ネット配信企業は未完成の作品に対してお金を払うことはありません。このような状況に陥った場合、プリセール契約を元に運転資金を貸し出した金融機関は貸し倒れの被害を受けるおそれがあります。こうしたリスクがあると、銀行はなかなか制作資金の融資を行う気にはならないと思います。

そこで、国の公的フィルムファンドなりが、作品の完成までに万が一問題があった時は、それまでかかった制作資金を保証しますという「完成保証」を約束します。これにより、銀行など金融機関のリスクが軽減され、制作費のローンが出しやすくなります。完成保証を公的資金で支援することは、プロデューサーが民間金融機関から資金調達するための選択肢を広げることに繫がります。

この「完成保証」ですが、通常は空手形で保証人になるのではなく、予算内で作品が完成するように、逐次制作の進行具合をチェックすることになります。もちろん保証も無料ではなく、プロデューサーは「完成保証」に対して保証料を支払うことになります。

また、完成保証だけでなく、公的フィルムファンドが制作費のつなぎローンを直接提供することも、一つの有効な政策になると思います。もし、日本に金融機関よりも借りやすい公的資金による制作費のつなぎローンがあれば、完成保証と同じ原理で、日本のコンテンツクリエイターらに新しい資金調達の術を提供することにより、新しい多くのチャンスが生まれることになるでしょう。

日本のクリエイティブ産業を豊かにするために大事なことの一つは、これらのような、日本の制作現場の生態系に作用するエンタテインメント金融面の支援であることに他なりません。プロダクション・インセンティブや公的フィルムファンドによって、日本のクリエイティブにおける新しい資金調達の選択肢を作ることができれば、これにより発生する新しい利益の道筋により、既存の日本の製作体系の構造的な問題に起因する、制作現場で働く人の待遇改善といった課題解決にも繫がります。

◆ジャパンコンテンツファクトリーの利益相反

実は、日本にも国の政策としてエンタテインメント金融面を支援する動きがありました。

２０１８年8月3日、クールジャパン機構が、「ジャパンコンテンツファクトリー投資事業有限責任組合」を立ち上げるための基金運営会社「株式会社ジャパンコンテンツファクトリー」の設立を発表しました。

ジャパンコンテンツファクトリー投資事業有限責任組合とは、クールジャパン機構が50億円を拠出したコンテンツファンドのことです。海外展開を前提とした作品のプリセール契約を担保に、プリセール代金の入金まで制作運転資金のつなぎ融資を行うというものでした。

一見すると日本が抱える課題解決に即した支援策に思えますが、このクールジャパン事業にも、政策の実効性、公共性において極めて疑わしい問題が発生しています。

この50億円もの公的資金を運用するために、株式会社ジャパンコンテンツファクトリーという会社が作られました。会社の座組みは、クールジャパン機構が1億５０００万円を出資し、民間からはＮＴＴぷらら、ＹＤクリエイション、文藝春秋、イオンエンターテイメントが合わせて3億５０００万円を出資する形となっています。

問題だと指摘せざるをえないのは、この50億円を運営する株主のマジョリティが、ファンドの支援対象となるNetflixやAmazonで番組を製作している当事者となっている点です。

基金運用会社の筆頭株主となったＮＴＴぷららは、２０１８年5月にアニメーションの映像制作事業などを手がける株式会社ＩＧポートと資本提携を行っています。ＩＧポートのグループ会社であるProduction I.G.は、Netflix作品『ULTRAMAN』などを制作しています。さらに、吉本興業と電通の合弁会社であるＹＤクリエイションもまた、Netflixで吉本興業のタレントが書いた小説が原作の『火花』や、企画、プロデュースした『Jimmy〜アホみたいなホンマの話』といったテレビドラマや、Amazonオリジナルの『ドキュメンタル』『バチェラー・ジャパン』などの番組を制作している会社になります。

すなわち、50億円の原資は実質ほぼ１００％公的資金であるにもかかわらず、ファンド運営の決定権を握るマジョリティには、直接その利益を享受する企業が含まれています。

例えば、番組制作をする立場の会社が公的資金による支援の意思決定に参入し、自分たちの番組制作にそのお金を流したらどうでしょうか？　公的資金での融資を行う側と、それを利用する側が同じ会社になれば、明らかな利益相反が発生するのは言うまでもありません。

また、クールジャパン機構の支援決定に際する資料などを見ると、ジャパンコンテンツファクトリーは中堅、中小制作企業へと広く「公」を支援することに意義があると謳われています。

しかし、こうした制作会社やプロデューサーが公的資金の融資を申請する時、この人たちとはいわばライバル関係である、ジャパンコンテンツファクトリー経営陣が審査する立場にいるのです。つなぎ融資の支援を受けたい他のプロデューサーや制作会社らの、競争上の正当な利益を侵害する可能性があることは明白です。

さらに、制作会社がファンド運営会社になるということは、これらの企業が公的資金からなるファンドの運用管理からも利益を得ることを意味します。極端な話、自分たちでＮＴＴ、吉本興業、電通らの関連企画に融資を実行することだけでも、この企業は運用管理費として利益を得ることになります。

諸外国においては、こうした公的資金のフィルムファンドは、政府機関もしくはそれに準ずる公の機関が運用しています。なぜなら、公的資金を投入するフィルムファンドが広く達成すべき公益と民間企業らの利益追求は、決して相容れるものではないからです。

特に吉本興業にいたっては、株主がテレビ局、映画会社、広告代理店、銀行らから構成されています。これらのメディアおよび金融会社と資本関係を持つ会社の株主利益は、公的フィルムファンドの公共性、公益性と強い利益相反関係にあると言えます。

また、第6章でも触れましたが、２０１６年12月に始まった内閣府知的財産戦略本部の「映画の振興施策に関する検討会議」が、本事業を作る政策提言を取りまとめたわけですが、この会議の座長は、その半年前に吉本興業の社外取締役に就任していた中村伊知哉氏でした。これに加え、吉本興業の大崎洋会長も「映画の振興施策に関する検討会議」の委員を務めています。よって、事実だけ見れば、政策の有益性と妥当性を謳い政府戦略に掲げられた50億円のコンテンツファンドを使った支援策が、政府会議の座長と民間委員が経営に携わる特定の企業に還流する結果になっています。

クールジャパン機構の別の案件では、吉本興業がNTTと共同で行う、教育分野を中心としたコンテンツを配信する国産プラットフォーム事業「Laugh & Peace Mother（ラフ・アンド・ピース・マザー）」に100億円の出資決定も行われています。

このように、資金、政策ともに本来は「公」の意味合いが強い支援を行う公的フィルムファンドを、直接の支援対象となる利益相反企業、国家戦略の有識者と直接の利害関係を持つ企業、とりわけ大メディアの大企業の既得権者である面々の座組みで統治することは、極めて不適切かつアンフェアな制度であると指摘せざるをえません。

◆「公」の意味を理解した組織を

2019年8月1日、クールジャパン機構は、テキサス州ヒューストンを拠点に北米市場で日本アニメ作品のライセンス事業を展開するSentai Holdingsに、32億円を出資することを発表しました。また、この発表を報じたWEBメディア「THE BRIDGE」によると、同社を通じたアニメの世界展開にジャパンコンテンツファクトリーを活用していきたいとも述べられています。

もちろん、これが民間のお金であれば一向に問題ありませんが、再度確認するとジャパンコンテンツファクトリーは公的資金50億円からなる、公的フィルムファンドです。クールジャパン機構ならびにSentai Holdingsの自社事業への営利追求は、公的フィルムファンドの公益と相入れないものです。こうしたお金の使い方はＡＮＥＷと同じく、産業全体への広い「支援」を語る一方で、結局は自分たちで自分たちが信じる自分たちのためのクールジャパンを実行する形となっています。

日本の映像産業の広い発展というゴールに対して、この国には無数の縦割り行政制度、各省庁の傘下に置かれている補助金や公金の受け皿と化した映像支援系法人、官民ファンド事業が存在しています。残念ながら、これらの乱立した支援組織は日本の産業発展に対して、全くもって機能していません。

第7章で取り上げたＪ－ＬＯＰがいい例ですが、日本版アメリカン・フィルム・インスティチュートだ、ブリティッシュ・フィルム・インスティチュートだと語ったところで、産業支援のために機能せず、無駄に補助金をむしり取る組織では、日本の発展は叶いません。

また、公的支援であるフィルム・インセンティブ事業を広告代理店が仕切ったり、公的フィルムファンドを制作会社が仕切ったりするような国は、世界のどこを探しても日本しか存在しません。それだけ、日本の映像産業行政は既得権益を肥やすことに未だ注力し続け、この国に多様で豊かなクリエイティブの土壌を作る意思が欠けています。

要するに、日本には「公」の利益を理解した公的フィルムファンドと、それを運用する一元化された真の公的映像産業支援組織が、同時に必要であると考えます。

◆国内製作費の上昇の必要性

話をプロダクション・インセンティブの公益に戻します。

プロダクション・インセンティブには、国内製作費を上げる効果も期待できます。

前述の欧州評議会の報告書「Impact analysis of fiscal incentive schemes supporting film and audiovisual production in Europe」には、ハンガリー、イギリス、フランスにおいて、政府支援制度の導入前3年間と、導入後5年間の国内製作消費の推移が示されています。

そのデータによると、プロダクション・インセンティブの導入が、いずれの国においても国内製作費を上昇させていることが示されています。さらに、2009～2013年の期間で、プロダクション・インセンティブを持つ国と持たない国における、国内制作現場に回った製作消費の成長を比較した時、前者は後者より大きく成長したことが示されています。

日本においても国内製作費が向上すれば、それに伴いクリエイティブ人材の育成や賃金の上昇日本国内の制作許容力の向上といった効果を生むことが考えられます。

高額予算の映画やテレビドラマを作るには、映像技術の高い専門性と能力を持つ人材、最新の撮影施設などの高度なインフラが必要になります。ですが、日本のこれまでのやり方では国内製作費に限度というものがあり、こうした体験やインフラ投資の獲得はなかなか難しいのが現状です。私もニューヨーク時代、大手スタジオ映画の撮影現場を体験しましたが、大きなお金がかかった映画からは、その次元の製作費でしかわからない色々なことを学べました。

プロダクション・インセンティブによって誘致した大作が国内のインフラ整備に繋がった例には、ニュージーランドの『ＭＥＧ ザ・モンスター』のケースがあります。

これは米中共同製作で作られた映画で、推定製作費は１億５０００万ドル（１６５億円）になります。また、巨大ザメとの闘いを描く物語なので、水中での撮影などが必要になりました。この映画を誘致したオークランドは、同作からの投資等を当てることで、高度な水中撮影用の水槽が備わった撮影所を開設しています。

第４章でも少し触れましたが、ニュージーランドは国内製作消費の20％を還元するプロダクション・インセンティブを設置しており、特段にニュージーランド経済への広い貢献が認められる作品には助成が５％上乗されます。撮影所の建設に繋がった『ＭＥＧ ザ・モンスター』

も、この特別助成が適用された作品になります。

また、プロダクション・インセンティブには国際共同製作を自国へ引き寄せる効果もあります。共同製作を通して日本の人々が海外のクリエイティブ人材と仕事を共にすることで、新しい知識や体験を得ることができれば、日本国内の創作の質の向上にも繋がるでしょう。

また、第4章の「◆マーベル映画と韓国映画の違い」で紹介したように、プロダクション・インセンティブによって誘致された海外プロダクションを経験することで、日本のプロダクションマネジメントも、残業代を含むクルーの労働契約や、安全管理体制など多くを学び、よりよい労働環境作りに反映させることができると思います。

この効果を示す顕著な例に、第92回アカデミー賞で、非英語劇作品で史上初となる最優秀賞ほか4部門を受賞した『パラサイト 半地下の家族』と韓国映画産業の変化が挙げられます。本作が2019年の第72回カンヌ映画祭において最高賞であるパルムドールを受賞した時の会見の中で、ポン・ジュノ監督はクルーの最低賃金や労働時間週52時間制などを取り決めた「標準労働契約書」の遵守に注力したと語っています。

同作に出演した俳優のソン・ガンホは、法令および契約が遵守されたポン・ジュノ監督の撮影について「ポン・ジュノ監督の世界では全てが精密に計算されていて、特に食事休憩の時間は最も厳格に守られていた。私たちはとても幸せな環境で仕事ができた」と語っています。

ポン・ジュノ監督は、『スノーピアサー』『オクジャ』といった国際共同製作作品を通じて、ハリウッドシステムの労働環境を経験しています。第4章の「◆雇用と税収で効果を示すイギリス」でチェコの撮影所のバランドフスタジオについて話しましたが、私が視察を行った時、ちょうどこのスタジオで撮影を行なっていたのが『スノーピアサー』でした。

ハリウッドにはいくつもの労働組合が存在し、それぞれに組合（ユニオン）のルールが存在しています。私が所属していたことのあるアメリカ俳優組合（SAG-AFTRA）の場合、「コールタイム」と呼ばれる俳優の入り時間から6時間以内に食事休憩を与えないといけないルールがあります。もし、時間通りに食事休憩が与えられない場合、プロデューサーは俳優に対して罰金を支払わなければなりません。

また、残業代ですが、日当契約のパフォーマーの場合、8時間を過ぎると残業代が発生し、8時間から10時間までの残業では時給換算の基本賃金の1・5倍、10時間から12時間までは時給換算の2倍の残業代が発生します。さらに、土曜、日曜、祝日に撮影を行う場合、プロデューサーは、俳優に対して基本賃金の2倍の日当を支払う義務があります。

また、前の日の撮影と次の日の撮影の間には必ず12時間の休憩を設けねばならないという規定もあります。例えば、前の日の撮影が深夜12時に終わった場合、次の日の集合時間は翌日の昼12時以降にしなければいけません。前日に深夜労働を行った後、翌朝の早々に集合をかけるといった過酷な労働は禁止されています。

当然、プロデューサーにとってこうしたルールを設けることはコストの上昇につながります。しかし「標準労働契約書」と労働時間厳守に取り組んだポン・ジュノ監督は、クルーにより良い労働環境を整えるためのコスト増を「ポジティブなコスト増であった」と語っています。

また、ポン・ジュノ監督は、同じ会見で『パラサイト』が韓国映画産業において「標準労働契約書」を作った最初の作品ではなく、韓国では2、3年前から映画スタッフの給与体系などを適切に定めるようになった」とも語っています。

2、3年前といえば、韓国がマーベル作品を誘致した頃です。このことからも、『アベンジャーズ：エイジ・オブ・ウルトロン』の韓国ユニットプロデューサーが「韓国映画はディズニーから安全管理やクルーの契約法務など、学ぶべきことがあった」と語った後、少なからず学んだことが産業全体の労働環境にポジティブな変化を生むことに生かされたと考えられるでしょう。

国のフィルムコミッションが自国クルーの違法な労働を海外に売り込むような事態が起こっている日本においても、こうした次世代のクリエイティブ産業従事者のための労働環境のポジティブな変化というものは間違いなく必要とされるものだと考えます。

◆ニュージーランド『ホビット』観光の圧倒的成功

プロダクション・インセンティブによるクリエイティブ産業の製作環境の強化や、作品の質の向上は、副次効果として観光インバウンドにも繫がると認識されています。

国際フィルムコミッショナーズ協会によると、年間10億人の海外旅行者のうち5人に1人は映画、テレビの影響を受けているとされ、現在のスクリーンツーリズム市場は２４００億ドル（26兆４０００億円）と推計されています。

スクリーンツーリズムの成功例として、北アイルランドが挙げられます。同地は10年以上にもわたり映像産業支援を行っており、その一つに世界的ヒットドラマ『ゲーム・オブ・スローンズ』も含まれます。

北アイルランド観光局の発表によると、同国の美しさや自然が映画やドラマロケを通して発信された結果、放送直後にロケ地巡りに訪れる観光客が増えただけでなく、その後も長期にわたり、旅行の目的地を決める意思決定に影響を与える効果があったとまとめられています。

また、映画と連動したＰＲ、マーケティングを計画し、それを観光振興に繫げた例にはニュージーランド観光局の取り組みがあります。

ニュージーランドはこれまで15年にわたり、同国でロケを行った映画『ロード・オブ・ザ・

リング』三部作と『ホビット』三部作の世界である「中つ国」(Middle-earth) 観光をＰＲしてきました。

例えば『ホビット』では、公開前、プレミア上映イベント、公開後にわたり、ワーナー・ブラザースと提携し、ニュージーランド観光をプロモーションしています。それにより、『ホビット』観光は中国のCCTV、フランスのTF1、イギリスのSky ムービーUKなどの海外メディアに取り上げられ、それぞれの視聴者数は６３０万人、３８０万人、１０７０万人にのぼりました。加えて、出演者やインフルエンサーもニュージーランド観光をＰＲし、さらに映画のＤＶＤには、キャストがニュージーランドでの素晴らしい思い出や、「中つ国」体験を語る特典映像が添付されました。

こうした取り組みは、大きな成果をあげました。

ニュージーランド経済研究所が２０１４年に、スクリーンツーリズムによる観光振興の実態をまとめた報告書「2013 Western market visitor growth」によると、イギリス、アメリカ、ドイツ、オーストラリアでは『ホビット』を通した観光ＰＲの認知度が80％程度と高いものだったとされています。そして、２０１３年にニュージーランドを訪れたアメリカからの観光客の82％、イギリスからの観光客の80％が、『ホビット』ＰＲが観光先を決める際に強く影響したと回答しています。

また、ドラマ誘致とそのインバウンド効果が地方創生に繋がった例もあります。

第4章にて『アベンジャーズ：エンドゲーム』の日本シーンを撮影したことを紹介した、アメリカのジョージア州です。同州は最大で30％の地元製作消費を還元するプロダクション・インセンティブを設置しており、世界的な人気ドラマ『ウォーキング・デッド』のロケ地にもなっています。同ドラマの撮影が地元に落とす製作消費は年間5000万ドル（55億円）と言われています。

ジョージア州の経済開発局が発行した報告書『Film Tourism Prompts Rebirth of a Southern City』（訳：フィルムツーリズムで生まれ変わった街）によると、このドラマの平均視聴者数は1500万人で、ドラマを見てロケ地を訪れる観光客が増加しました。

この効果が特によく表れたのがセノア市でした。観光客が増加したことにより、レストラン、商店、ライブハウスなどがこの市へ移転しました。スクリーンツーリズムが地元へのビジネス誘致に繋がり、街が生まれ変わった好例でしょう。

実は、日本の行政もロケ誘致によるインバウンド効果は十分理解しているように思えます。その証拠に、日本のロケ誘致政策は「観光振興政策」に分類されています。ただし、ロケ誘致を単なる「観光振興政策」と捉えるのは間違いで、観光振興はあくまでもクリエイティブ産業政策の副次効果だと認識する必要があります。

◆矛盾だらけの試験事業

先ほども触れましたが、インバウンド効果を生む映画やテレビドラマを作るには、日本国内に映像技術の高い専門性と能力を持つ人材を育て、最新の撮影施設といった高度なインフラを築いていくことが必要になります。

しかし、今のクールジャパン政策は産業現場に働く人への投資を抜きに、観光振興だけを語っています。そして、多くの税金が映画やテレビ製作の仕組みを理解していない、実効性の乏しいプロモーションに使われている状態です。

これは、内閣府知的財産戦略推進事務局が広告代理店クオラスに委託した地方創生事業「外国映像作品ロケ誘致プロジェクト」の、試験事業の応募条件に如実に表れています。

日本での撮影消費の20%を還元するこの制度ですが、事業の応募条件を見ると、申請には次の3つのいずれかを満たす必要があると記されています。

●日本国内における直接製作費が8億円以上の作品

●総製作費が30億円以上で、かつ、日本国内における直接製作費が2億円以上の作品

●公開、放映、放送、または配信する予定としている国が10カ国以上、かつ、日本国内に

おける直接製作費が3億円以上の作品

一言にすれば、世界最高レベルに的外れな制度です。

この条件を別の言葉に訳すのであれば、日本はこの制度によって制作現場に投資を呼び込む気はなく、とにかくハリウッド映画やテレビでクールジャパンを発信して観光インバウンドに繋げたいので都合のいい作品を募集します、というメッセージになります。

さらに言えば、この試験事業の応募要項は幅広い応募を排除するような条件であるとも言えます。消極的な告知の事実と合わせて考えると、今回の試験事業はそもそも広く企画を公募する意思はなく、公募前から予め想定する特定作品に応募を呼びかけているのではないか、と捉えられても仕方ないと思います。

プロダクション・インセンティブ制度を設計する時、受給資格に必要な次の3つの条件を設定する必要があります。

① 最低撮影消費（Minimum Spending）
② 最低撮影日数（Minimum Filming Day）
③ 作品上限額（Project Cap）

最低撮影消費とは、その国で最低いくらのお金を使う企画のみに受給資格を与えるというものので、この支援基準が高ければ高いほど、申請の敷居も上がります。

製作費の比較的大型なプロジェクトを誘致したい場合、最低消費額を高く設定することがありますが、高くとも100万ポンド、ドル、もしくはユーロと、日本円にして1億円を基準に設定されています。日本が設定した最低消費額は、同様の制度の中で世界一高い金額と言えます。

特に、第一条件の8億円はプロダクション・インセンティブ制度では法外な金額設定で、これほど高額な最低消費額を設定している国は他にありません。

しかも、この金額設定には制度の実効性において大きな矛盾があります。この申請資格では「8億円以上」のロケを誘致したいとしていますが、当事業にはそれを実現するだけの予算がないのです。

内閣府による概算請求の予算額は1億8000万円でしたが、仮に日本で8億円を消費するプロジェクトの申請が実際にあった場合、それに対する支給額は20%の1億6000万円となります。この事業を請け負った広告代理店と公的映像支援組織の2法人の運営事業費を予算額の1億8000万円からさらに差し引けば、ほぼ予算上限に達してしまいます。

つまり、この制度では「8億円以上」を申請条件にしているものの、8億円を超えた部分の製作費に対しては予算が足りないため助成ができません。よって、この申請条件は「8億円以上、8億円以下」とピンポイントに限定していることになります。

そのため、8億円以下の作品には申請資格がない一方、例えば10億〜20億円を消費する映画やテレビドラマにおいては、8億円分以上の経費が助成対象にならないのでメリットの薄い制度になります。

製作費の規模が大きな作品を誘致するためには、「作品上限額」が大きく関係します。これは文字どおり、一作品あたりへの支給限度額です。大きな撮影消費を地元に落とす大型作品獲得を狙う諸外国では、この上限を引き上げる制度を打ち出しています。

もちろん、この内閣府事業は試験事業ですので、十分な予算にならないことは理解できます。しかし、1億8000万円は先進国のみならず、全世界的にみても最低レベルの予算規模になります。世界的最低水準の予算で、身の丈に合わない世界最高の最低消費額を設定しているため、本当に日本の制作現場を活性化させる気があるのかと疑わざるを得ない、一体何がしたいのかわからない制度になっています。

この内閣府の試験事業を、国際競争の土俵に乗せて比較してみたいと思います。

タイのプロダクション・インセンティブでは、基本の助成は15%で、主演俳優などメイン人材の雇用があるプロジェクトには追加で3％の助成、さらに観光PR効果が認められる作品には追加で2％の助成が受けられます。

このように国内制作現場に向いた実用的な基本支援制度があった上で、観光PRに貢献する内容の場合ボーナスを与える仕組みになっています。

日本の制度も、自国の制作現場支援の延長に観光振興が位置付けられていればよいのですが、そうはなっていません。とにかく観光振興が見込める大型映画やテレビドラマを誘致したいという気持ちが先行した制度設計になっており、肝心の地元の産業現場への還元をおろそかにしていると言えます。

ちなみに、タイの制度の作品限度額は7500万バーツ（2億6250万円　※1バーツ＝3・5円）と日本の事業費を上回っていますので、このことからも内閣府の制度が支援の規模、使い勝手とも国際競争力に特段優れた制度でないことがわかります。

タイの場合はさらに、最近のハリウッド誘致案件として2020年公開予定のユニバーサル・ピクチャーズ製作『ワイルドスピード9』があります。世界で累計55億ドル（6050億円）を記録しているヒットシリーズです。こういった、大型作品の受け入れ能力の実績というものも国際競争に加わる要素となります。

試験事業について情報公開請求を行ったところ、内閣府の職員は当事業に何件の公募があり何件の採択があったかは教えられない、採択された作品のタイトルも年末の報告書まで教えられない、クオラスからの再委託先の役割や事業名も明かすことはできないと回答しています。ただ、応募があったのでこの予算が執行される予定はあると語っていました。

そんな中、内閣府知的財産戦略推進事務局は2020年1月20日に助成対象の2作品のタイトルを公表するに至りました。一つは、東京の秋葉原、栃木県足利市等においてロケを実施する中国作品の『唐人街探索3』で、もう一つは東京と兵庫県姫路市等のロケを予定しているパラマウントピクチャーズ配給の『G．I．ジョー：漆黒のスネークアイズ』でした。

単純に事業費を半分で割ると、1作品あたりおおよそ4億円くらいの撮影消費を日本の制作現場やホテルなど関連ビジネスに落とす計算になります。

◆間違った日本のイメージを流布させないために

日本にゆかりのある物語が日本で撮影され、それが大規模公開され感動を生み観光へと繋がるという青写真は、映画やテレビドラマの製作における意思決定の仕組みを理解し、なおかつ産業現場への投資チャンスを幅広く作ることを第一に考えた制度設計の延長に存在すると認識しなければ、そもそも達成できないものだと理解する必要があります。

また、映像振興施策を地方創生と位置付けるのであれば、単に外国や東京のクルーが短期間ロケ地に滞在した時に落とすホテルの宿泊費や、副次効果のインバウンドで稼ぐ発想ではなく、「映像の仕事をするにはその土地に住まないと!」と思わせるくらいの長期的な成功のビジョンが必要になります。

これまでの日本は、世界の製作費市場の取り込みに失敗し続けただけでなく、日本を舞台にした映画、テレビドラマ企画をインセンティブのある他国に流出させてきました。代替地で撮られる作品で発信される「日本」には、しばしば誤った姿も存在し、文化的魅力発信の毀損にも繋がっています。

他国の例を挙げると、Netflix映画『DJにフォーリンラブ』(原題:Ibiza)では、タイトルにあるイビサ島ではなくクロアチアとバルセロナで撮影されました。なお、クロアチアは国内撮影消費の20%を還元するプロダクション・インセンティブを2012年に設置し、2016年には助成率を30%に引き上げるなど制度を改良し、ロケ誘致の国際競争力を高めている国です。『スター・ウォーズエピソード8:最後のジェダイ』の一部なども誘致しています。

映画が代替都市で撮影されることは多々ありますが、特にこの映画中のイビサは、地形から人、文化まで間違った描かれ方がされたことから、イビサ観光局が公式に抗議するまで発展しました。

こうした間違った発信をされるケースは、日本に置き換えても十分起こりうることです。

日本にプロダクション・インセンティブがなく、この分野の国際競争に劣ることは、こうしたマイナス要素も誘発する可能性があります。

主な日本ロケの代替地の例
『パシフィック・リム：アップライジング』―オーストラリア、メルボルン（東京シーン）
『パシフィック・リム』―カナダ、トロント（東京シーン）
『沈黙―サイレンス―』―台湾
『GODZILLA：ゴジラ』―アメリカ、ハワイ
『007：スペクター』ロンドン（東京シーン）
『ウルヴァリン：SAMURAI』―オーストラリア、シドニー（一部小規模シーンは日本）
『The Forest―樹海―』―セルビア
『47 RONIN』―ハンガリー
『終戦のエンペラー』―ニュージーランド
ドラマ『ブラックリスト』―ニューヨーク
ドラマ『ZOO―暴走地区―』―アメリカ、ルイジアナ

◆日本に適したプロダクション・インセンティブの形

このように、プロダクション・インセンティブの設置によって日本におけるクリエイティブコンテンツ製作の「お金」の選択肢を増やすことは、新しいビジネスモデルを生むとともに、国内製作費の向上や制作現場で働く人の賃金上昇、高度な能力やインフラの開発による国内の撮影資源の拡充、さらには創作の質を高める効果を生むことができます。

映像産業振興支援の延長には、文化発信や観光振興などに波及するインバウンド効果もあるため、日本の長期的な成長にも役立つものであると考えます。

では、日本が国際競争の中でどのような制度を設計すべきか、次に解説したいと思います。

日本においてプロダクション・インセンティブを設置する場合、国際競争力を把握した的確な制度設計が必要になります。

プロダクション・インセンティブには次のような種類があります。

① タックスシェルター方式
② 税制クレジット方式
③ 現金還元方式

タックスシェルター方式とは、課税所得が多い個人や企業が、政府の条件を満たす映画、テレビ制作への投資を非課税投資もしくは減税投資扱いにし、課税所得を減らせるよう優遇することで、産業現場への投資を促す制度になります。

税制クレジット方式とは、制作会社に対し、承認を受けた製作経費の一定率を税制クレジットにて還元するものです。この税制クレジットとは、的確な例えではないのですが納税に使える金券のようなもので、制作会社が各税金をこのクレジットで収めることができます。また、還付された税制クレジットが制作会社の納税額を上回る場合には、差額を現金で戻されるところもあります。

また、税制クレジットには、第三者に譲渡可能な税制クレジット（Transferable）と、還付を受けた制作会社のみが使用できる（Non-Transferable）の2種類があります。

譲渡可能な税制クレジットの場合、プロデューサーは額面より少し安い金額でこの税制クレジットを売り、現金に換えることができます。これに対して、少しでも納税金額を減らしたい企業は、この税制クレジットを購入して節税することができます。税制クレジットの売買にはブローカーなどもいますので、納税版の金券ショップのようなやりとりが行われます。

譲渡不可能な税制クレジットにおいても、助成の承認が取れた作品に対し、助成分を現金化するローンを提供するサービスもあります。

現金還元方式とは読んで字のごとく、制作会社に対して、承認された撮影消費の一定率を現金で還付するやり方になります。

内閣府の知的財産戦略本部の官民有識者会議などでも、「海外のような支援の枠組みを作ろう」「日本への誘致には消費税免除が必要だ」といった議論があったことはありますが、続いて出てくるのが「日本は海外とは税制が異なるので難しい」「税制でやるには時間がかかる」という声です。そこで議論は立ち消え、これといった進展が見られませんでした。

超党派で作る議員連盟「MANGA議連」会長の古屋圭司衆議院議員は、アニメ産業の低賃金な労働環境を改善するための施策について、2017年8月4日にORICON NEWSのインタビュー記事「MANGA議連、アニメ業界のワーキングプアに危機感　衆院議員・古屋圭司氏が語る施策とは?」の中で、次のようなコメントを残しています。

税制改正は要求して即できる、というものではなく数年はかかるため、『すぐりやります』という空手形はきれません。(筆者注：原文ママ)

実は、古屋議員を始めとする政策意思決定に関わる人たちは、政府支援設計について大きく誤解している部分があります。

アメリカ、カナダ、イギリスなどの制度に「税」という言葉がしばしば使用されているため、税制として何かを変えなければ実現不可能と勘違いされがちですが、プロダクション・インセンティブとは決して「税」を使わなければ実行できないものではありません。日本の映像産業の構造改革に資する肝心な部分は「現金」の話になります。日本の制作現場に投資を行おうとする映画、テレビ、アニメプロデューサーにとっては、税制クレジットで還付されようが、現金で還付されようが仕組みは同じです。

つまり、税制クレジット方式を採用しているところでも、それを利用するプロデューサーにとって行き着く結論は、その土地で制作することでどのくらいの政府支援を受けられ、どれだけコストを削減できるかという、製作費と現金の話になります。

◆現金還元は難しくない

２０１８年、ポルトガルはプロダクション・インセンティブ制度を改正し、それまでの税制クレジット還付方式から現金還元方式へとシステムも変更されました。これは、制度を利用するプロデューサーにとってシンプルかつわかりやすい制度にするためです。

日本の競争相手となる韓国は、現金還元方式を長きにわたり採用しています。また、２０１

7年3月には、タックスシェルター方式による税制優遇制度も実施しています。具体的には、製作費への投資コストの一定率を法人税から相殺できる制度で、小規模会社はコストの10%、中規模会社は7%、大企業は3%の税制優遇を受けられる制度になります。

こうした政府の振興策もあってか、2019年にコンサルティング会社のメディアパートナーズアジアが発表した資料「Asia Video Content Dynamics 2019」(アジアの映像コンテンツ動静)では、アジアの中で映像コンテンツの製作消費が最も成長した国としてインドと韓国が挙げられています。そして、韓国の制作現場に流れる投資が増えた要因は、有料テレビサービスの番組製作が増加したことによるものだともまとめられています。

韓国は、有効な政府施策によってNetflixなど新しいテレビプラットフォームからの「新しいお金」を誘致し、成長に繋げていることがわかります。

これらの国のように、プロダクション・インセンティブは必ずしも税制クレジットの還付でしか行えないものではなく、日本でも現金還元方式を採用すれば、制度づくりは決して難しいものでも、時間を要するものでもありません。

何より、日本には既に現金還元方式の政府支援制度が存在しています。そう、前の章で詳しく解説したJ－LOPが正にそれなのです。

この制度は経団連の予算提言を受け、あれよあれよという間に覚えていますでしょうか？

実現し、これまで372億円が投じられています。特に、1回目の事業においては約半数が「支援の必要性が乏しい」ものであった結果が出ていますが、同じ仕組みのこうした制度だけは、政府が迅速に対応して作り上げています。

もし、アニメ産業の劣悪な待遇などを緊急性のある問題と認識しているならば、現金還元型のプロダクション・インセンティブは同じスピード感をもって作られているべきものです。

ＡＮＥＷに消えた20億円、Ｊ－ＬＯＰに消えた20億円を合わせた40億円で、現場で働く人に向いたプロダクション・インセンティブを設置していれば、今とは違った日本のクリエイティブ産業が存在していたことは、揺るぎない事実だと思います。

皆さんが今後、政府支援設置について「税制が……」「時間がかかる」と説明している人を見かけたら、言い訳を述べているに過ぎないと理解していいでしょう。

◆助成率と予算上限の設定

次に考える必要のあることが、助成率です。政府制度の使い勝手もまた国際競争になっており、プロデューサーもより多くの還元を求めて製作意思決定を行う傾向があります。

アジア周辺の制度を見てみると、韓国が最大で25%、台湾が25%（ポストプロダクション、ＶＦＸ、コンピュータアニメ等は15%）、マレーシアが30%、タイが最大20%となっています。

世界的に見ても20%以上が最低レベルで、25%が国際競争でやや有利になる助成率、30%は世界でもトップレベルとなります。日本が自分本位のクールジャパンを発信しても、実のある成果が得られなかったのと同じで、プロダクション・インセンティブ制度を設置する場合には、こうした世界情勢を考慮した設計が必要になります。

また、日本の産業現場への投資を呼び込むためには、還元率だけでなく支援の予算規模、作品上限の規定も関係します。

1作品に対する助成上限がある場合、上限を超えた製作消費を行うプロジェクトは、制度の予算規模が大きく、上限条件のない制度を持つ国、都市を目指します。

例えば、100億円の製作消費を落とすハリウッドの大きな作品では、1作品で10億〜20億円の政府支援が発給されることがありますので、作品上限や予算上限が小さい制作地には、こういった企画のメインロケを呼び込むことは難しくなります。

映画製作が盛んな国や都市では、年間200億〜300億円の潤沢な予算を持つところもあります。今では、日本より遥かに経済規模の小さい国などでも50億〜60億円の予算を持つ制度ができていますので、日本においても国際競争を加味した予算規模が求められるでしょう。

そして、制度設計においてもう一点大事な要素が、予算の期間になります。

第4章で紹介した文化庁の国際共同製作の制度でも触れましたが、単年予算ですと、行政予算年度の都合上、5月、6月から募集をし、3月31日までに成果を届ける作品に対象が限られてしまいます。映画、テレビ、アニメ制作等の実情に沿った制度にするためには、やはり複数年度にわたって活用できる予算でなければ、実効性に欠けてしまうでしょう。

こうした制度を作る時は、「ないよりあった方がいい」程度の惰性的な発想ではなく、日本のクリエイティブ産業のため、制作現場で働く人のために、きちんと機能する仕組みを心がける必要があると思います。

最後に、何を対象にプロダクション・インセンティブを行うかです。

近年は映画だけでなく、配信サービスなどのテレビドラマにも大きな製作費がかけられています。こうしたプロジェクトの誘致は産業現場に大きな製作消費をもたらし、日本の制作現場の許容力をも向上させます。

また、物理的なロケだけではなく、VFXやポストプロダクション分野にもプロダクション・インセンティブを設ければ、ここでも投資を獲得し、国内の技術開発を進めることができます。

もちろん、日本の強みであるアニメを対象にすれば、政府が把握している酷(ひど)い待遇などを改善し、多くの若者たちが普通に将来設計できる産業構造を生み出すきっかけとなるでしょう。

あるいは、ビデオゲーム制作を対象にすれば、海外作品との予算規模の差を埋め、より競争力の高い作品が日本から生まれやすくなると思います。

日本がクリエイティブ産業を経済の牽引役にするのであれば、「クールジャパン」の標語に浮かれるのではなく、この国の制作現場に投資を呼び込むと同時に、制作現場に質のいい産業雇用を創出するプロダクション・インセンティブが必要であると考えます。

そして、日本の次世代の産業の担い手が育まれ、そこでの未来に希望が持てることこそ、適切な施策を用いて目指さなければならない、日本のクリエイティブ産業のゴールであると強く思っています。

おわりに

まず、本書を最後までお読みいただいた読者の皆様、ありがとうございました。

そして、私がこの問題について語ったツイッターの投稿を議論し、広めてくださった皆様にも感謝申し上げます。編集者の方は、私のツイッターの投稿を見たことが本書を企画するきっかけだったと話していました。つまり、皆様のクールジャパン問題への関心が、今回の執筆に繋がっています。

最後に、本書を企画して頂いた光文社の編集者、高橋恒星さんに感謝を述べたいと思います。本書の執筆には1年7カ月の月日がかかりました。その間も、高橋さんには辛抱強く、また私が本書で伝えたいことの実現のために温かく寄り添っていただきました。

私は10年にわたり、自分にとって大事な問題である日本のクリエイティブ産業支援の在り方や、誤ったクールジャパンの無駄遣いを理解してもらうため、ブログ、ツイッター、ビジネス誌への寄稿などを通して訴えてきましたが、本書を執筆するまでは問題の全体像を整理し、皆様に伝わりやすい方法でまとめる機会がありませんでした。

高橋さんの企画からこうして書き上げることができた本書によって、クールジャパンの不正や過ちが是正され、日本の産業現場で働く人たちに向けられた、また広く国民から理解される日本のクリエイティブ産業支援制度が生まれることを望んでいます。

そして何より、その先にある日本の未来が、クリエイティブ産業を志す次世代の若者にとって希望の持てるものであることと、そこから生み出される日本のクリエイティブがさらに豊かな社会を作っていくことを願って止みません。

２０２０年１月

合同会社 Ichigo Ichie Films LLC Hiro Masuda

おわりに　その2

新型コロナウィルス禍のトンネルの先に光はあるのか？

本書の内容のほとんどを書き終えたのは2019年の秋頃になります。しかし、本書の編集、校閲、改訂の間に世界は大きく変わりました。新型コロナウィルスの世界的な蔓延です。多くの経済活動に打撃を加えた新型コロナウィルスですが、エンタテインメント分野も例外ではありません。

世界のいくつかの国では、政府が非常事態を宣言した結果、映画館が閉鎖され映画興行が止まりました。実質全ての映画館が閉鎖となったアメリカでは、3月20日の週の週末映画興行データが未発表の事態となり、映画100年の歴史ではじめて興行収入記録がゼロとなりました。

映画館の閉鎖に伴い、ハリウッドなどの映画スタジオ各社は予定作品の公開延期や、劇場公開からデジタル配信など家庭用販売までの期限を従来より前倒しするといった措置を講じるなど、映画ビジネスの構造をも大きく変える事態となっています。

一方で、多くの市民の外出が制限され、自宅待機を余儀なくされている中、新しい定額配信サービスのディズニー＋などの加入数は好調との報道もありました。

新型コロナウィルスは、2020年に開催予定だった世界的な映画祭の開催にも大きな影響を与えました。2020年3月にテキサス州オースティンで開催予定だったSXSW（サウス・バイ・サイス・ウェスト）は直前に開催を断念し、同5月に予定されていたカンヌ映画祭もフランス政府の集会禁止命令などもあり延期となりました。カンヌ映画祭に併設されるカンヌフィルムマーケットでは、ネット上の商取引ツールとしてバーチャル見本市を設置することを発表しています。SXSWの運営はイベントの中止に伴う巨額損失の見込みから従業員の約3分の1に当たる少なくとも50人を解雇しました。

新型コロナウィルスの影響による失業の問題は映像制作分野でも甚大で、今、世界中で多くの撮影作品の撮影、制作活動が中断されています。

オーストラリアで撮影されていたバズ・ラーマン監督のエルヴィス・プレスリー伝記映画では、出演のトム・ハンクスが感染を告白し、撮影の一時中断が発表されました。フランスのアニメスタジオのイリュミネーション・エンタテイメントが製作する『ミニオンズ フィーバー』は、制作中断によって映画の完成が間に合わないことから、7月公開の延期を発表しています。

全ての作品の撮影を中止したNetflixのテッド・サランドス最高コンテンツ責任者は、新型コロナウィルスの影響は数カ月単位の長期戦になると話し、撮影再開の目処は2020年下旬を見込んでいると語っています。

こうした制作の中断は、同時にフリーランスを始めとする産業現場のクルーや俳優の所得源を断つことを意味します。2020年3月には北米のエンタテインメント産業労働組合の国際映画劇場労働組合（IATSE）が新型コロナウィルスによる撮影中止に伴うハリウッド関連の失業者数の試算のレポートを発表しました。その数は12万人です。

こうしたエンタテインメント産業の危機に、欧米諸国の政府は減税や助成金の前倒しなど早急な支援の動きを見せています。ドイツでは「バズーカ砲」の財政出動の支援を発表していて、支援対象にはエンタテイメント産業分野で働く人も含まれています。アメリカでは、本来は失業保険給付の対象とならない個人事業主やフリーランスに対して感染症緊急失業給付金（PEUC）が制定され、新型コロナウィルスの影響を受けて隔離が余儀なくなった場合、学校閉鎖に伴い子供の世話のために仕事にいけない、撮影中止など決まっていた仕事が失われた、などのケースが生じたフリーランスの映像産業従事者も、週給600ドルを最長で26週間給付できる制度が作られました。

本書でも扱ったイギリスのブリティッシュ・フィルム・インスティチュート（BFI）は、

コロナウィルス緊急対策基金を設置し、主にフリーランス等の産業現場スタッフ支援に臨んでいます。この基金からは必要に応じて500ポンド（7万2500円）から2500ポンド（36万2500円）の一時救済金を分配することを予定しています。ＢＦＩの支援基金にはNetflix英国支社も100万ポンド（1億4500万円）を寄付しています。Netflixは撮影中止となった自社番組の俳優、クルー支援のために1億ドル（110億円）の私設支援基金を立ち上げています。*

新型コロナウィルス禍の失業や収入減は、日本のクリエイティブ産業が共通して直面している問題だと思います。日本のクリエイティブ産業がコロナ危機の間、そしてコロナ危機から復興する間も持続できる産業にするためには、最大限できる限りの政府支援を迅速に実行することが求められると思います。

日本がクリエイティブ産業で働く人のイマジネーションを継続的に育むためにも、これまで以上に、日本の産業支援施策の思考と税金が一向に向かなかった「産業現場」を第一に考えた支援に注力する必要があると考えます。

これに加え、新型コロナウィルス危機を体験している2020年に生きる我々にとって、税金の無駄遣いを繰り返す余裕はもはやありません。

日本の国民財産は決してただではない。現世代が負担できない場合、次世代の国民が負担することになる。大げさな話、公的資金の無駄遣いがなければ救える命があるかもしれない。

これは、2013年6月に私が初めてブログをANEWについて書いた時の文章です。新型コロナウィルス危機によって、まさにこの「大げさな話」が現実のものとして迫ってくるかもしれません。したがって、クールジャパン無駄遣いの抜本的の是正はもはや待ったなしでやらなければならないと考えます。

新型コロナウィルス危機の暗闇を抜けたトンネルの先に、日本の映像産業が希望の光があるように、迅速かつ適切な対策が生まれることを真に願います。

2020年3月

＊ Netflixは2020年4月に支援基金への拠出を1億5000万ドルに増額

ANEW年表

J・LOP年表

2004年

3月16日	経団連が「知的財産推進計画２００４」の中で映像産業振興機関の設立を提言
12月	映像産業振興機構（ＶＩＰＯ）設立

2005年

6月	ＶＩＰＯのＮＰＯ法人登記・設立

2010年	
	経済産業省が産業革新機構に対しＡＮＥＷ設立を打診
	産業革新機構プロジェクトチームがＡＮＥＷ設立を検討
6月3日	経済産業省「産業構造ビジョン２０１０」を発表
2011年	
6月27日	旧産活法に基づき経済産業大臣に対して支援決定の意見照会を送付
	旧産活法に基づき経済産業大臣が意見回答を産業革新機構に送付
8月22日	経済産業省と産業革新機構がＡＮＥＷ設立を共同で発表
10月27日	設立登記
12月5日	内閣府知的財産戦略本部コンテンツ強化専門調査会
	当期純損失　１２５０万９０００円 資本金および資本準備金　６億円

ANEW

日付	出来事
2012年	
2月29日	サンフォード・R・クライマンCEOおよび黒川裕介COO就任発表
5月15日	内閣府知的財産戦略本部　第10回コンテンツ強化専門調査会
5月16日	経済産業省第　11回クール・ジャパン官民有識者会議
11月	アメリカンフィルムマーケット参加
11月22日	黒川裕介COO辞任
	髙橋真一氏　代表取締役就任
12月19日	第1弾企画『ガイキング』を発表
	資本金および資本準備金　6億円 当期純損失　2億5344万円
2013年	
4月17日	内閣府知的財産戦略本部　第4回コンテンツ強化調査会
5月17日	株式会社海外需要開拓支援機構法案(183国会閣32)
5月24日	衆議院　第183回国会経済産業委員会第14号

J-LOP

日付	出来事
2012年	
12月28日	経団連が「わが国コンテンツの海外展開支援策に関する緊急要望」を発表
2013年	
1月15日	平成24年度補正予算案　国会提出、審議クールジャパン・コンテンツ海外展開促進事業として経済産業省が123億円、総務省が32億円を要求
2月4日	予算成立

9月	トロント映画祭フィルムマーケット参加
11月20日	第1回新株予約権割当を実施（500万円）
12月12日	第5回内閣府知的財産戦略本部検証・評価・企画委員会
12月19日	産業革新機構が5億円の追加投資を実施
	資本金および資本準備金　11億5000万円 当期純損失　3億1500万8000円
2014年	
1月	経済産業省「コンテンツ産業の現状と今後の発展の方向性」を発表
1月16日	髙橋真一代表取締役辞任（取締役重任）
	清水久裕代表取締役兼COO就任
6月16日	財務省が産業革新機構の投資先の監査未実施に対して改善要求

2月7日～27日	コンテンツ海外展開促進事業費補助金基金設置法人を公募
3月11日	株式会社クオラス社員の外丸智宏氏が補助金基金の公式ホームページ「j-lop.jp」のドメインを取得
	映像産業振興機構が経済産業省に交付申請を提出
3月12日	経済産業省が交付決定を決裁、補助金制度施行
3月14日	経済産業省がVIPOへの委託を決定する採択を発表
	民間への補助事業費　151億円 VIPOの事業管理費　4億円
3月19日	ジャパン・コンテンツ ローカライズ&プロモーション支援助成金（J-LOP）募集開始
2014年	
1月22日	VIPOが経済産業省に対して民間への補助事業費区分のうちの23億4100万円をVIPOの事業管理費に流用する変更届を提出

ANEW

7月31日	第2弾企画『ソウルリヴァイバー』を発表
10月31日	第3弾企画『オトシモノ』を発表
11月19日	STORIES合同会社との資本提携を発表 (500万円)
11月28日	産業革新機構が11億2000万円の追加投資を実施
12月10日	第4弾企画『臍帯』を発表
	資本金および資本準備金　22億3000万円 当期純損失　4億3316万円
2015年	
3月31日	会計監査人を設置（新日本有限責任監査法人）
7月22日	第5弾企画『6000』を発表
8月26日	第6弾企画『藁の楯』を発表
10月10日	第7弾企画『TIGER&BUNNY』をNYコミコンにて発表
	資本金および資本準備金　22億3000万円 当期純損益　4億3105万9000円

J-LOP

2月14日	経済産業省が区分変更を承認
	新規区分 民間への補助事業費　127億円 VIPOの事業管理費　28億円
2015年	
1月9日	株式会社クオラス社員の外丸智宏氏が「japanday.jp」のドメイン取得
5月7日	ジャパンデイプロジェクトコンソーシアムが経済産業省支援事業「ジャパンデイ プロジェクト」を発表 主催：VIPO、クオラス、アサツーDK、プロデューサー　小山薫堂
5月13日～24日	カンヌ国際映画祭に併設されたカンヌフィルムマーケットのジャパン・パビリオンでのイベント実施

	経産省メディア・コンテンツ課柏原恭子課長が来賓として出張
6月初旬	週刊文春が経済産業省に取材を入れる
6月下旬	FRIDAYがカンヌイベントの事業費について取材を開始
	ジャパンデイプロジェクトホームページより、主催者、プロデューサー名を一斉削除
6月25日	経済産業省メディア・コンテンツ課課長補佐からの電話
7月1日	VIPO市井三衛事務局長からメールの回答
7月2日〜5日	パリジャパンエキスポでのプロモーションイベント実施
8月	予定のイベントを実施しないままジャパンデイプロジェクトの終了を発表
11月13日	VIPOが経済産業省に対し流用が認められた「広報費」の区分外となる1億9864万円の「運営費」の支払いを申請
11月24日	経済産業省が支払い承認を決済
12月10日	VIPOが経済産業省に対し流用が認められた「広報費」の区分外となる4億415万円の「運営費」の支払いを申請

ANEW

2016年	
9月30日	清水水久裕代表取締役兼COO辞任
	資本金および資本準備金　22億3000万円 当期純損益　3億4728万8000円
2017年	
5月31日	産業革新機構が株式会社フューチャーベンチャーキャピタルへANEWの全株式を3400万円で売却
6月6日	高橋真一取締役辞任
6月8日	サンフォード・R・クライマンCEO辞任
6月28日	商号をANEW株式会社に変更
10月3日	旧ANEW幹部3名とサンフォード・R・クライマン氏が相談役を務める日本IPを元にしたハリウッド映像製作会社Akatsuki International USA設立を発表
10月31日	株式会社フューチャーベンチャーキャピタル

J-LOP

12月21日	経済産業省が支払い承認を決済
12月	J-LOP事業終了
2016年	
1月13日	VIPOが経済産業省に対し2億4654万円の「広報費」の支払いを申請
1月20日	経済産業省が支払い承認を決済

が、旧ＡＮＥＷ取締役の伊藤航が代表取締役を務めるANEW Holdings株式会社へマネージメントバイアウトを実施

資本金　10億円
当期純損益　3億3876万円

2018年

5月18日	総務省が「クールジャパンの推進に関する政策評価〈結果に基づく勧告〉を発表 Ｊ-ＬＯＰの約半数が支援の必要性が乏しい企業に補助金を支出しているとし、より効果的・効率的な支援（新規事業への支援を中心等）改善を経済産業省に対して勧告

表制作／株式会社アトリエ・プラン

ヒロ・マスダ（ひろますだ）
2001年、単身ニューヨークに渡る。元アメリカ俳優組合（SAG-AFTRA）会員。帰国後、合同会社Ichigo Ichie Filmsを設立し代表を務める。'09年、全編ニューヨークロケの長編映画『ホテルチェルシー』（Hotel Chelsea）を企画、脚本、プロデュース。その後、現在に至るまで様々な国際共同製作の映画企画開発や日本の映画企画開発コンサルタント業務に携わる傍ら、アメリカ児童文学の映画化権を取得し自社IPの開発も行う。
「文藝春秋オピニオン 2019年の論点100」「週刊ダイヤモンド」「プレジデント」「Wedge」に映画産業政策に関する記事を寄稿。本書が初の著書となる。

日本(にほん)の映画(えいが)産業(さんぎょう)を殺(ころ)すクールジャパンマネー

経産官僚(けいさんかんりょう)の暴走(ぼうそう)と歪(ゆが)められる公文書管理(こうぶんしょかんり)

2020年5月30日初版1刷発行

著　者 ― ヒロ・マスダ
発行者 ― 田邉浩司
装　幀 ― アラン・チャン
印刷所 ― 萩原印刷
製本所 ― ナショナル製本
発行所 ― 株式会社光文社
東京都文京区音羽1-16-6（〒112-8011）
https://www.kobunsha.com/
電　話 ― 編集部03(5395)8289　書籍販売部03(5395)8116
業務部03(5395)8125
メール ― sinsyo@kobunsha.com

 ISBN 978-4-334-04448-0

光文社新書

1035
生命保険の不都合な真実
柴田秀並

人の安心を守るために生まれた生命保険が、人の安心を奪う——。大手や外資、かんぽ生命などの相次ぐ不祥事の背景にある、顧客軽視の販売構造と企業文化を暴く。

978-4-334-04443-5

1036
恥ずかしながら、詩歌が好きです
近現代詩を味わい、学ぶ
長山靖生

詩を口ずさみたくなるのは若者だけではない。歳を重ねたからこそ心に沁みる詩歌がある——。時代を作ってきた近現代詩歌を引きつつ、詩人たちの実人生と共にしみじみと味わう。

978-4-334-04444-2

1037
宇宙は無限か有限か
松原隆彦

宇宙は無限に続いているのか、それとも有限に途切れているのか。「果て」はあるのかないのか。現代の科学では答えの出ていない〝未解決問題〟を、最新の宇宙論の成果を交えて考察。

978-4-334-04445-9

1038
バンクシー
アート・テロリスト
毛利嘉孝

21世紀のピカソ？　詐欺師？　ビジネスマン？　反体制のヒーロー？　いったい何者なのか？　活動の全体像、文化的文脈とは？　多くの謎に包まれたアーティストに迫る格好のガイドブック。

978-4-334-04446-6

1039
つつまし酒
懐と心にやさしい46の飲み方
パリッコ

人生は辛い。けれども、そんな日々にも「幸せ」は存在する。いつでもどこでも、美味しいお酒とつまみがあればいい。「飲酒」と「酒場」を愛するライターによる〝ほろ酔い〟幸福論。

978-4-334-04447-3

1040
美を見極める力
古美術に学ぶ
白洲信哉

いまブームの日本美術。西洋美術との大きな違いは、実際に使うことで「美」を育てていくところにある。目利きになるための最良の入門書にして「特異な美」の深みへといざなう一冊。

978-4-334-04449-7

1041
続・秘蔵カラー写真で味わう60年前の東京・日本
J・ウォーリー・ヒギンズ

もっと見たい！の声に応え続編。蔵出しのプライベート・フィルムの傑作も加え、選りすぐりの544枚を惜しみなく公開。東京&全国各地の昭和30年代の人々と風景がカラーで蘇る。

978-4-334-04450-3

1042
東大医学部卒ママ医師が伝える科学的に正しい子育て
森田麻里子

ママであり医師でもある著者が、医学論文約170本を徹底リサーチして生まれた、いま最も「使える」育児書。世界の最新研究を知るだけで、もう育児に迷わない！楽になる！

978-4-334-04452-7

1043
アルゲリッチとポリーニ
ショパン・コンクールが生んだ2人の「怪物」
本間ひろむ

「生きる伝説」2人はどんな人生を歩み、演奏スタイルを追求してきたのか。音楽的事象を軸に綴りながら、20世紀後半から現在までのクラシック音楽史を描き出す。【名盤紹介付き】

978-4-334-04453-4

1044
アイロニーはなぜ伝わるのか？
木原善彦

「言いたいことの逆」を言っているのに、なぜ相手に意図が伝わるのか？人間が操る修辞の、技術的な結晶であるアイロニーの可能性を、古今東西の文学を通じて探っていく。

978-4-334-04454-1

1045
21世紀落語史
すべては志ん朝の死から始まった
広瀬和生
「志ん朝の死」で幕を開けた21世紀の落語界。その現在に至るまでの出来事を、落語ファンとして客席に足を運び続けた立場から振り返り綴る。「激動の時代」を後世に伝える一冊。
978-4-334-04455-8

1046
中学の知識でオイラーの公式がわかる
鈴木貫太郎
天才の数式は最低限の知識で誰でもわかる。数学0点で再生2200万回超のユーチューバーが保証。動画もあるから迷わない。目指すのは丸暗記ではなく真の理解。予習ナシで今出発！
978-4-334-04456-5

1047
御社の新規事業はなぜ失敗するのか？
企業発イノベーションの科学
田所雅之
「3階建て組織」を実装できれば、日本企業はイノベーティブに生まれ変わる――ベストセラー『起業の科学』の著者が大企業に舞台を移し、新規事業を科学する！
978-4-334-04457-2

1048
首都圏大予測
これから伸びるのはクリエイティブ・サバーブだ！
三浦展
本当に人を集める力のある街はどこか？　首都圏在住者への大規模調査とフィールドワークを通じてわかった、東京郊外の趨勢を忖度なしの徹底予測。
978-4-334-04451-0

1049
体育会系
日本を蝕む病
サンドラ・ヘフェリン
パワハラ・忖度・過労自殺・組体操事故・#KuToo…不合理な同調圧力は学校から始まる。愛する日本が先進国であるために、負の連鎖を破る特効薬を日独ハーフの作家が緊急提言！
978-4-334-04458-9

1050
ONE TEAM（ワンチーム）のスクラム
日本代表はどう強くなったのか?
増補改訂版『スクラム』

松瀬学

2019年の流行語大賞にも輝いた「ONE TEAM」。その象徴はスクラムだ。長谷川慎コーチ、堀江翔太、稲垣啓太、具智元が明かす、フィジカル勝負、心理戦、頭脳戦の攻防。

978-4-334-04460-2

1051
段落論
日本語の「わかりやすさ」の決め手

石黒圭

段落を意識すると、文章力はもちろん、読む力や話す力までも伸ばすことができる——思考をわかりやすく整理してくれる「段落」の可能性を、日本語研究の第一人者が明らかにする。

978-4-334-04461-9

1052
期待値を超える
僕が失敗しながら学んできた仕事の方法

松浦弥太郎

情けない失敗だって、むしろチャンスなんだ。仕事で苦しい思いを抱えていても、自信は取り戻せる。元『暮しの手帖』編集長による、勇気がわいて少しだけ前向きになれる仕事論。

978-4-334-04462-6

1053
女性リーダーが生まれるとき
「一皮むけた経験」に学ぶキャリア形成

野村浩子

女性の思考と行動が社会を変える——。四半世紀にわたって女性リーダーの取材を続けてきた著者が国内外の女性役員にインタビュー。キャリア形成のヒントを探る。【推薦・金井壽宏】

978-4-334-04463-3

1054
自己分析論

高橋昌一郎

「私とは何か」は答えのない問いだから、日本の学生が苦しんで当然。就活で便利ツールを使った攻略法から人生における「本当の自分発見」まで。探究を続ける人のための道案内。

978-4-334-04464-0

1055
搾取される研究者たち
産学共同研究の失敗学
山田剛志

突然届いた特許の「権利放棄書」、企業からの無理難題、研究者を守らない大学、心を病む助教、院生、学生……。産学共同研究政策は、研究者のためになっているのか？

978-4-334-04465-7

1056
芸術的創造は脳のどこから産まれるか？
大黒達也

創造性とは何か？　脳科学や計算論、人工知能に関する膨大な論文を通じて、「天からの啓示」とされる閃きのメカニズムを解析。カギは「脳の潜在記憶」にあった。

978-4-334-04466-4

1057
「自分らしく生きて死ぬ」ことがなぜ、難しいのか
行き詰まる「地域包括ケアシステム」の未来
野村晋

何が「地域包括ケア」の実現を不可能にしているのか。現役厚労官僚が柏市や岡山市での実践を基に具体的な行政手法を紹介。自治体や医療・福祉関係者、企業や市民に次の一歩を促す。

978-4-334-04467-1

1058
ぼくが見つけたいじめを克服する方法
日本の空気、体質を変える
岩田健太郎

自らもいじめられっ子だったという著者が、数々の経験の末に導き出した克服法とは。ダイヤモンド・プリンセス号の告発で注目の感染症医による、同調圧力を打ち破るための一冊。

978-4-334-04474-9

1059
ホークス3軍はなぜ成功したのか？
才能を見抜き、開花させる育成力
喜瀬雅則

千賀滉大、甲斐拓也、牧原大成、石川柊太、周東佑京、大竹耕太郎――なぜホークスだけが3軍制で大成功を収めたのか？　多くの選手・関係者への取材を元に解き明かす。

978-4-334-04470-1

光文社新書

1060
管理栄養士が伝える
長生き食事術
人生100年時代の「新・栄養学」入門
麻生れいみ

「食」を変えればカラダと人生が変わる――。明日の健康を手に入れる、未来の病気のリスクを減らすための「日常生活で何をどう食べるか」。シーン別の食事マネジメント術も公開。

978-4-334-04471-8

1061
深宇宙ニュートリノの発見
宇宙の巨大なエンジンからの使者
吉田滋

南極点の氷河に突き刺さった「宇宙からの使者」とは？ 日本の物理学分野の最高峰・仁科記念賞を受賞した著者による、「高エネルギーニュートリノ」の発見をめぐるスリリングな物語。

978-4-334-04472-5

1062
フェイクニュース時代を生き抜く
データ・リテラシー
マーティン・ファクラー

虚偽に流され情報の蛸壺に陥らない方法をNYタイムズ元記者が指南。V字回復した同社にメディア再興の道も探る。日本の新聞は権力を離れて調査報道に注力し、紙信仰を捨てよ！

978-4-334-04473-2

1063
業界破壊企業
第二のGAFAを狙う革新者たち
斉藤徹

アマゾン、ウーバーなどに代表される、業界秩序や商習慣にとらわれず、斬新なビジネスモデルやテクノロジーによって、業界で〝一人勝ち〟する企業を一挙紹介。【大前研一氏、推薦】
978-4-334-04475-6

1064
歴史秘話
外務省研修所
知られざる歩みと実態
片山和之

外交官・人間としての「7つの美徳」と『勘』の養い方」とは？ 華やかな外交の表舞台の対極に位置し、国家の命運をも左右しかねない「黒子の存在」を、現役の所長が初めて綴る。

978-4-334-04434-3

1065
笑わせる技術
世界は9つの笑いでできている
西条みつとし

「共感」「自虐」「裏切り」「安心」「期待」「無茶」「発想」「リアクション」「キャラクター」――日常会話から合コン、商談、スピーチ、お笑いのプロを目指す人まで使える新教科書。

978-4-334-04459-6

1066
「高学歴ワーキングプア」からの脱出
水月昭道

『高学歴ワーキングプア』刊行から13年、研究者であり僧侶でもある著者が、紆余曲折ありながらも行き着いた境地とは？　元ポスドク、前野 ウルド 浩太郎氏との対談を収録。

978-4-334-04476-3

1067
日本の少子化対策はなぜ失敗したのか？
結婚・出産が回避される本当の原因
山田昌弘

1・57ショックから30年、出生率の低迷が続く日本。家族社会学者である著者が、少子化対策の的外れだった点を分析。いま直視すべき、日本に特有の傾向・意識、そして変化とは？

978-4-334-04468-8

1068
炎上ＣＭでよみとくジェンダー論
瀬地山角

炎上する広告には必ず理由があり、近年その多くがジェンダーへの無理解を背景としている。炎上の構造を4つの象限で捉え直す、東大名物講義の「番外編」。

978-4-334-04469-5

1069
日本の映画産業を殺すクールジャパンマネー
経産官僚の暴走と歪められる公文書管理
ヒロ・マスダ

「日本再生の柱」と叫ばれたクールジャパン政策はなぜ失敗したのか？　現役映画プロデューサーが官民の腐敗と怠慢を暴くとともに、「現場」に効く改革案を提言する。

978-4-334-04448-0